Llawenydd heb ddiwedd

Caneuon Y Cyrff

Owain Schiavone
Toni Schiavone
Y Cyrff

Gwasg Carreg Gwalch

Argraffiad cyntaf: 2019
Hawlfraint cyhoeddiad: Gwasg Carreg Gwalch
Hawlfraint testun: Owain Schiavone, Toni Schiavone, Y Cyrff

Rhif Llyfr Safonol Rhyngwladol:
978-1-84527-692-8

Cyhoeddwyd gyda chymorth Cyngor Llyfrau Cymru

Dylunio'r clawr: Eleri Owen

Cyhoeddwyd gan Wasg Carreg Gwalch,
12 Iard yr Orsaf, Llanrwst, Dyffryn Conwy, Cymru LL26 0EH.
Ffôn: 01492 642031
e-bost: llyfrau@carreg-gwalch.cymru
lle ar y we: www.carreg-gwalch.cymru

Argraffwyd a chyhoeddwyd yng Nghymru

Er cof am Barry Cawley

Diolchiadau

Diolch i deulu, ffrindiau a phawb a gyfrannodd at y gyfrol.

Diolch i Dylan, Mark, Barry, Paul a Mark Kendall am y gerddoriaeth.

Diolch i gerddorion a threfnwyr a phawb a weithiodd, ac sy'n gweithio, i gynnal gigs dros y degawdau yn Llanrwst, Dyffryn Conwy a thu hwnt, gan ymddiheuro am fethu enwi pawb.

Diolch i chi am brynu'r llyfr ac i Wasg Carreg Gwalch am ei gyhoeddi!

> *"Ond toedda nhw'n ddyddiau i'r eithaf (er gwaethaf)*
> *Ond toedda nhw'n ddyddiau mor hael."*

LLAWENYDD HEB DDIWEDD
Caneuon Y Cyrff

Cynnwys

Cymru Lloegr a Llanrwst

Pryd ma llygad fi jysd yn methu symud o'r gornel,
Weithiau mae'n sbio ochr yma ond 'dio byth yn ddigonol,
Rhywun yn gofyn wrtha fi hei beth sydd ar werth yma heno
Trosi a throsi yn fy meddwl does na ddim byd yno.

Sôn amdan Cymru, Lloegr a Llanrwst,
Sôn amdan Cymru, Lloegr a Llanrwst.

Pryd mae'r byrddau'n dechrau fflio dwi jysd yn eistedd
yma'n llonydd
Dyma'r unig amser pryd dwi byth yn teimlo'n aflonydd,
Heno mae gwaed a gwydr ar y llawr yn y toiledi,
Ond alla'i ddim cydymdeimlo hefo s-s-sgwadi

Sôn amdan Cymru, Lloegr a Llanrwst,
Sôn amdan Cymru, Lloegr a Llanrwst.

Os ti ddim yn gwybod be sy'n iawn,
Wel paid â eistedd yna'n gwenu,
Os dwi'm yn gwybod be dwi'n dweud,
O paid â chwerthin ar fy mhen i, ar fy mhen i, ar fy mhen i ...

Rhywun yn gofyn wrtha fi hei beth sydd ar werth yma heno
Trosi a throsi yn fy meddwl does na ddim byd yno
Tyrd hefo fi lle di'r anifeiliaid byth yn mentro,
A gawn ni siarad am Cymru, Lloegr a Llanrwst unwaith eto.

Sôn amdan Cymru, Lloegr a Llanrwst,
Sôn amdan Cymru, Lloegr a Llanrwst.

Y bws ola' adra

Roedd y bws ola i Lanrwst o Ganolfan Aberconwy, Llandudno nos Sadwrn 12 Awst 1989 dan ei sang. Wrth deithio i lawr y dyffryn trwy Glan Conwy ac ymlaen i Maenan roedd pawb mewn hwyliau da ar ddiwedd noson gofiadwy yn y Ganolfan yng nghwmni Tynal Tywyll, Crumblowers, Canol Caled ac Am Dwrw.

Wrth gyrraedd Llanrwst ac ymlwybro'n araf ar hyd Stryd yr Orsaf gwelwyd bod y strydoedd yn dal i fod yn brysur iawn. Golau o ambell dân yn y maes pebyll yng Nghae George wrth ymyl yr heol a sŵn canu a gweiddi i'w glywed yn glir wrth droi am y sgwâr, ac yna i ganol torf o bobl yn ymestyn o un pen o'r sgwâr i'r llall. Golygfa ryfeddol, a phawb ar y bws yn cynhyrfu wrth weld cymaint o bobl yn llenwi'r sgwâr a'r stryd gyfagos er ei bod ymhell wedi hanner nos. Allan â ni i ymuno yn y rhialtwch – dyma'r ffordd i ddathlu diwedd wythnos Steddfod. Diwedd wythnos hynod o lwyddiannus hefyd o ran gigs ar faes y Steddfod yn ystod y dydd a fin nos yng Ngwesty'r Fic, Llanrwst; Canolfan Hamdden Aberconwy, Llandudno; Rhaeadr Ewynnol ym Metws-y-coed a nifer o leoliadau eraill. Roedd y Steddfod wedi meddiannu strydoedd Llanrwst ac roedd pobl Llanrwst, Dyffryn Conwy a Hiraethog wedi cofleidio'r steddfod. Sgwâr Llanrwst oedd y lle perffaith i gloi'r dathliadau.

Nid peth anghyffredin oedd gweld y sgwâr yn llawn o bobl ar ddiwedd noson fawr yn y dre. Dyma oedd y drefn ar ôl i'r tafarnau gau, yn y cyfnod pryd roedd y tafarnau i gyd yn cau tua'r un pryd. Dyma'r cyfle olaf i fachu, cyfle i sobri wrth ddisgwyl tacsi, tynnu coes, athronyddu a hyd yn oed cyfle i daro ambell i fargen. Ar adegau prin, cyfle hefyd i setlo ambell ddadl a gychwynnwyd rywdro yn ystod y nos yn yr Eagles, Pen-y-bryn, yr Albion, New Inn neu'r Red/Llew Coch. Nos Sadwrn Sioe Llanrwst, penwythnosau gŵyl banc, nosweithiau gemau rygbi rhyngwladol, noson dathlu llwyddiant Clwb Rygbi Nant Conwy neu dîm pêl-droed y dre. Dyma'r nosweithiau mawr yn Llanrwst, ond bron heb eithriad ar ddiwedd noson allan, lle bynnag y cafwyd y peint olaf roedd rhaid wedyn troi am y sgwâr. Y gwahaniaeth yn wythnos steddfod Llanrwst 1989 oedd bod hyn wedi bod yn batrwm trwy gydol yr wythnos gyda'r dorf yn cynyddu wrth i'r wythnos fynd yn ei blaen, gan gyrraedd uchafbwynt ar y noson ola'. Neb isio mynd adre.

Bu'r wythnos yn un hynod lwyddiannus hefyd i'r grwpiau roc, pop a gwerin fu'n perfformio ac yn arbennig felly i grwpiau lleol. I grwpiau fel Boff Frank Bough, Yr Orsedd a Dail Te Pawb, roeddent yn profi'r wefr o chwarae am y tro cyntaf ar lwyfan mawr gyda system sain wych a chynulleidfaoedd mawr. Roeddent yn cael cyfle hefyd i berfformio ym mhabell roc Y Cremlin a'r Cremlin Bach ar faes y Steddfod.

DNA 001

I un o'r grwpiau lleol roedd arwyddocâd arbennig i'r wythnos. Roedd Y Cyrff yn arwyr i grwpiau lleol ac wedi sefydlu eu hunain fel un o brif grwpiau Cymru, ond efallai heb gyrraedd y brig. Y Cyrff oedd y prif grŵp ar lwyfan Nos Lun 7 Awst yng Nghanolfan Aberconwy gydag Arfer Anfad a Cerrig Melys yn cefnogi ac ar nos Iau'r 10fed gyda Madfall Rheibus, Dail Te Pawb a Defaid. Roeddent hefyd wedi chwarae mewn dau gig arall yn ystod yr wythnos yn y dre' ac ar faes y Steddfod yn y Cremlin, yr enw a roddwyd i'r babell roc. Fore dydd Llun yr wythnos honno roedd Mark Roberts (gitarydd a phrif ganwr Y Cyrff) a Paul Jones (basydd) yn crwydro'r maes yn dosbarthu copïau o'r record feinyl 12 modfedd, *Yr Atgyfodi*. Recordiwyd y caneuon yn gynharach yn y flwyddyn yn y Music Factory yng Nghaerdydd ond penderfynwyd oedi tan wythnos Steddfod Llanrwst cyn rhyddhau'r cynnyrch. Gan fod y Steddfod yn Llanrwst, tref enedigol Y Cyrff, roedd hyn yn beth amlwg i'w wneud ac yn arbennig felly gan fod Y Cyrff wedi cyfansoddi'r gân 'Cymru, Lloegr a Llanrwst' a rhyddhau'r record yn annibynnol ar eu label eu hunain – DNA 001.

Dosbarthwyd y feinyl gan Probe Plus, cwmni annibynnol o Lerpwl a sefydlwyd gan Geoff Davies ac a gychwynnodd fel siop recordiau ail-law, Probe, yn y saithdegau. Yn ystod yr wythdegau a'r nawdegau bu'r cwmni'n ganolbwynt i gerddorion a grwpiau ifanc Lerpwl a gogledd Cymru gan sefydlu ei hunain yn rhyngwladol gyda rhyddhau'r record *Back in the DHSS* gan Half Man Half Biscuit ym 1986. Cyrhaeddodd y record yma frig y siartiau annibynnol ac aros yno am nifer o wythnosau. Yn ôl Paul, 'Aethon ni at Geoff Davies yn Probe i gael rhywun i ddosbarthu'r record i ni. Roedd Mike Swire yn dod o Ddolwyddelan ac yn ffrind. Roedd o'n nabod rhywun oedd yn gweithio yn y siop ac yn gallu helpu gyda dylunio'r clawr.' Fel cwmni a symudodd i fyd cynhyrchu recordiau yn ogystal â rhyddhau a dosbarthu, roeddent yn ymfalchïo mewn recordiau oedd yn adlewyrchiad o egni a chyffro perfformiadau byw. Dim rhyfedd felly bod *Yr Atgyfodi* wedi plesio, ac yn wir llwyddodd Probe i sefydlu cyswllt gyda chwmni dosbarthu recordiau annibynnol yn Efrog Newydd. O bosib, *Yr Atgyfodi* oedd y record roc Gymraeg gyntaf i gael cytundeb o'r fath yn yr Unol Daleithiau.

Yr Atgyfodi

'Cymru Lloegr a Llanrwst' oedd un o'r pum trac ar y record, yn rhannu un ochr y feinyl gydag 'Y Boddi' a 'Cofia Fi yn Ddiolchgar', a 'Cerdda Efo Fi Mewn Distawrwydd' a 'Weithiau/Anadl' ar yr ochr arall. Cynhyrchwyd y caneuon gan Y Cyrff ar y cyd â John Davies, gyda John Davies a Dai Shell yn beirianwyr. Daeth Dai Shell i amlygrwydd fel prif gitarydd un o grwpiau mwyaf llwyddiannus Cymru yn y saithdegau, Sassafras. Yn ddifyr, Sassafras sy'n dal y record byd am chwarae'r nifer fwyaf o gigs mewn blwyddyn, sef 322! Erbyn diwedd yr wythdegau roedd Dai Shell wedi agor stiwdio recordio ac yn gweithio gyda nifer o grwpiau. Stiwdio Music Factory felly oedd man geni un o anthemau enwoca' Cymru – yr union gân i gyfleu emosiwn a theimladau, cynnwrf a balchder nos Sadwrn ola' Steddfod Llanrwst.

Roedd cyfansoddi'r gân 'Cymru, Lloegr a Llanrwst' wedi dilyn trywydd gwahanol i'r arfer gan fod Mark wedi meddwl am fachu ar y dywediad cyfarwydd ar gyfer cân ers tro. Mark oedd yn ysgrifennu'r geiriau i ganeuon Y Cyrff ond y gerddoriaeth oedd yn dod yn gyntaf bron heb eithriad gan gychwyn trwy ddewis riff, melodi neu syniad wrth ymarfer caneuon ac yna gweithio ar hyn ar y cyd. Roedd pob aelod o'r grŵp gan gynnwys Barry Cawley (gitâr a llais), Paul Jones (bas) a Mark Kendall (drymiau) yn cyfrannu at y cyfansoddi. Unwaith roedd yr alaw yn ei lle byddai Mark yn cyfansoddi'r geiriau ac yn yr ymarfer nesaf byddai'r grŵp yn gweithio ar fanylion y gân. 'Er bo fi ond wedi dechra gyda'r grŵp ychydig cyn mynd i'r stiwdio roeddan nhw'n trystio fi ac yn gwrando ar fy syniada' i am y *drum fills* o'n i isio cynnwys,' medd Mark Kendall.

Ar ddechrau 1989 derbyniodd Y Cyrff gynnig gan y cwmni teledu annibynnol Criw Byw i recordio fideo ar gyfer rhaglen deledu. Dewiswyd y gân newydd, 'Y Boddi', ar gyfer hyn a threfnwyd i recordio'r fideo yn stiwdio Music Factory yng Nghaerdydd. Bu'r profiad o recordio mewn stiwdio o ansawdd uchel, gyda chynhyrchydd a pheiriannydd profiadol a brwdfrydig, yn bleserus iawn. 'Roeddan nhw'n gefnogol iawn i ni ac yn gweithio'n galed i wneud yn siŵr bod y sain fel oeddan ni isio fo i fod. Ro'dd o hefyd yn amlwg bo nhw'n licio be o'n ni'n gwneud,' eglura Paul. Penderfynwyd defnyddio'r tâl a gafwyd am wneud y fideo i recordio gweddill y caneuon ar gyfer *Yr Atgyfodi* a dychwelyd i Music Factory. Y Cyrff oedd yn talu am yr holl amser yn y stiwdio ac felly roedd yn bwysig gwneud defnydd da o'r amser. Roedd trefniadau pob un o'r caneuon yn eu lle cyn dychwelyd i Gaerdydd gan fod y grŵp wedi bod yn ymarfer yn rheolaidd. Nid felly y geiriau, gyda Mark yn gorfod gweithio ar ambell un yn y gwesty'r noson gynt. Er hynny roedd y syniad a'r delweddau yn y gân 'Cymru, Lloegr a Llanrwst' wedi bod mewn lle ers tro byd ac roeddent wedi chwarae'r gân ar lwyfan nifer o weithiau dros y flwyddyn flaenorol.

Y cam nesaf ar ôl recordio a chymysgu oedd cael gafael ar rywun i ddylunio'r clawr a'r label. Roedd Mike Swire yn dilyn cwrs sylfaen celf yn Lerpwl a thrwy'r cyswllt gyda Paul wedi cael y cynnig i wneud y clawr. Roedd Y Cyrff yn awyddus iawn i gael clawr safonol. Yn sicr mae'r clawr yn drawiadol ac yn chwaethus, ac yn adlewyrchiad o ansawdd y gerddoriaeth ac o'r aeddfedrwydd sy'n amlwg yn y caneuon.

Cymru Lloegr a Llanrwst

Pryd ma llygad fi jysd yn methu symud o'r gornel,
Weithiau mae'n sbio ochr yma ond 'dio byth yn ddigonol,
Rhywun yn gofyn wrtha fi hei beth sydd ar werth yma
heno
Trosi a throsi yn fy meddwl does na ddim byd yno.

Sôn amdan Cymru, Lloegr a Llanrwst,
Sôn amdan Cymru, Lloegr a Llanrwst.

Pryd mae'r byrddau'n dechrau fflio dwi jysd yn eistedd
yma'n llonydd
Dyma'r unig amser pryd dwi byth yn teimlo'n aflonydd,
Heno mae gwaed a gwydr ar y llawr yn y toiledi,
Ond alla'i ddim cydymdeimlo hefo s-s-sgwadi

Sôn amdan Cymru, Lloegr a Llanrwst,
Sôn amdan Cymru, Lloegr a Llanrwst.

Os ti ddim yn gwybod be sy'n iawn,
Wel paid â eistedd yna'n gwenu,
Os dwi'm yn gwybod be dwi'n dweud,
O paid â chwerthin ar fy mhen i, ar fy mhen i, ar fy
mhen i ...

Rhywun yn gofyn wrtha fi hei beth sydd ar werth yma
heno

Trosi a throsi yn fy meddwl does na ddim byd yno
Tyrd hefo fi lle di'r anifeiliaid byth yn mentro,
A gawn ni siarad am Cymru, Lloegr a Llanrwst unwaith
eto.

Sôn amdan Cymru, Lloegr a Llanrwst,
Sôn amdan Cymru, Lloegr a Llanrwst.

I raddau helaeth roedd rhyddhau record *Yr Atgyfodi* yn drobwynt i'r grŵp a ffurfiwyd nôl yn 1983 ac a fu'n chwarae ledled Cymru ers hynny. Roedd rhai sylwebwyr hyd yn oed yn dechrau awgrymu bod 'oes' Y Cyrff yn dirwyn i ben. Camgymeriad – i'r gwrthwyneb.

Roedd perfformiadau'r grŵp yn ystod wythnos Eisteddfod Llanrwst wedi dangos medrusrwydd a gallu cerddorol yn deillio o flynyddoedd o chwarae gyda'i gilydd ac roedd yr un awch ac egni a welwyd nôl yn 1983 a 1984 yno o hyd, ac efallai hyd yn oed yn gryfach. Bu'r ymateb iddynt yn ystod yr wythnos yn brawf bod y dilyniant i'r grŵp yn parhau'n gryf ac roedd yr hyder o gyhoeddi clwstwr o ganeuon newydd wedi ychwanegu at y perfformiadau byw. Efallai mai'r gig mwyaf cofiadwy oedd hwnnw yng nghefn yr Albion yng nghanol y dre. Fis ynghynt roedd Y Cyrff wedi trefnu ymarfer ar y llwyfan a osodwyd yng nghefn y dafarn yn barod ar gyfer y Steddfod. 'O'n ni isio trio fo allan i wneud yn siŵr y bydda fo'n iawn. Hanner ffordd trwy'r set ddaru'r heddlu gyrraedd gan bod pobl wedi bod yn cwyno am y twrw.' (Mark Roberts)

Beth bynnag am yr ymarfer roedd y gig ei hun yn debycach i barti pen-blwydd mawr. Yr Orsedd agorodd y noson ac yna cafwyd ymddangosiad cyntaf, ac olaf, y ddeuawd rap Ian a Peter Cawley, yn rapio i rythmau cân Afrika Bambata gyda Dei Rees, Osian Hughes a Geraint 'Ninja' o'r Orsedd yn cyfeilio. Wrth gwrs roedd Y Cyrff ar eu gorau o flaen hogia a genod y dre ac roedd cytgan 'Cymru, Lloegr a Llanrwst' wedi cael y côr anffurfiol gorau posibl.

Daeth y gân 'Cymru, Lloegr a Llanrwst' yn ffefryn yn syth gyda'r gytgan afaelgar yn gyfle gwych i'r dorf gymryd rhan yn y perfformiad. Fodd bynnag, roedd llawer iawn mwy i'r gân na'r geiriau bachog a'r gerddoriaeth gynhyrfus. Dyma ddatganiad o hyder, o annibyniaeth, ac o'r gallu i fod yn berthnasol ac ar yr un pryd yn heriol. Fel y dywedodd Pete Cawley, 'O'n i'n gallu rili *relatio* i'r gân yn syth ac yn gwbod am be o'n nhw'n sôn amdan – y llygadu'n gilydd dros y bar yn yr Eagles neu un o'r llefydd erill yn y dre. Ro'dd na wastad rhywfaint o densiwn pryd ro'dd criw o'r sgwadis y cerddad i fewn i un o'r pybs.'

Roedd llawer iawn mwy hefyd i *Yr Atgyfodi* na'r un anthem yma. Cytunodd Mark a Paul yn ddiweddar â'r awgrym mai hon yw cân bwysicaf Y Cyrff oherwydd taw dyma'r gân sydd yn ffefryn radio hyd heddiw. Ond y gwir amdani yw bod pob un o'r caneuon ar y record feinyl honno'n dystiolaeth o'r angerdd a'r emosiwn roedd Y Cyrff yn gallu eu cyfleu yn eu perfformiadau byw, gan gyrraedd uchafbwynt yn y gân olaf 'Weithau/Anadl.' Droeon roeddem wedi profi gallu Y Cyrff ar lwyfan, ond nid peth hawdd yw ail-greu'r tensiwn a'r teimladau cryf mewn stiwdio. Heb amheuaeth llwyddwyd i wneud hynny.

Ar un olwg mae'r darlun mae 'Cymru Lloegr a Llanrwst' yn ei gyfleu yn un cymharol gyffredin: ffrwgwd mewn tafarn ar noson allan yn y dref. Yr hyn sy'n anghyffredin yw'r llonyddwch yng nghanol y ffrwgwd wrth i'r cyfansoddwr sbïo ar yr hyn sy'n digwydd fel sylwebydd yn llygad y ddrycin. Roedd gwrthdaro mewn tafarn neu yn y dre' yn gymharol gyffredin i drefi a dinasoedd ledled Cymru, a hawdd yw uniaethu gyda'r digwyddiad. Mewn tref fechan fel Llanrwst, gyda'r rhan fwyaf o'r tafarnau mewn clwstwr yn amgylchynu'r sgwâr, roedd y potensial i wahanol garfannau o bobl ddod ar draws ei gilydd yn eitha' uchel. Nid yn unig hogia a genod y dre' ond criwiau ochrau Llangwm, Cerrig-y-drudion, Ysbyty Ifan, Pentrefoelas ac yna pentrefi Hiraethog fel Llangernyw, Pandy Tudur, Gwytherin, Llansannan a thu hwnt. Yn ogystal â hynny, roedd Llanrwst yn denu ambell griw mwy dieithr. Ar adegau roedd rhai yn teithio draw o Ddolwyddelan neu 'Stiniog neu'n dod i fyny o'r *coast*. Ychydig yn fwy cyffredin oedd gweld y 'sgwodis' o ganolfan awyr agored yr Awyrlu yn Llanrwst neu'r ganolfan hyfforddi filwrol yng Nghapel Curig, yn llygadu ac yn ceisio denu'r genod lleol, ac os yn methu, efallai'n troi ar yr hogia lleol ... neu i'r gwrthwyneb wrth gwrs. 'Dwi'n cofio bod yn y Red un tro a rhai o'r sgwodis yn cerddad i mewn ac un ohona nhw'n deud mewn llais uchel, "Can you smell shit in here lads?" Na'th petha cicio i ffwrdd wedyn!' (Paul)

Dyma un o'r pethau oedd yn tynnu hogia'r dre' a hogia cefn gwlad i gefnogi ei gilydd. Iawn i gwffio yn erbyn ei gilydd ar adegau ond os oedd rhywun o'r tu allan yn creu twrw roeddent yn tueddu i sefyll ochr yn ochr gyda'i gilydd. Un peth yw anghytuno ac ymladd gyda'ch cydnabod, neu hyd yn oed gyda'ch teulu, ond peth arall yw dieithriaid swnllyd uchel eu cloch yn gwatwar ac yn tynnu ar y criw lleol, a dyna'r hyn sydd i'w glywed yn 'Cymru, Lloegr a Llanrwst'. Mae'r diwn yn afaelgar ac yn orfoleddus, mae'r geiriau'n ddisgrifiad cryno a syml – 'byrddau'n dechre fflio', 'gwaed a gwydr ar lawr.' Mae teimladau'r cyfansoddwr yn ddyfnach ac yn gweld ymhell tu hwnt i'r digwyddiad ac yn awgrymu hunan-gwestiynu wrth ddod i gasgliad am yr hyn sy'n digwydd o flaen ei lygaid: 'Trosi a throsi yn fy meddwl does na dim byd yno' – gan ein hannog i ymuno â fo :

> Tyrd hefo fi lle di'r anifeiliaid byth yn mentro,
> A gawn ni siarad am Gymru, Lloegr a Llanrwst
> unwaith eto.

Mapiau a Ffiniau

Saif Llanrwst ar ochr orllewinol Afon Conwy, yr afon sy'n ffinio ardal fynyddig ac 'yng nghysgod Eryri' i'r Gorllewin. Bu'r afon yn ffin plwyf ac yn ffin sirol rhwng Sir Gaernarfon a Sir Ddinbych. Mae pont Llanrwst, a adeiladwyd ym 1636 ar gynllun y pensaer enwog Inigo Jones, yn fan croesi pwysig i amaethwyr yr ardal ar ddiwrnod marchnad neu ffair, ac yn arbennig i Glwb Rygbi Nant Conwy gan fod y cae rygbi erbyn hyn ger Trefriw ar ochr orllewinol yr afon. Pont bwa cul yw Pont Llanrwst a does dim modd i ddau gerbyd groesi ar yr un pryd. Gwelwyd ffrae ar sawl achlysur rhwng gyrwyr yn cyrraedd canol y bont tua'r un pryd a'r naill na'r llall yn barod i ildio'r ffordd. Y drefn leol yw mai'r cyntaf i'r canol sy'n hawlio'r ffordd er y gallai hyn olygu bod y rhai ar yr ochr ddwyreiniol yn gorfod gyrru am yn ôl i'r ffordd fawr trwy ganol y dre. Mae'n ddigon posib bod dadl ar y bont wedi arwain at gwffio mewn tafarn yn y dre ar y penwythnos canlynol!

Fel pob ffin mae elfen o wrthdaro yn bosib ond mae'r

ymadrodd 'Cymru, Lloegr a Llanrwst' yn awgrymu mwy na hynny a does dim sicrwydd beth yw tarddiad y dywediad. Y sôn cyntaf am y dref yw'r cofnod ym *Mrut y Tywysogion* (14eg ganrif). Yn y ddogfennaeth hanesyddol yma cyfeirir at frwydr yn 954 rhwng cefndryd, sef meibion Hywel Dda o'r de a meibion Idwal Foel, y ddau lwyth yn ddisgynyddion i Rhodri Fawr, mewn man o'r enw Gwrgwst. Ar ôl brwydr hir a gwaedlyd gorchfygwyd y deheuwyr. Bu Llanrwst yn faes y gad hefyd yn ystod oes Owain Glyndŵr, ac yn ystod rhyfel y rhosynnau yn y bymthegfed ganrif.

Awgryma rhai mai ffrae rhwng Llywelyn ap Gruffydd ac Esgobaeth Llanelwy ym 1276 esgorodd ar yr ymadrodd, gyda'r naill a'r llall yn hawlio'r diriogaeth. Mynnodd Llywelyn fod Llanrwst yn annibynnol ac ar sail hynny lluniwyd baner ac arfwisg filwrol y dref. O'r cyfnod hwnnw ymlaen bu pobl y dre yn datgan ei hannibyniaeth. Yn wir, ym 1947 gwnaethpwyd cais i'r Cenhedloedd Unedig am sedd ar y Cyngor Diogelwch gan nodi bod Llanrwst yn wladwriaeth annibynnol oddi fewn i Gymru. Gwrthodwyd y cais!

Beth bynnag yw'r tarddiad a'r hanes, yr hyn a awgrymir yw bod tref Llanrwst yn hawlio lle ar ei phen ei hun – yn annibynnol o'r naill awdurdod a'r llall. Yn yr un modd mae'r sylwebydd yn y gân yn sefyll ar wahân i'r brwydro ar lawr y dafarn ac yn mynegi annibyniaeth meddwl a barn am yr hyn sy'n digwydd. Er gwaethaf y cynnwrf a'r wefr yn y gerddoriaeth, sy'n adlewyrchiad o'r cynnwrf a'r gwallgofrwydd yn y dafarn, mae'r geiriau'n cyfleu llonyddwch ond nid tawelwch meddwl. Anfarwolir yr ymadrodd a'r dref gan ysbryd a theimladau sy'n goresgyn lle ac amser a dyna sydd wedi arwain at yr hyn sydd bellach yn anthem genedlaethol answyddogol. Nid yw'r geiriau ar bapur yn cyfleu'r holl gyffro a gorfoledd, na chwaith y dwyster a'r tywyllwch, sydd yn y gân. Y cyfuniad o'r geiriau, y nodau gitâr cychwynnol bythgofiadwy, y canu buddugoliaethus llawn hyder, y gytgan sy'n cydio'n syth gyda lleisiau pawb yn y grŵp yn ymuno ac yn ein hannog i ymuno gyda nhw, y chwarae gitârs a drymio hyderus trwyddi draw – dyma sydd wedi creu cyfanwaith anthemig anfarwol a bythgofiadwy.

Ddeng mlynedd ar hugain yn ddiweddarach mae ysbryd y gân 'Cymru, Lloegr a Llanrwst' mor fyw ag erioed ac mae'r wefr o gerdded i mewn i dafarn neu ddawns ar ddechrau noson allan a chlywed y nodau agoriadol yn parhau. 'Wnaethon ni chwarae 'Cymru Lloegr a Llanrwst' yn fyw yn y stiwdio ac yna ychwanegu'r llais fel oedd angen gwneud i osgoi'r *bleed* ar y trac gitâr, ond ro'n ni wedi chwarae fo ar lwyfan sawl gwaith cyn hynny,' eglura Mark, awdur y geiriau. Mark hefyd oedd yn chwarae'r nodau cychwynnol gafaelgar cyn i sŵn gitâr rhythm Barry ymuno. Ond efallai mai gwaith Paul yn chwarae'r gitâr fas yw'r allwedd i gynnwrf yn y gân. Mae sŵn y bas yn taro gwaelod y bol ac yn gyrru'r gân. 'Paul oedd offerynnwr gorau'r grŵp,' yn ôl Mark. 'Paul gafodd y syniad hefyd o greu mwy o densiwn yn y gytgan wrth gael y newid pryd ma'r riff yn dod i ben.' Yn ychwanegol i hyn mae'r drymio gan Mark Kendall yn bwerus ac yn llawn hyder er ei fod ond wedi ymuno â'r band ychydig fisoedd ynghynt. Ni fu Mark Kendall mewn grŵp cyn Y Cyrff ond roedd yn un o 'hogia'r Dre' ac roedd y lleill wedi sylwi arno'n 'chwarae drymiau gyda'i fysedd ar fwrdd yn y dafarn'. O fewn chwe mis i ymuno â'r grŵp roedd Mark yn y stiwdio'n drymio ar ganeuon *Yr Atgyfodi*. 'Y peth pwysig i gofio am Kendall ydy fod ganddo fo *sense of rhythm* naturiol. Roedd o fewn i gerddoriaeth electronig ar y pryd ac ro'dd hynny i glywed yn y ffordd o'dd o'n drymio,' medd Mark Roberts. Heb os nac oni bai mae'r gân yn gampwaith geiriol a cherddorol.

Cofia fi yn ddiolchgar

Efallai nad yw'r caneuon eraill ar *Yr Atgyfodi* mor gyfarwydd, ond mae pob un o'r caneuon llawn mor drawiadol ac yn fwy fyth felly o ail-wrando arnynt heddiw. Ym mhob un o'r caneuon ceir sefyllfaoedd a delweddau a geiriau grymus a chofiadwy. Yn 'Y Boddi' mae'r diflastod a'r chwerwder sy'n deillio o berthynas yn chwalu yn arwain at 'foddi mewn breuddwyd alcoholic', teimladau o hunan-dosturi – 'yn hyll ac amherthnasol', a pharodrwydd i feirniadu a hunan-feirniadu – 'ti'n gadael pawb mewn dy wely', 'cwbwl ti'n gwneud ydi dilyn y dorf', a *'you say love conquers all, I say love conquers nothing at all'*. Fel gyda 'Cymru, Lloegr a Llanrwst' mae na elfen gref o weld yr hyn sy'n digwydd o'r tu allan. Yr arferiad wythnosol neu amlach, o fynd ar y gylchdaith o dafarn i dafarn a gweld yr un criwiau o bobl, a sut y gallai hyn arwain at drobwll o ddiflastod. Y gallu i weld hyn a meddwl am be allai ddigwydd sydd hefyd yn awgrymu'r gallu i symud ymlaen a chreu bywyd gwahanol.

Tristwch a hiraeth am yr hyn a fu mewn perthynas sydd wedi dod i ben yw'r teimladau yn y gân 'Cofia fi yn Ddiolchgar', ac mae'r mynegiant o hynny a'r tynerwch yn y llais yn brawf o allu Mark i gyfleu rhychwant o deimladau. Mae ansawdd a chryfder y llais drwyddi draw ar *Yr Atgyfodi* yn rhyfeddol ac yn arbennig felly gyda'r geiriau canlynol:

Dwi ddim yn teimlo'n drist
Na dwi'm yn teimlo'n drist
Dwi jyst yn teimlo mor hen
Cofia fi yn ddiolchgar.

Nid yw dwyster geiriau'r gân yma'n gyflawn ar bapur. Rhaid gwrando ar y mynegiant a'r emosiwn mae Mark yn eu cyfleu wrth ganu ochr yn ochr â'r gerddoriaeth ymosodol a chynhyrfus. I ddweud y gwir, efallai mai'r offeryn mwyaf effeithiol ar y record yw llais Mark.

'Cymru, Lloegr a Llanrwst' yw'r gân a gysylltir yn bennaf â'r Cyrff, ac mae poblogrwydd y gân yn parhau, gyda phôl piniwn cylchgrawn *Y Selar* ym mis Chwefror 2019 yn dangos mai 'Cymru, Lloegr a Llanrwst' oedd rhif un yn neg uchaf y darllenwyr o'u hoff ganeuon gan fandiau Mark Roberts a Paul Jones. Dyma gân a glywir yn rheolaidd ar Radio Cymru ac mewn tafarndai, priodasau a digwyddiadau eraill ledled Cymru, a hynny 30 mlynedd ar ôl iddi gael ei chyfansoddi.

'Weithiau/Anadl' yw'r gân sy'n cloriannu'r casgliad. Yr 'awdl o anobaith' gyda'r newid sydyn ac annisgwyl yn y gân yn arwain at ddüwch a gwewyr meddyliol y geiriau. Mae'r gân yn cychwyn yn dawel ac yn swynol gyda'r cord D major a *digital delay* i greu'r atsain. Yna mae Mark Kendall yn taro'r drwm *snare* cyn i Paul a Barry ymuno ar y gitars. Mae'r *reverb* ar y gitâr yn creu'r argraff bod yr offeryn yn cael ei chwarae mewn ogof – ac yna'r llais:

A weithiau pryd mae'r dydd yn dod i ben
Rwy'n edrych nôl ar peil mawr o ddim
A phob tro rwy'n syrthio ar yr hir daith
Rwy'n canu fy awdl o anobaith
Dwi'n mynd i lawr, dwi'n mynd i lawr, dwi'n mynd i lawr

Dwy funud i fewn i'r gân ceir y trobwynt yn y gerddoriaeth mewn ymateb i'r düwch a'r gwewyr meddyliol wrth i Mark Kendall daro'r drwm bas cyn i linell gitâr Mark ymuno. Mae'r newid yn naws y gân yn iasol ac yn drawiadol. Mae angerdd y canu yn cael ei adlewyrchu yn y geiriau:

> Dwi'n boddi mewn llif o eiriau anghyfarwydd,
> Ceisio cadw fy mhen uwchben lefel y dŵr,
> Sefyll yma yn disgwyl i ti roi yr arwydd
> I daflu'r syniadau anghysbell yma i ffwrdd.

Emosiwn crai a chreiddiol ac emosiwn annisgwyl iawn ar yr olwg gyntaf o ystyried cân agoriadol y casgliad, ac eto mae'r cyswllt yn amlwg rhwng y naill gân a'r llall.

A oes unrhyw gân arall yn y Gymraeg sy'n cymharu â hon? Dyma ganu o'r enaid yng ngwir ystyr y gair gyda'r diweddglo'n arwain at dawelwch a diwedd a hynny'n dweud y cyfan. Dim rhyfedd bod y gân wedi creu cymaint o argraff ar y pryd ar Siôn Jobbins wrth iddo adolygu'r casgliad yng nghylchgrawn *Golwg* (Medi 1989). 'Be alla'i ei ddweud ... wn i ddim a oedd y canwr yn crio tua diwedd "Weithiau/Anadl", ond roeddwn i.' Dyma gân orau Y Cyrff yn ôl Alun Llwyd (Ankst/Turnstile/PYST) a sawl un arall.

'Nathon ni recordio'r gân yna mewn un *take*,' meddai Mark Kendall. 'O'n i'n drymio i *click track* ar 'Weithiau' ac yna'n cario mlaen heb y clic trac a dyna pam ma' 'Anadl' yn fwy cyflym. O'n i'n meddwl fod hynny'n rong ond ddudodd yr hogia mai dyna be o'n nhw isio.'

Anodd cyfleu'r grym, y noethni a dyfnder y teimladau yn y gân yma mewn geiriau, ac nid yw treigl amser wedi newid na gwanhau'r teimladau a fynegir – i'r gwrthwyneb.

Er na sgrifennwyd y caneuon ar *Yr Atgyfodi* fel dilyniant o ganeuon mae'n hawdd gweld cyswllt rhyngddynt gyda'r tawelwch yng nghanol y storm mewn tafarn, y diflastod o fod mewn trobwll alcoholig a'r chwerwder wrth feddwl am golli cariad yn arwain at anobaith llwyr wrth feddwl am y dyfodol. Nid casgliad syml o ganeuon roc sydd gyda ni yma ond mynegiant o deimladau emosiynol dwfn.

Dyma un o grwpiau pwysica' Cymru yn yr wythdegau yn cyrraedd uchafbwynt ar ôl saith blynedd o waith caib a rhaw; chwarae ar lwyfannau bach a mawr ledled Cymru cyn profi eu hunain ar eu tomen eu hunain yn Llanrwst ar drothwy degawd newydd yng ngŵyl genedlaethol bwysica' Cymru. Record orau'r wythdegau? Ym marn llawer iawn, ie, a record sy'n parhau'n berthnasol iawn hyd heddiw.

Crème de la Cremlin

Nid *Yr Atgyfodi* oedd yr unig gynnyrch a ymddangosodd yn enw Y Cyrff yn ystod wythnos Eisteddfod Llanrwst. Cyhoeddwyd casét aml-gyfrannog yn dwyn y teitl *Crème de la Cremlin* hefyd yn ystod yr wythnos. Cyflwynwyd y casét er cof am Iona Evans, Coetmor, Pandy Tudur – aelod o bwyllgor Pabell y Cremlin a fu'n cydweithio gydag eraill i baratoi digwyddiadau ym mhabell ieuenctid yr Eisteddfod. Un o glasuron Y Cyrff, 'Pethau Achlysurol', oedd cân gyntaf y casét, ac mae'n un o ganeuon gorau a mwyaf poblogaidd y grŵp. Fersiwn gynnar o'r gân yw'r un ar y casgliad, yn ôl Mark: 'Rhyw fath o demo a recordiwyd ar gyfer fideo oedd y fersiwn yma. Nathon ni recordio fo mewn un noson yn stiwdio Gorwel Owen yn Rhosneigr, Ynys Môn.'

Roedd pob un o'r grwpiau neu unigolion eraill ar y casét yn lleol neu â chyswllt gyda'r ardal neu gyda Iona. HR oedd Dylan Hughes, cyn ddrymiwr Y Cyrff a drymiwr yr Anhrefn. Ei frawd Osian oedd gitarydd a phrif leisydd Yr Orsedd. Aelodau eraill yr Orsedd oedd Geraint 'Ninja' Jones, David Williams a David Williams arall! Aeth Siôn Wyn, gitarydd o Lanrwst, ymlaen i chwarae i'r grŵp Y Newyddion, a bu Rhys Mwyn yn gweithio fel athro yn Ysgol Dyffryn Conwy Llanrwst am gyfnod byr. Roedd Bethan Huws yn chwaer i Dylan ac Osian ac yn ffrind agos i Iona. Fel Bethan roedd Siôn Aled a Huw 'Bobs' Pritchard (Byd Afiach) yn ffrindiau i Iona. Bwyd Llwyd oedd grŵp byrhoedlog Dafydd Chilton (Peth'ma), Ifor ap Glyn (Treiglad Pherffaith), Siôn Wyn o Lanrwst ac Owen Owens a fu'n drymio i nifer o grwpiau yn y Gogledd. Roedd taid a nain Ifor ap Glyn (sydd erbyn hyn yn un o brifeirdd enwoca Cymru) yn byw yn Llanrwst: 'O'n i'n arfar mynd allan i chwara pêl-droed gyda Barry Cawley a hogia eraill y dre yn iard Cawley's pryd o'n i'n aros gyda nain a taid. Roeddan nhw'n byw yn agos i gartre Mark.' Magwyd Alun Evans (Alun Tan Lan) ym Mhandy Tudur: Dail Te Pawb oedd ei grŵp cyntaf, ac roedd aelodau Boff Frank Bough hefyd yn hanu o Fro Cernyw.

Gobeithio bod y casgliad yn deyrnged ddiffuant i Iona.

Llanrwst yn Llosgi

Mae Llanrwst yn llosgi
Does neb yn gwybod pam
Mae Llanrwst yn llosgi
Dewch â dŵr i'r tân.

Dyddiau Cynnar Y Cyrff – y 21 gig cyntaf

	Lleoliad		Dyddiad
1.	Llansannan	Neuadd y Pentref	Rhagfyr 13eg 1983
2.	Llanrwst	Ysgol Dyffryn Conwy	Mawrth 15fed 1984
3.	Corwen	Y Pafiliwn	Ebrill 7ed 1984
4.	Llanrwst	Y Ganolfan Gymdeithasol	Ebrill 13eg 1984
5.	Llanrhaeadr	Gwesty Bryn Morfudd	Mai 22ain 1984
6.	Bala	Ysgol Y Berwyn	Mai 25ain 1984
7.	Hen Golwyn	Clwb Pedwar Dderwen/ Four Oaks	Mai 26ain 1984
8.	Gwytherin	Dawns Fferm	Mehefin 1af 1984
9.	Llandudno	Canolfan Hamdden Gŵyl Taran Tudno	Gorffennaf 7ed 1984
10.	Llanrwst	Y Ganolfan Gymdeithasol	Medi'r 1af 1984
11.	Corwen	Y Pafiliwn Steddfod Roc	Medi'r 15fed 1984
12.	Llanberis	Neuadd Pentref	Hydref 6ed 1984
13.	Trefriw	Neuadd Pentref	Tachwedd 10fed 1984
14.	Llanrwst	Ganolfan Gymdeithasol	Tachwedd 16eg 1984
15.	Bangor	Clwb Satz	Tachwedd 17eg 1984
16.	Llanelwy	Gwesty Talardy	Rhagfyr 28ain 1984
17.	Y Rhyl	Dixieland	Ionawr 26ain 1985
18.	Llansannan	Neuadd Pentref	Mawrth 22ain 1985
19.	Bangor	Clwb Satz	Ebrill 25ain 1985
20.	Bodelwyddan	Y Fountain	Mai 3ydd 1985
21.	Aberystwyth	Yr Angel	Mehefin 22ain 1985

Ganwyd Y Cyrff yn Ysgol Dyffryn Conwy Llanrwst ym misoedd olaf 1983. Roedd Dylan Hughes yn hanu o Bentrefoelas, ddeng milltir i'r de o Lanrwst ac roedd Mark Roberts yn un o 'hogia'r dre'. Yr hyn oedd yn uno'r ddau oedd cariad at gerddoriaeth a'r awydd i feistroli offeryn cerdd a chwarae mewn grŵp roc.

Roedd Ysgol Dyffryn Conwy yn ysgol gyfun ar ddau safle. Ar un

Erthygl yn y ffansin Llmych, Mai 1984

adeg roedd yna Ysgol Ramadeg ac Ysgol Uwchradd Fodern ond erbyn y saithdegau roedd y ddwy wedi eu huno, gydag adeilad yr hen Ysgol Ramadeg erbyn hynny'n Adran Hŷn i ddisgyblion 14-18 oed. Ysgol ddwyieithog gyda ffrwd Saesneg a ffrwd Gymraeg fwy neu lai yn gyfartal oedd yr ysgol ar ddechrau'r wythdegau cyn sefydlu trydedd ffrwd 'ddwyieithog' yn ystod yr wythdegau. Roedd rhaniad cymdeithasol amlwg gyda'r mwyafrif o bobl ifanc ardaloedd gwledig Hiraethog a phentrefi ochr ddeheuol Llanrwst yn y ffrwd Gymraeg, a'r mwyafrif o'r rhai yn y ffrwd Saesneg o bentrefi ochr ogleddol y dre megis Glan Conwy, Dolgarrog a Thal-y-bont. Roedd y dref ei hun wedi'i rhannu, gyda rhai disgyblion yn y ffrwd Gymraeg a'r lleill yn dewis y ffrwd

Saesneg. Fodd bynnag, beth bynnag oedd y ffrwd, roedd hogia'r dre yn tueddu i ochri gyda'i gilydd yn iard yr ysgol ac wrth chwarae pêl-droed.

Bu cyfnod yn y saithdegau pryd nad oedd yn beth anghyffredin i gael y ddwy garfan yn ymladd yn erbyn ei gilydd yn sgil herio o ryw fath gan y naill ochr neu'r llall. Teg dweud nad oedd hyn i'w weld i'r un graddau erbyn yr wythdegau, yn rhannol oherwydd y nifer cynyddol o deuluoedd tref Llanrwst oedd yn dewis gosod eu plant yn y ffrwd Gymraeg. Bu newid hefyd mewn agweddau at y Gymraeg yn yr ardal a thu hwnt.

> Mae'n dref ddiddorol iawn lle mae 'na lawer iawn o wahanol waed wedi cymysgu, llawer iawn o deuluoedd Gwyddelig a llawer iawn hefyd o fwynwyr wedi dod yma o Gernyw a Swydd Efrog i weithio yn y mwynfeydd ... mae 'slyms' Sgot lle roedd y mwynwyr yn byw wedi chwalu ond mae meibion a merched Sgot yn dal i fyw yn y dref yn stadau tai Cae Person, Cae Felin, Cae Tyddyn ac yn y blaen. Rheini oedd yn galw eu hunain yn English. (Myrddin ap Dafydd, *Barn*, 1989)

Roedd penderfyniad carfan helaeth o drigolion y dre i ddewis y ffrwd Gymraeg yn allweddol i gynnal Cymreictod y dre' a'r dyffryn. Erbyn heddiw, Ysgol Gymraeg yw Ysgol Bro Gwydir, ysgol gynradd y dref, ac ysgol ddwyieithog yw Ysgol Dyffryn Conwy.

Ar gychwyn ei yrfa gerddorol roedd Dylan wedi ceisio meistroli'r gitâr ond yn fuan iawn sylweddolodd mai'r drymiau oedd yn dod yn haws iddo, ac roedd set o ddrymiau yn yr ysgol. 'O'n i wedi cael rhai gwersi piano ac wedi trio dysgu chwarae gitâr fy chwaer Bethan. Dwi'n cofio bod mewn gwers Maths pryd o'n i tua 13 oed a George Lloyd, yr athro Cerdd, yn galw fi allan a gofyn oedd diddordeb gen i mewn dysgu sut i chwarae drymiau. Aeth â mi draw i'r neuadd i siarad gyda'r boi yma, Brian Thomas, oedd yn mynd o gwmpas ysgolion yn rhoi gwersi drymio. Dwi'n cofio gweld y set o ddryms yn y neuadd cyn hynny. Mae'n debyg mai drym cit Elfed (Y Mellt) oeddan nhw.'

Mellt a Mwg Drwg

Y Mellt oedd y grŵp sgiffl/pop o Lanrwst a ffurfiwyd yn niwedd y chwedegau. Dyma'r cyfnod lle bu twf mawr mewn sefydlu grwpiau pop yn sgil llwyddiant ysgubol The Beatles a grwpiau eraill Lerpwl a'r diddordeb cynyddol mewn cerddoriaeth bop yn gyffredinol. Magodd Dyffryn Conwy nifer o grwpiau Cymraeg yn y cyfnod yma gan gynnwys Y Tuduriaid o Bandy Tudur; grŵp merched Y Taranau o Lanrwst; y ddeuawd pop a'r brodyr, Emyr ac Elwyn; Alwen ac Owain Selway; a'r Mellt. Cynhaliwyd cyngerdd fawreddog ym mhabell Eisteddfod Dyffryn Conwy ar nos Wener Eisteddfod Llanrwst, 1969, o dan y teitl 'Pigion Pop', gyda Ryan a Ronnie yn cyflwyno mawrion byd pop Cymraeg y cyfnod – Dafydd Iwan, Tony ac Aloma, Hogia'r Wyddfa, Edward a Huw Jones ynghyd â grwpiau llai cyfarwydd fel y Perlau, y Briallu ac, ar waelod y rhestr, y ddau grŵp lleol, y Mellt a'r Tuduriaid. Dyma wreiddiau canu pop a roc Cymraeg Dyffryn Conwy a drymiau y Mellt yn un llinyn cyswllt o'r naill gyfnod i'r llall. Fel ym mhob ardal arall yn y chwedegau ffurfiwyd grwpiau pop Saesneg hefyd, ac yn Llanrwst yr amlycaf oedd J's Band. Esblygodd Y Mellt o'r grŵp Saesneg The Lightning Roosters.

Yn y saithdegau y grŵp amlycaf o'r ardal, a ddaeth i'r golwg yn 1971, oedd Mwg Drwg gydag Ithel Jones yn chwarae bas, Gwyndaf Williams, oedd hefyd yn y Mellt, ar y gitâr flaen, a Philip Jones ar y drymiau. Ymunodd James Roberts o Benmachno ar y drymiau ar ôl i Phil adael y grŵp. Dafydd Gwyndaf Jones, ffermwr o Benmachno, oedd rheolwr y grŵp. Ef hefyd oedd troellwr recordiau Disco'r Ddraig Goch, a defnyddiai oleuadau'r disgo yn ystod perfformiadau'r grŵp. Aeth tri o'r aelodau, sef Ithel, Phil a Gwyndaf, ymlaen i fod yn aelodau allweddol o'r grŵp roc Crysbas dan arweiniad Bryn Fôn, a ddaeth yn enwog am y gân 'Draenog Marw', addasiad o gân wreiddiol Loudon Wainwright, 'Dead Skunk'.

'Nes i sôn wrth Mark am y gwersi dryms a deud bo fi'n gweld o'n ffordd dda o ddod allan o wersi,' eglura Dylan. 'Wedyn nath o hefyd ofyn am ganiatâd i ddysgu sut i chwarae drymiau. Nath pump ohonon ni ddechra gyda'r gwersi ond ar ôl ychydig o amser dim ond fi o'dd ar ôl a stopiodd y gwersi.' Nid felly diddordeb Dylan. 'Bob tro o'n i'n gweld rhaglen fel *Top of the Pops* neu ambell waith *The Old Grey Whistle Test* o'n i'n watsio'r drymiwr ac yn sylwi ar y cit. Ges i fenthyg y cit drymiau o'r ysgol dros yr haf (1983) ac o'n i'n yn arfar chwarae rhyw bedwar i bump awr bob dydd. I ddeud y gwir ro'dd hynny'n helpu cadw lefelau siwgwr fi lawr gan bo fi'n chwysu gymaint wrth chwarae'r dryms.' Roedd Dylan yn dioddef o *diabetes* ers nifer o flynyddoedd. 'Y drym cit cynta' ges i o'dd drym cit Olympic eitha rhad gyda arian ges i gan Nain a Taid. Nes i gael gafa'l ar label drymiau Premier, oedd yn gwneud dryms gwirioneddol dda bryd hynny, a rhoi'r label yna dros yr un Olympic. Ond i ddeud y gwir ro'dd yr Olympic yn cit da ar gyfer dysgu sut i chwara.'

Cychwynnodd Mark gyda gwersi drymiau felly ar yr un pryd â Dylan, cyn penderfynu mynd ati i ddysgu sut i chwarae gitâr. Bu'n breuddwydio am fod yn gerddor o'i ddyddiau cynnar yn yr ysgol uwchradd ac roedd yn awyddus iawn i ddysgu sut i chwarae offeryn. Ar un adeg bu Mark ystyried chwarae offeryn arall, yn rhannol oherwydd bod gan un o'r bechgyn oedd yn byw gyferbyn iddo, Geraint Edwards, allweddellau. 'O'n i'n trio ysgrifennu caneuon synth-pop, ond oedden nhw i gyd yn *shit*,' esbonia Mark. 'O'dd cael gwersi drymiau yn ffordd dda o osgoi gwersi Ffrangeg. O'n i isio bod yn *rock-star* ar ôl gweld *Top of the Pops*.'

'Dyna gyd o'dd ar i feddwl o: miwsig, miwsig, miwsig – o'dd o'n lyfio miwsig.' (Mark Kendall).

Ar droad y 1980au roedd dylanwad grwpiau pync a post-pync yn parhau'n gryf a dyna'r gerddoriaeth oedd yn apelio at Mark a'i ffrindiau. 'Dwi'n meddwl ma'r record gyntaf nes i brynu oedd Baccara, "Yes Sir I Can Boogie"! Ar y dechra o'n i'n rili licio'r Boomtown Rats. Ym mar cefn y Queens [y dafarn agosaf i gartref Mark] o'dd 'na fwrdd pŵl a jiwcbocs ac o'n ni'n cael mynd 'na i chwarae pŵl. Dwi'n cofio clywed petha fel "Milk and Alcohol" gan Dr Feelgood a "Harmony in my Head" y Buzzcocks.'

Un arall o'r criw ffrindiau oedd yn cofio hyn yn dda oedd Peter Cawley. 'Dyna lle o'dd nifer ohona ni'n cyfarfod i chwara,' medd Pete. 'Dim ond rhyw dri neu bedwar record da o'dd ar y jiwcbocs a bob hyn a hyn o'dd y record yn sticio – "alcoho-coho-coho-coho-coho-" – wedyn fyddan ni'n gafal yn y jiwcbocs ac yn ysgwyd o i gael y record i symud ymlaen.'

Yn ôl Mark, 'O'dd Stiff Little Fingers yn fand mawr i ni yn Llanrwst, a hefyd y Skids a'r Ruts. Dwi'n cofio prynu

EP The Clash, "The Cost of Living", un o'r recordia' cynta' nes i brynu, o stondin yn y farchnad ar sgwâr Llanrwst. O'n i hefyd yn prynu recordia' o Siop Emyr ac Elwyn yn Bae Colwyn.'

Un profiad cynnar gafodd Mark o weld grŵp yn chwarae'n fyw oedd gweld y Trwynau Coch yn perfformio yng ngwersyll yr Urdd yn Llangrannog: 'O'n nhw'n dda!' Fel arall, ychydig iawn o ddylanwad a gafodd cerddoriaeth Gymraeg arno ond roedd ambell beth, fel y gân 'Pepsi Cola' gan y Trwynau Coch a chaneuon Ail Symudiad, wedi creu argraff. 'O'n i'n clywed recordia' Cymraeg gan bod cefnder fi, Dewi, yn byw yn Llanddoged ac ro'dd wncwl Dewi, Dafydd Gwyndaf o Benmachno, yn cynnal disgos, [Disco'r Ddraig Goch].' Yn y cyfnod yma roedd disgos yn ganolbwynt i lawer iawn o nosweithiau Cymraeg. Dawnsfeydd a disgos oedd mewn bri bryd hynny ac roedd y disgo lawn mor bwysig os nad yn bwysicach na'r grwpiau. Fel mae'n digwydd roedd Dyffryn Conwy yn gartref i ddau o ddisgos gorau gogledd Cymru, Disco'r Ddraig Goch a Disco Mic ar y Meic, sef Meic Ruggiero o Gerrig-y-drudion.

Fel Mark, roedd diddordeb Dylan mewn recordiau grwpiau roc yn newid dros amser. 'O'n i'n gwrando ar bob dim ond ar stwff ska yn arbennig, petha fel y Specials, The Selecter a Bob Marley, ac wrth gwrs petha pync fel The Clash a Stiff Little Fingers. Y record cynta' dwi'n cofio prynu o'dd sengl Queen "Flash" yn siop Woolworths yn Llandudno ar ôl safio arian am wythnosa. O'n i'n licio The Police ac yn sylwi ar y ffordd ro'dd Stuart Copeland, y drymiwr, yn defnyddio'r *hi-hat* a'r *snare* wrth ddrymio pan o'n nhw ar y teledu. Nes i hefyd dechra' gwrando ar betha hollol wahanol fel Stevie Wonder a Funkadelic.'

Yn naturiol ddigon roedd Dylan a Mark yn awyddus i ddysgu sut i chwarae'r caneuon roc roeddent yn eu hoffi, yn arbennig caneuon gan y band pync o Lundain, The Clash. Gitarydd y band oedd Joe Strummer, a sŵn trawiadol y cyd-chwarae rhwng gitârs Joe Strummer a Mick Jones oedd yn tynnu'r sylw yn nifer fawr o ganeuon cynnar The Clash. Roedd yna hen gitâr fas yn yr ysgol ac roedd Mark a Dylan yn chwarae gyda'r drymiau a'r gitâr yma ac yn ceisio efelychu'r hyn roeddent yn ei glywed ar y recordiau. Er bod y ddau wedi dewis Cerddoriaeth wrth wneud dewisiadau pwnc ar drothwy symud i'r adran hŷn o'r ysgol, roeddent yn ceisio dysgu caneuon trwy wrando arnynt yn hytrach na thrwy ddarllen cerddoriaeth. Dim rhyfedd felly fod hyn wedi arwain Mark at yr awydd i gael gafael ar gitâr ei hun, a daeth ffawd i'r adwy! 'Na'th Bethan fy chwaer ennill £50.00 ar y *premium bonds* a'r *deal* oedd y byddan ni'n rhannu'r arian os oedd un ohonon ni'n ennill rhywbeth. Mae'n siŵr bo fi tua 15 oed erbyn hynny. Nes i brynu gitâr Kay, copi o gitâr byd-enwog Les Paul, gan rywun yn dre.' Y cam nesaf i Mark oedd cael gitarydd i roi arweiniad iddo ar sut i chwarae'r offeryn!

Y Cawley Gang

Un o ffrindiau pennaf Mark yn y dref oedd Ian Cawley. Ian oedd yr ieuengaf o bedwar o frodyr. Alan oedd yr hyna, wedyn Barry a Peter. Byddai un ohonynt, sef Barry, yn chwarae rhan bwysig a dylanwadol iawn ym mywyd Mark. Roedd Mark ac Ian yn byw yn agos i'w gilydd ac yn rhannu'r un diddordebau, gan gynnwys pêl-droed, ac yn chwarae i dimau pêl-droed yr ysgol. 'O'n i hefyd yn chwarae pêl-droed i'r Red Arrows, tîm pêl-droed y Cawley

Gang a oedd yn cynnwys Pete Cawley, Ian Cawley, Pete Bydj, (ei dad yn cadw byjis), Stevie "Wonder", Kevin Evans a Gary "Pops". O'n ni'n trefnu gema' ein hunain yn erbyn tima' eraill yn y dre a llefydd eraill.' Mae nifer o'r bechgyn yma'n parhau'n ffrindiau da ac mewn cysylltiad â'i gilydd yn rheolaidd.

'O'n i'n arfar mynd draw i weld oedd Ian yn dod allan i chwara ac yn sylwi ar ei frawd, Barry yn chwara gitâr. Nes i weld bod ganddo fo amp a *distortion pedal*. Na'th o ddallt bod gen i gitâr a na'th o gynnig dangos i fi sut i diwnio'r gitâr. Nes i sylwi hefyd fod ganddo fo lyfr *The Clash Songbook* ac o'dd o'n trio dysgu cords un o'r caneuon.' Dyma'r sbardun i fynd ati o ddifri i feistroli'r gitâr. 'Dau cord oedd i *chorus* y gân "White Riot" gan The Clash ond bod angen symud o un cord i'r llall yn gyflym. Nes i ymarfer lot ar hynna a wedyn llwyddo i roi mwy o cords at ei gilydd. O hynny ymlaen do'th petha at ei gilydd yn eitha' hawdd.'

Ysgol ar ddwy safle tua milltir o'i gilydd oedd Ysgol Dyffryn Conwy ac o ganlyniad roedd nifer o'r athrawon yn cymudo o'r naill safle i'r llall un ai trwy gerdded neu mewn car, ac yn ddiweddarach, bws mini. Roedd clywed sŵn gitâr a drymiau yn y *portacabin* wrth ymyl y maes parcio wrth ruthro am yr Adran Iau yn ystod amser egwyl yn denu sylw ac yn arwain at oedi am sgwrs gyflym. 'Ma' isie i chi fynd ati i ffurfio grŵp hogia.' Dyna ddigwyddodd. Erbyn hyn roedd Dylan a Mark wedi magu hyder gyda'r drymiau a'r gitâr ac roedd Mark a Barry yn cyfarfod yn aml i ymarfer y gitâr a chwarae caneuon The Clash. Cam naturiol ac amlwg oedd awgrymu i Barry ymuno gyda Mark a Dylan i ffurfio grŵp. Roedd y syniad o ffurfio grŵp eisoes wedi bod yn destun trafodaeth rhyngddynt a rhai ffrindie eraill yn yr ysgol. Cynigiodd Dylan iddynt ddod i'w gartref i ymarfer gan fod ganddo le pwrpasol, 'Y Den', sef ystafell ar wahân i'r tŷ lle roedd yn ymarfer ei ddrymiau. Cytunwyd felly y byddent yn teithio i Bentrefoelas i ymarfer yng nghartref Dylan. Yr unig un digon hen i yrru car oedd Barry ond gan nad oedd car ganddo roedd rhaid cael benthyg un ei frawd mawr, Alan.

Yn ôl Pete, ei frawd hynaf ysgogodd Barry Cawley i chwarae gitâr ar ôl i Alan brynu gitâr acwstig o'r siop gwerthu offerynnau cerdd drws nesaf i siop Emyr ac Elwyn ym Mae Colwyn. 'O'n i'n arfar clywed Alan yn strymio'r gitâr yn galad – da-da-da-dada-daaa ... da-da-da, ac yna'n canu "*oh yeah, oh yeah*" ac yn ôl wedyn i strymio, a hynny am hyd at awr ar y tro. O'dd Barry'n clywed hyn hefyd ac yn bachu ar y cyfle i afal yn y gitâr a trio gwneud rwbath efo fo. O'dd perthynas i ni, Vivian, yn gallu chwara gitâr yn dda, ac wedi dysgu pryd o'dd o yn yr armi. O'dd o'n licio canu stwff Elvis ac mae o'n gwneud o hyd o gwmpas y tafarna' ac ambell le arall. Nath o ddangos i Barry sut i chwara' cords ac yna nath Barry jyst cario mlaen i ddysgu ei hun.' Byddai'r brodyr Cawley yn gwrando ar recordiau adre gan fod rhieni'r bechgyn yn prynu recordiau sengl ac EPs Cymraeg fel rhai Tony ac Aloma, Hogia'r Wyddfa ac wrth gwrs y Mellt o Lanrwst, yn ogystal â chasgliadau rhai o recordiau Saesneg poblogaidd y dydd a ymddangosodd ar labeli rhad fel MFP (Music for Pleasure) a Hallmark.

'Odd Mam a Dad yn dipyn o ffrindia efo Elfed, George "bach" (Jones), a Glyn Jenkins o'r Mellt ac oddan ni'n clywed tipyn amdanyn nhw. O'n i'n meddwl bod cân Elfed "Rhaid i Gymru Ddeffro" yn andros o un da. Ar ôl gadael ysgol a'th Barry i'r Coleg yn Llandrillo i ddysgu sut i blastro ac wedyn a'th o i weithio fel plastrwr i Geraint Lloyd o'r dre.'

Yn ddiweddarach, mewn sgwrs yn yr ystafell ddosbarth yn ystod amser egwyl am recordiau a cherddoriaeth, holwyd am hynt a helynt y grŵp ifanc oedd yn dechrau ffurfio, gan awgrymu y byddai'n bosib trefnu gig iddynt. Yr amod oedd bod rhaid cael set Gymraeg gan mai Cymdeithas yr Iaith oedd yn bennaf gyfrifol am drefnu gigs Cymraeg yn yr hen sir Clwyd. Roedd aelodau'r Gymdeithas yn Rhanbarth Clwyd yn awyddus i gefnogi grwpiau newydd yn ogystal â threfnu gigs yn y Gymraeg i hyrwyddo'r iaith a chodi arian i'r mudiad.

Ar ddechrau'r wythdegau roedd brwdfrydedd a bwrlwm yn yr hen Glwyd ymysg criw o aelodau ifanc Cymdeithas yr Iaith. Bryd hynny roedd Dyffryn Conwy yn rhan o sir Gwynedd, ond yn rhan o Ranbarth Clwyd Cymdeithas yr Iaith, un o wyth sir Cymru ar y pryd, ac felly cyfrifoldeb Rhanbarth Clwyd oedd hyrwyddo a chefnogi gweithgareddau Cymraeg yn y dyffryn. Trefnid gigs rheolaidd yn y Dixieland yn y Rhyl, Pafiliwn Corwen ac amryw o lefydd eraill, ond doedd dim llawer o weithgarwch tebyg yng ngorllewin y sir cyn canol yr wythdegau. Gigs Cymraeg oedd y gigs a drefnid ac er mai'r prif nod oedd hyrwyddo diwylliant cyfoes Cymraeg roedd rhai o'r trefnwyr, Huw 'Prestatyn' Jones, Dafydd Chilton, Huw Gwyn, Rhys a Llŷr Ifans, Alun Llwyd, Dewi Gwyn, Llŷr Williams, Alun Clwyd, Dafydd Parry, Nici Beech a Llŷr ab Alwyn, ymysg eraill, â ddiddordeb mawr mewn cerddoriaeth newydd ac amrywiol o bob math. Ar y cychwyn tynnwyd ar brofiad Ffred Ffransis, o'r Rhyl yn wreiddiol, a Dyfrig Berry, a fagwyd yn Llanrwst, ond erbyn dechrau'r wythdegau roedd Cell Hiraethog o'r Gymdeithas yn ddigon hyderus i drefnu gigs yn Nyffryn Conwy a'r ardal gyfagos. Dyma'r cyfnod 'post-pync' ond roedd meddylfryd chwyldro cerddorol cyfnod pync canol y saithdegau yn parhau'n ddylanwadol iawn, er bod y gerddoriaeth wedi newid a symud ymlaen. Rhan o'r feddylfryd yma oedd yr awydd i weld cerddoriaeth newydd, wahanol ac amgen yn y byd roc Cymraeg. Nod arall hollbwysig oedd cynnig cyfleoedd i grwpiau ifanc chwarae ar lwyfan, ac nid jyst cynnal gigs er mwyn codi arian i'r Gymdeithas. Byddai sgwrsio am gerddoriaeth orau'r cyfnod a rhannu tapiau [casetiau] o ganeuon ar beiriant casetiau/radio yn arfer cyffredin. Roedd Huw Prestatyn yn arbenigwr ar ddewis a dethol caneuon o wahanol raglenni radio ar gasét ac yna rhannu'r casetiau yma gyda ffrindiau. Dyma'r peth agosa at lawrlwytho cyn yr oes ddigidol!

Cynnwrf Llansannan

Peth digon hawdd yw cytuno i wneud gig ond mae bod yn barod i chwarae mewn gig yn dra gwahanol. Yr unig ganeuon oedd gan y band oedd caneuon roeddent wedi'u hymarfer yn Saesneg, sef caneuon yn bennaf o ddwy albwm gyntaf The Clash, *The Clash* a *London's Calling*, a chaneuon gan eraill a recordiwyd gan y Clash, megis 'Armagideon Time' gan Willie Williams oedd yn ffefryn reggae yn Jamaica ar y pryd. Roedd dylanwad cerddoriaeth ska a reggae ar The Clash yn amlwg iawn. Ar ddechre'r saithdegau mewn ardaloedd yn Llundain lle roedd y gymuned Affro-Caribî yn gryf megis Acton, Dalston,

Shepherd's Bush, Notting Hill Gate, Ladbroke Grove a Brixton, roedd yn gerddoriaeth oedd yn cael ei hystyried yn wrth-sefydliadol, yn ffres, ac yn torri tir newydd. Dyma'r gerddoriaeth a glywid ar strydoedd gorllewin Llundain lle magwyd tri o aelodau'r Clash. Llawn mor drawiadol efallai oedd yr agweddau o falchder ac annibyniaeth meddwl, y steil a ffasiwn y '*rude boys*.'

Y cam cyntaf oedd cael enw i'r grŵp. 'Enw cynta'r grŵp oedd Take 5, ond wedyn nes i awgrymu bo ni'n galw'n hunain yn Y Cyrff ... tebyg i enw The Clash, gair oedd yn dechrau gyda C ac yn syml iawn,' medd Mark. Penderfynwyd cyfieithu ac addasu geiriau nifer o ganeuon The Clash gan gychwyn gyda 'Llanrwst yn Llosgi' ('London's Burning'), 'Heddlu a Lladron' (cân Junior Marvin a Lee Perry 'Police and Thieves'), 'Llundain yn Galw' ('London's Calling'), 'Coca Cola' ('Koka Kola'), 'Cartref saff yn Ewrop' ('Safe European Home') ac 'Angen Newid' ('White Man in Hammersmith Palais').

O glywed y byddai'r gig cyntaf yn digwydd ar y 13eg o Ragfyr 1983 yn y Ganolfan yn Llansannan yn cefnogi band lleol arall o Abergele, Peth'ma, a band ifanc arall o Ddyffryn Clwyd/Llansannan, roedd rhaid hefyd ystyried ychwanegu at y grŵp, ond nid am y rhesymau arferol! Ychydig wythnosau ynghynt roedd Mark a rhai eraill o dre' Llanrwst wedi mynd i ddawns yn Llansannan. Llwyddwyd i wylltio rhai o'r bechgyn lleol trwy wawdio, rhegi a herio, nes gorfod ffoi'n sydyn o'r neuadd. Dim digon sydyn i Mark. Cafodd ei ddal a chael cleisiau i gofio'r achlysur. Ei bryder mawr oedd y byddai'r bechgyn yma yn y gig. Yr ateb oedd cael rhywun arall i ganu'r caneuon ac i Mark guddio y tu ôl iddo. Pen i lawr a chadw yn y cysgodion. Gan mai dim ond rhyw hanner dwsin o ganeuon oedd gan Y Cyrff ar gyfer y gig roedd yn dasg gymharol hawdd dysgu'r caneuon, ac roedd un arall o ffrindiau Mark o Lanrwst yn barod i gamu ymlaen, sef Emyr Davies.

Prynodd Barry gitâr fas cyn y gig ond 'dim ond yn y fan ar y ffordd draw i Lansannan na'th o weithio allan be i wneud efo'r bas,' esbonia Mark. 'Dwi'n cofio fo'n deud wrtha'i fod o wedi dallt be i wneud – "pryd ti'n chwara cords yn G na'i jyst chwara G ar yr un bît ar y bas," – a dyna be digwyddodd.'

Roedd y profiad cyntaf ar lwyfan o flaen tua 100 o bobl wedi bod yn werthfawr iawn. Bedwar mis yn ddiweddarach camodd Y Cyrff i'r llwyfan ar ddechrau noson gwbwl wahanol yn y Pafiliwn yng Nghorwen. Roedd y bechgyn wedi cael anogaeth i fynd un cam ymhellach ac i gychwyn ysgrifennu caneuon gwreiddiol ar ôl y gig yn Llansannan. Mae'r casét o'r hyn a recordiwyd yn y 'Den' ar 11 Mawrth wrth ymarfer yn dangos pa mor gyflym oedd datblygiad y grŵp gyda chaneuon gwreiddiol fel 'Cerddoriaeth y Ghetto,' 'Lebanon,' 'Yr Arswyd' ac 'Y Gaeaf' erbyn hyn yn rhan o set y grŵp.

Roedd Emyr yn aelod o'r grŵp yn y trydydd gig a drefnwyd yn y Ganolfan Gymdeithasol yn Llanrwst ym mis Ebrill 1984 gyda grŵp ifanc o Aberystwyth, Efrydiau Allanol. Roedd hwn yn ddigwyddiad pwysig iawn hefyd gan mai dyma'r tro cyntaf iddynt chwarae i'w cyfoedion a'u ffrindiau o'r dre. Roedd y neuadd yn llawn a'r grŵp yn awyddus i greu argraff. I nifer yn y gynulleidfa ifanc dyma'r profiad cyntaf o weld grŵp yn perfformio ar lwyfan ac roedd egni a brwdfrydedd y chwarae yn drawiadol, er nad oedd y grŵp eu hunain yn gwbwl hapus gyda'r perfformiad. Yn anffodus, y gwir plaen oedd bod Emyr yn edrych ac yn symud yn grêt ar lwyfan ond doedd o ddim cystal fel canwr!

Llundain yn Galw

Roedd David Paul Jones yn byw yn Cae Felin Llanrwst ac roedd gan Paul a'i frawd hŷn, Pete, ddiddordeb mawr mewn cerddoriaeth. Roedd gitâr yn y tŷ – hen gitâr eu tad. 'Gitâr o'r pumdegau oedd o, be o'n nhw'n galw'n *parlour guitar* gyda *metal strings*,' eglura Paul. 'Doedd o ddim yn hawdd chwara gitâr fel yna oherwydd bod y *strings* mor galed ond naethon ni benderfynu trio dysgu. Ro'dd cefnder gen i, Gareth Andrew, yn byw yn ffermdy Cae'r Geiliog, Tafarn-y-Fedw, tua milltir o Lanrwst, ac o'dd o'n gallu chwara gitâr. Oeddan ni'n cerdded i fyny i'w dŷ ac o'dd o'n dangos i ni sut i chwarae cords. O'dd o wedi bod i'r Brifysgol yn Brighton ac o'dd o i fewn i grwpiau fel The Who, Doors, y Beatles a'r Small Faces. Gyda fo hefyd nes i glywed cerddoriaeth Gymraeg am y tro cynta, petha fel Tebot Piws, y Mellt, a *Outlander* Meic Stevens. Y record gynta nes i brynu oedd record sengl gyda Lee Marvin yn canu 'I was born under a wandering star' ar un ochr a Clint Eastwood ar yr ochr arall yn canu 'I Talk to the Trees', ar ôl gweld y ffilm *Paint your Wagon*. Dwi'n meddwl ma'r albwm cyntaf o'dd un ar Track Records gyda'r Who ar un ochr a Jimi Hendrix ar yr ochr arall. Wedyn nes i brynu petha eraill gan The Who ac albyms gan grwpiau fel y Faces, y Stones a Bad Company. Es i mlaen wedyn i wrando hefyd ar grwpiau fel Genesis a ELP (y grŵp 'prog' Emerson Lake and Palmer). Un o'r gigs cyntaf es i iddo o'dd gyda ELP yn Lerpwl gyda fy mrawd.'

Arweiniodd y prynu recordiau a gweld grwpiau yn chwarae at yr awydd i ffurfio grŵp pan oedd Paul tua 16 oed ac yn dal yn yr ysgol, sef Blackwater, gyda'i frawd, Pete, ar y gitâr, Richard Jones ar y drymiau, Rob Swire o Ddolwyddelan, brawd Mike Swire (gweler pennod 1) ar y gitâr, a Ken Jones yn canu. 'Chwarae *covers* o ganuon pop grwpia' fel y Stones a Free oeddan ni. Naethon ni chwarae mewn dawnsfeydd lleol yn llefydd fel y Legion yn Llanrwst, ac yn Dolgarrog a'r *Memorial Hall* yn Betws-y-Coed. Nes i hefyd chwarae efo grŵp arall o ochra Lerpwl, Third Man, mewn ychydig o gigs, gan gynnwys rhai i gefnogi'r glowyr, y *Lancashire miners* oedd yn streicio ar y pryd.' Erbyn cyfnod Blackwater roedd Paul wedi prynu gitâr Kay yn ail-law o stondin yn y farchnad dan-do yn Llandudno gyda'r arian a gafodd o wneud rownd bapurau a helpu yn siop lysiau ei fodryb yn stryd Dinbych, Llanrwst. 'O'n i wedi prynu gitâr bas Columbus (*Jazz copy*) erbyn bo fi'n chwarae gyda Blackwater. Nes i hefyd ddechra cymryd mwy o ddiddordeb yn yr ochr dechnegol o recordio.' Arweiniodd hyn at brynu offer recordio syml a chymharol rhad, sef Tascam 144.

Ar ôl gadael ysgol yn 18 oed mynychodd Paul y Polytechnic of North London i astudio *Electronics and Communications Engineering*. 'O'dd o'n edrych fel cwrs *degree* tair mlynedd reit ddiddorol ar y pryd ac oeddan ni'n gwneud pethe fel stydio sain ac *acoustics*. Ar ôl gorffen y radd o'n i isio job ac isio teithio hefyd. Nes i weld job *seismic exploration* yn y *swamps* yn Nigeria ac es i fanna ac yna ar ôl cyfnod cael *transfer* i'r Sudan. O'dd o ddim yn hawdd oherwydd y rhyfel cartre yna ... nes i weld pethau ofnadwy yna. Andros o brofiad.' Dychwelodd o'r Sudan i Lanrwst yn 1983.

I lawer iawn o ddilynwyr roc canol y saithdegau daeth tro ar fyd gyda'r ffrwydrad o grwpiau pync fel The Jam, The Buzzcocks, The Ruts ac yn benodol dylanwad y Sex Pistols a The Clash. Roedd hunan-fodlonrwydd a bloneg y byd roc ar ddechrau'r saithdegau wedi golygu bod llawer iawn o grwpiau roc y cyfnod wedi meddwi ar gerddoriaeth cymhleth a thechnegol er mwyn ceisio dod o hyd i gyfeiriad cerddorol newydd. Roedd y grwpiau yma hefyd yn hŷn ac yn awyddus felly i greu rhywbeth mwy uchelgeisiol a phellgyrhaeddol na cherddoriaeth bop a chaneuon syml a chofiadwy fyddai'n apelio'n bennaf at bobl yn eu harddegau. Roedd hyn yn ddealladwy ar un ystyr ond y canlyniad oedd creu bwlch rhyngddynt a'r genhedlaeth newydd o bobl yn eu harddegau oedd yn chwilio am gerddoriaeth a lleisiau a oedd yn cyfleu teimladau a dyheadau cenhedlaeth a chyfnod dra gwahanol i'r chwedegau a'r saithdegau cynnar. Roedd y gobaith am newid a fodolai ar ddiwedd y chwedegau, a'r freuddwyd o ryddid a byd gwell i bawb, yn prysur ddiflannu gyda'r cynnydd mewn diweithdra yng Nghymru o ychydig llai na 39,000 yn 1970 i dros 90,000 erbyn 1977, patrwm oedd i'w weld ledled Prydain. Dwysaodd y rhyfela yng Ngogledd Iwerddon yn sgil Dydd Sul Gwaedlyd yn Deri ac ymestyniad yr ymgyrch fomio i Loegr. Roedd streicio dros wella amodau gwaith a chyflogau yn gyffredin ac yn Llundain gwelwyd cynnydd yn y gwrthdaro rhwng yr heddlu a'r gymuned Affro-Caribî. Sefydlwyd *Rock Against Racism* i wrthsefyll y duedd gynyddol ymysg lleiafrif swnllyd eithafol i droi at ffasgaeth a pharhau oedd y brwydro yn erbyn arfau ac ynni niwclear. Yng Nghymru hefyd parhau wnâi'r ymgyrchoedd iaith dros arwyddion

Cymraeg, sianel deledu a thai a gwaith i bobl yn wyneb y bygythiad i'r diwydiannau dur a glo. I goroni'r cyfan, yn 1979 etholwyd Margaret Thatcher yn Brif Weinidog yn dilyn llwyddiant y Blaid Geidwadol yn yr etholiad cyffredinol.

Yr hyn roddodd lais i'r genhedlaeth iau trwy'r newidiadau cymdeithasol yma oedd ymddangosiad grwpiau roc newydd a thwf cerddoriaeth a gafodd yr enw 'pync.' Nodwyd hyn gan un o sylfaenwyr cerddoriaeth pync y cyfnod, Malcolm McLaren, rheolwr y Sex Pistols. 'Rock is fundamentally a young people's music, right? And a lot of kids feel cheated. They feel that the music's been taken away from them by that whole over-25 audience.' (*NME*, Tachwedd 1976). Y teimlad o anfodlonrwydd ac anniddigrwydd gyda threfn oedd yn ymddangos yn fwyfwy amherthnasol i bobl ifanc a esgorodd ar benderfyniad nifer o gerddorion a grwpiau i fynd nôl at wreiddiau roc a chwarae cerddoriaeth fwy uniongyrchol a chaled. Arweiniodd hyn hefyd at chwilio am lefydd mwy addas na'r neuaddau mawr a chostus ar gyfer cynnal gigs, sef tafarndai. Bu Paul yn dyst i hyn yn y cyfnod y bu'n byw yn Llundain ar ddiwedd y saithdegau. 'Dwi'n cofio mynd i'r lle ma yn Dalston lle o'n nhw'n chwarae reggae, tafarn mawr pedwar llawr gyda cherddoriaeth wahanol ar bob llawr, stwff *dub* ar un llawr, band reggae ar lawr arall.' Trwy gyd-ddigwyddiad rhyfedd, un o'r cerddorion ifanc eraill a fynychodd y lle yma oedd John Griffiths o Flaenau Ffestiniog oedd hefyd yn byw yn Llundain yn y cyfnod yma. Yn ddiweddarach cafodd John ddylanwad pwysig iawn ar gerddoriaeth Gymraeg yn yr 80au a thu hwnt gyda'r grŵp Llwybr Llaethog a nifer fawr o brosiectau eraill, gan gynnwys gweithio gyda Paul a Mark.

Cafodd cerddoriaeth pync canol y saithdegau effaith fawr ar lawer iawn o bobl ifanc gan gynnwys Paul. 'Ar ôl clywed record bŵtleg o'r gân "spunk" gan y Sex Pistols na'th blas fi mewn miwsig newid. Un o'r gigs dwi'n cofio oedd mynd i weld The Stranglers yn Bangor yn 1977 dwi'n meddwl. Bryd hynny roedd o'n ffasiwn i ffans boeri ar y grwpiau pryd o'n nhw'n chwarae. Dwi'n cofio gweld Hugh Cornwall y gitarydd yn gafael mewn stand meicroffon ac yn taro un o'r bechgyn o flaen y llwyfan ar ei ben oherwydd y poeri.' Roedd y grŵp Cymraeg o ardal Llanelli, Y Llygod Ffyrnig, gyda'u record sengl 'N.C.B.' ar label Gari Melville, Pwdwr, yn cyfleu holl natur ac ysbryd y gerddoriaeth pync gorau yn y saithdegau.

Fel yn achos The Clash roedd gorwelion Y Cyrff yn ymestyn ymhellach na cherddoriaeth pync ond roedd gwerthoedd gwrth-sefydliadol ac annibyniaeth meddwl y gerddoriaeth yn ganolog i'r ffordd o feddwl wrth symud ymlaen. I Mark, Paul, Barry a Dylan roedd grwpiau pync y saithdegau fel The Clash, The Jam, The Stranglers, a The Ruts yn mynegi teimladau o rwystredigaeth ac anfodlonrwydd oedd yn gyffredin i lawer iawn o bobl ifanc yn ystod cyfnod Thatcheriaeth yr wythdegau. Dyma'r gerddoriaeth oedd yn sbardun iddynt wrth gychwyn ar y daith gerddorol.

Y brodyr Cawley – Ian, Alan, Peter a Barry

Dylan Hughes

Mark a'r Red Arrows – Steven Owen, Kevin Evans, Mark, Ian Cawley a Peter Cawley

Paul Jones

Mark Kendall gyda'i rieni a'i nain

UNIVERSITY UNION CARDIFF

ANKST YN CYFLWYNO
ANKST PRESENTS
★★ Y CYRFF ★★
★★ CRUMBLOWERS ★★
★★ U THANT ★★
★★ BOFF FRANK BOUGH ★★
SADWRN 9ED CHWEFROR 7:30 P.M.
YN Y NEUADD FAWR
IN THE GREAT HALL

£3.50   R.O.A.R.   TICKET No. 00018

NO REFUNDS UNLESS CANCELLED

Croeso FFRED 25
Wedi 6 mis o Garchar!
STEDDFOD ROC MAWRTH 21
7.00 - 11.45
CORWEN
Atyniad Ychwanegol • Sgarmes
Camelod Fflat • Glaw yn Fenis
Crisialau Plastig • U - Thant
Ffa Coffi Pawb • Yr Orsedd

Pris - £2.50

Rhif Ffôn (nicola) 074 576 682

CYRFF

COLISEUM
PORTHMADOG

SADWRN 1 AWST	RHOSYN...
SUL 2 AWST	MILWR B...
LLUN 3 AWST	MEIC STE... CATRAETH...
MAWRTH 4 AWST	ERYR WEN... PRYD MA'... SGARMES...
MERCHER 5 AWST	HUW CHIS... A'R CHISL... MAIR HAR...
IAU 6 AWST	BWCHADA... 'HIROSHIM... GAN BRIT...
GWENER 7 AWST	NOSON P... CEFFYL P... FFENESTR... TAN TRO...

SADWRN 8 AWST	Y CYRFF TRADDODIAD OFNUS LLWYBR LLAETHOG MADFALL RHEIBUS £2.50

NOSWEITHIAU HWYR: 10pm-1am

CYMDEITHAS YR IAITH

CLWB RHEILFFORDD ABERGWAUN

'CYRFF' 7.30p.m.-11.45p.m. £2
'Siencyn Trempyn' 'Dros Ben Llestri'

7.30p.m.-11.45p.m. £2.00
'Pendro'

.30p.m.-1a.m. £1.75
'Chwyldro'

NDIG 7.30p.m.-1a.m. £1.7
- 'Datblygu'

- 1a.m.   £1.75

NNAF 7.30p.m.-1a.m.
£1.75

RO 7.30p.m.-1a.m.
£1.75
lia' - 'Argyfwng yn y

BRYCH 7.30pm-11.45pm

TARAN TUDUR
CANOLFAN ABERCONWY LLANDUDNO

Geraint Jarman   Treigliad PHerffaith
Peth 'Ma   Steave Eaves a'i Driawd
Chwy's Plismon   Swigod Piws
Disgo'r Ddraig   Y Cyrff

SADWRN GORFFENNAF 7fed
6:00yh - 1:00yb   MYNEDIAD 3:00

RHAGLEN: 10c
TOCYN AM DDIM
A GWOBR I DREFNWYR BYSIAU
RHIF: 335

Maffia Mr. Huws

CYRFF   GRAS

DISGO'R DDRAIG GOCH

Yng Nghanolfan Gymdeithasol Llanrwst

Mynediad £1.50   7.00 - 10.30

CYMDEITHAS YR IAITH GYMRAEG

Llanrwst yn Llosgi
EFRYDIAU ALLANOL

a'r
Cyrff
a
disgo

7·00–10·30
mynediad
£1·50

NOS WENER   CHWEFROR 17EG

YNG NGHANOLFAN CYMDEITHASOL LLANRWST

DAWNS NESAF MAWRTH 2IL

Bad Boys of Welsh Rock 'n' Roll?

ANHREFN   TRADDODIAD OFNUS   CYRFF

FULLHAM   GREYHOUND
THURS   APRIL 3d

Maxines RHYL 23·1·87 £1·50

Y CYRFF

STEDDFOD
ROC CORWEN

Y CYRFF

MAWRTH 21   £2·50

MUDIAD IEUENCTID
PLAID CYMRU   PLAID CYMRU
YOUTH MOVEMENT

ANTI
POLL
TAX   GIG   GWRTH
TRETH
Y PEN

Y CYRFF
GOFODWYR Y PIWS
MAE'R LLOER
WNCL FFESTR

Clwb KNIGHTLYS Club
FFORDDLAS, YR RHYL
8 p.m.–1 a.m.

12:10:90

Entrance
Mynediad   £3   Members P.C.Y.M.
Aelodau M.I.P.C.   £2

Ticedi/Tickets Gezz

U THANT   UMCB
DAWNS
NADOLIG
MAFFIA   NOS FAWRTH
RHAGFYR 13
MAJESTIC
CYRFF   CAERNARFON
£3.50   DIM MYNEDIAD HEB DOCYN

GWR GWADD IAN GILL
DISGO U M C B

EISTEDDFOD YR URDD BRO GLYNDŴR
(Apêl Dinbych)

"GIG"
gyda
JESS
Y CYRFF
Y GOFODWYR PIWS
PEDWAR BOI

NOS SADWRN, 4 IONAWR, 1992

yn
NEUADD Y DREF, DINBYCH
o 8 p.m. tan 12.30 a.m.

Mynediad trwy docyn — £3.50
Wrth y drws — £4.00

(Lluniau: Paul Jones)

Pabell y Cremlin –
'Steddfod Llanrwst 1989

(Lluniau: Liz Thomas)

Barry – Neuadd Pantycelyn,
Aberystwyth, Tachwedd 1985

Blaendyffryn, 27 Rhagfyr 1986

Dylan – Neuadd Pantycelyn, Aberystwyth,
Tachwedd 1985

Paul – Clwb Ifor Bach, 1987

(Lluniau: Medwyn Jones)

Y Cyrff – Yr Angel, Aberystwyth, 1985

Mark – Clwb Ifor Bach, 1987

Clawr Llmych
1987

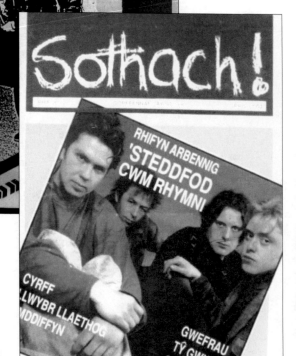

Clawr Sothach
Awst 1990

Clawr Sothach
1991

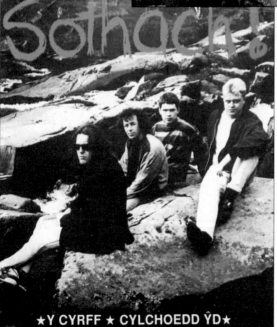

Clawr Sothach
Mawrth 1992

Mark – Cnapan

(Lluniau: Rolant Dafis)

Mark ac Alun Llwyd, Ankst – Preston

Mark ar lwyfan Y Cnapan

Y Cyrff – Cathedral Road, Caerdydd

(Lluniau: Rolant Dafis)

Llyfr Scrap Catatonia

CATATONIA

Mark Roberts
Does: guitar and songwriting
Llanelli (North Wales) native. Catatonia founder, buys only singles, which may mean something. Was in a medieval-punk band...

Paul Jones
Does: bass and being a bit older
One-time dry stone waller and colleague of Mark Roberts in Y Cyrff ('The Bodies'). Is a farmer. Has met Bob Carolgees.

Owen Powell
Does: guitar and being technically English

Aled Richards
Does: drums and big forearms

ALBUMS OF THE YEAR 1998

So after all the votes were counted, and shattered friendships resumed in The Maker office, it came down to a David and Goliath-type scrap for Album Of 1998: in the left corner Catatonia, representing little

ol' Wales, and over in the right, th...
Boys as musical diplomats for the that is America. And, like all good little fellas won! Here are those 50 of the year in...

CATATONIA
INTERNATIONAL VELVET

1 **INTERNATIONAL VELVET**
Catatonia (blanco y negro)

At the start of 1998, you'd have got pretty spectacular odds on Catatonia topping The Maker's year-end poll – but then that's probably why they came up with such a perfectly-realised pop album. While complacency gripped the indie rock elite, and lack of ambition stymied much of the next generation, Cerys and co had to pull out all the stops or face the dumper. The end result is living proof that when the going gets tough, the tough write a host of heart-stopping tunes and give full rein to the most expressive voice on the planet. From the straight-for-the-pop-jugular likes of "Road Rage" and "Mulder And Scully" to the more esoteric title track, this is a record full of hits and utterly bereft of misses. The year would've been a dull old place without it.

View
• Cerys, the queen o...
• Kelly, the king of...
• That was their tr...

YES, again. (If last year saw... laying of groundwork from... then in 1998 it all went so... CATATONIA and STEREOPHO... mighty line in '97, An... has seen them move from... heavyweight pop stars wi... tapping on their doors, y... whistling along to "Mul... or "The Bartender And... some riotous chart act... Elsewhere MANIC ST... Godfathers – finally h... and inspired a thousa... with their snappy... biggest was band... ANIMALS kept their... with their "Ice Hock... unrolled a marvel... 60 FT DOLLS releas... and collapsed in a... CHOTIC MYNCI saw... ckers FEEDER ma...

Includes the hit singles Mulder a... Road Rage, Strange Glue & Game

"Bloody Essential" Melody Maker
"One of the finest guitar singalongs for years" Vo...
"It must be, simply, genius" The Times
"Soulful, soaring gems" NME
"Catatonia's music is sublime"
"Buy It" FHM

2 ROAD RA...
Catatonia
(blanco y negro)

カタトニア モルダー・アンド・スカリーEP
インターナショナル ヴェルヴェット+BBC LIVE
(BBC LIVE 4曲収録)
WPC 208

Ond, drwy'r tarth, daw hyder tôn
i chalon gatatonig
yn cofleidio'r dawnsio dig
Nodau'r meic sy'n holltu'r mwg
yn y golau o'r golwg,
a'u tarannau'n tirioni
holl ddyrnau ein hofnau ni.

A 92-PAGE DOUBLE ISSUE stuffed with
CATATONIA
1998 – Blwyddyn Catatonia – Llongyfarchiadau!

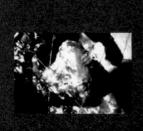

Y TESTAMENT NEWYDD

Y CYRFF

Y CYRFF

llawenydd heb ddiwedd

y cyrff

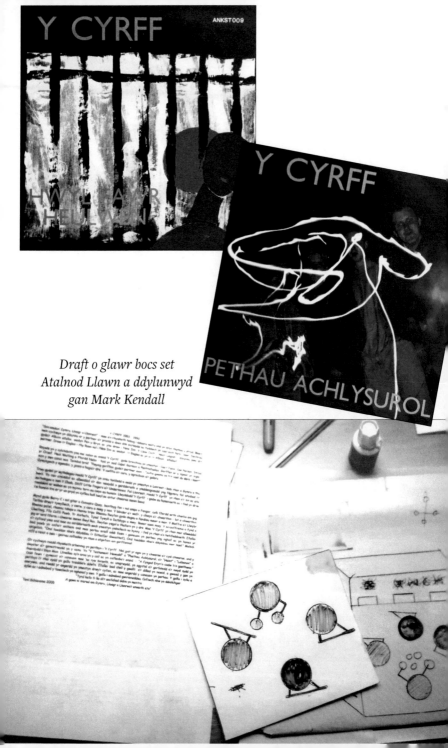

Draft o glawr bocs set Atalnod Llawn a ddylunwyd gan Mark Kendall

Barry a Mark yng nghyfnod Catatonia

Y ddau Mark yn y Legion adeg taith lansio Atalnod Llawn

Barry ar daith gyda Catatonia

Mr – Osian Gwynedd, Stephen 'Frog' Jenkins, Paul Jones ac Owen Powell Mark – Clwb Ifor Bach, 1987 (Lluniau: Betsan Haf Evans)

Anwybyddwch Ni

Dan ni'n gyrru tapiau i mewn
Ond dy'n nhw ddim yn ateb ni
Dy'n nhw dim isio gwybod amdanon ni
Dy'n nhw ddim isio clywed amdan grwpie'r dyfodol
A dy'n nhw ddim isio gwybod amdanon ni
Ma nhw'n dewis anwybyddu ni,
Anwybyddwch ni! Anwybyddwch ni!
Ond yn y diwedd chi neith colli.
Ma nhw'n dewis anwybyddu ni,
Anwybyddwch ni! Anwybyddwch ni!
Ond di hynna ddim yn poeni fi.

Ni yw llais Cymru yn gweiddi arnoch chi
Ni yw llais Cymru ond chi'n anwybyddu ni
Ni yw Y Cyrff yn chwarae cerddoriaeth craff
A di'r cyfryngau ddim yn dallt
Ma nhw'n dewis anwybyddu ni,

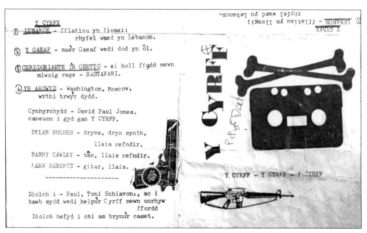

Clawr y casét cyntaf

Anwybyddwch ni! Anwybyddwch ni!
Ond yn y diwedd chi neith colli.
Ma nhw'n dewis anwybyddu ni,
Anwybyddwch ni! Anwybyddwch ni!
Ond di hynny ddim yn fy mhoeni.

Da ni'n dedicatio'r gân yma i Cadw Reiat
A ma gynnon ni neges bach cyn symud ymlaen, sef
Ffyc off
Viva la Revolucion

Ma nhw'n dewis anwybyddu ni,
Anwybyddwch ni! Anwybyddwch ni!
Ond yn y diwedd chi neith colli.
Ma nhw'n dewis anwybyddu ni,
Anwybyddwch ni! Anwybyddwch ni!
Ond yn y diwedd chi neith colli.
Anwybyddwch ni!
Anwybyddwch ni!
Anwybyddwch ni!

Mae 'na dipyn o wahaniaeth rhwng ymarfer chwarae caneuon a chwarae'r caneuon hynny gyda system sain anghyfarwydd ac o flaen cynulleidfa, a honno'n gynulleidfa sydd ddim yn adnabod y grŵp na'r caneuon. Ar y llaw arall mae'r profiad cyntaf o weld grŵp yn chwarae offerynnau trydan gyda system sain dda yn brofiad cofiadwy a hyd yn oed ysgytwol i rai, ac yn arbennig felly os yw aelodau o'r grŵp ar y llwyfan yn gyfoedion ac yn gymdogion. Erbyn diwedd 1984, blwyddyn ar ôl i'r Cyrff ffurfio, roedd y grŵp wedi chwarae 18 o weithiau ar amrywiaeth o lwyfannau, o neuaddau pentref fel Llangernyw a Llansannan i ganolfannau mawr fel Pafiliwn Corwen a Chanolfan Hamdden Llandudno (Venue Cymru erbyn hyn). Erbyn diwedd 1984 hefyd, roedd yn amlwg bod Y Cyrff o ddifri ac yn dechrau creu marc fel grŵp. Roedd ganddynt set o ganeuon gwreiddiol a diddorol ac roedd eu perfformiadau ar lwyfan yn dynnach ac yn parhau'n llawn egni ac ymroddiad.

Un o'r pethau oedd yn drawiadol am Y Cyrff o'r cychwyn cyntaf oedd eu hunan-gred. Roedd y dylanwad pync cychwynnol i'w weld yn yr agwedd ac yn y perfformio llawn ymroddiad ac egni, ond roedd y gerddoriaeth yn newid ac yn datblygu wrth iddynt drawsnewid y set o ganeuon grwpiau eraill i'w caneuon eu hunain. Yn wahanol i nifer o grwpiau eraill efallai, roedd yn amlwg bod yna awydd i ddatblygu ac i wella fel grŵp ac roedd gweld grwpiau eraill yn perfformio yn gyfle i gymharu, ac i ddysgu. Eto, yn wahanol i nifer o grwpiau eraill penderfynodd Mark, Dylan a Barry gynilo'r tâl a gafwyd am chwarae gigs er mwyn prynu offer a thalu am amser mewn stiwdio i recordio caneuon yn hytrach na rhannu'r arian. 'Barry oedd yr un i ddeud y dylan ni agor cyfrif banc ar gyfer y grŵp a rhoi'r tâl roeddan ni'n gael am chwara yn y cyfrif, heblaw am dalu am gostau petrol,' yn ôl Mark. Dylan oedd yr un a gafodd y cyfrifoldeb o agor cyfrif banc yn Midland Banc Llanrwst – banc y ffermwyr a llawer iawn o bobl busnes y dref! Y nod tymor byr oedd cynilo digon o arian i allu prynu fan, ond y nod tymor hir oedd llwyddo gyda'r gerddoriaeth a thorri eu cwys eu hunain wrth wneud hynny. Rhaid cofio mai dim ond 15/16 oed oedd Mark a Dylan ac eto dyna'r agwedd a'r bwriad o'r cychwyn. Fel yr esbonia Dylan, 'Fyddan ni'n cymryd yr ymarfar o ddifri, ac mewn gigs byddan ni'n siarad efo'r hogia oedd yn gwneud y system sain ac yn gofyn iddyn nhw wneud casét o'r gig i ni. Wedyn y tro nesa' byddan ni'n ymarfar byddan ni'n gwrando nôl ar y gig i weld be aeth yn dda a be o'dd angan newid. O'ddan ni hefyd yn rhoi'r casét i ambell ffrind i weld be o'n nhw'n meddwl ac yna'n trafod gyda'n gilydd be oeddan nhw'n ddeud a be o'dd angan i ni newid.'

Yn wahanol i brif lif grwpiau Cymraeg y saithdegau a'r wythdegau, nid grŵp coleg oedd Y Cyrff, na grŵp a dyfodd allan o ddiwylliant traddodiadol eisteddfodau a chyngherddau Cymru. Criw o 'hogia dre' a oedd yn benderfynol o greu argraff, a hynny yn eu ffordd eu hunain yn y Gymru newydd. Yn hyn o beth roedd yr hyn oedd yn digwydd yn Llanrwst yn debycach i'r sin roc a ddatblygodd tua'r un cyfnod yn Aberteifi gydag Ail Symudiad, Malcolm Neon a Datblygu, ac ym Methesda gyda Maffia Mr Huws, Ffa Coffi Pawb a Tynal Tywyll. Yn y cyfnod ôl-bync Cymraeg ar ddechrau'r wythdegau roedd amrywiaeth eang iawn yn y gerddoriaeth a ddaeth i'r golwg gan grwpiau newydd ac roedd yna elfen gref o chwilio am gyfeiriad newydd. I raddau helaeth dyma oedd y sefyllfa yn y byd roc yn gyffredinol ar draws gwledydd Prydain a thu hwnt yn y cyfnod yma. Un o'r datblygiadau calonogol oedd gweld llai o bwyslais ar Lundain fel canolbwynt y sin roc gyda thwf sin wahanol ac amgen mewn llefydd fel Manceinion, Lerpwl, Bryste, Glasgow a Chaerdydd, a hyd yn oed ganolfannau llai fel Woking, Leeds, Coventry a Sheffield. Ar yr un pryd yng Nghymru roedd unigolion fel Rhys Mwyn o'r grŵp Anhrefn yn benderfynol, nid yn unig o herio'r byd cerddorol saff a chanol-y-ffordd Cymraeg, ond hefyd o ymestyn allan y tu hwnt i Gymru a chyflwyno cerddoriaeth Gymraeg i'r byd.

A oedd y byd mawr yn barod i dderbyn cerddoriaeth Gymraeg erbyn hyn? Go brin, ond agorwyd cil y drws gan bobl fel Rhys Mwyn a hefyd gan un o gyflwynwyr cerddoriaeth Radio 1, John Peel, a oedd yn barod iawn i wrando ar bethau oedd yn newydd ac yn wahanol. Roedd gan Peel gyswllt â Chymru gan iddo dreulio amser mewn ysgol breswyl yma, a gwneud ei Wasanaeth Milwrol yng ngogledd Cymru.

Gigs y Gogledd

Grŵp Llanrwst a grŵp gogledd Cymru oedd Y Cyrff dros y flwyddyn gyntaf o berfformio ond cafodd y grŵp ddylanwad ar eraill yn syth. Yn y lle cyntaf, roedd cael grŵp oedd yn dangos cymaint o addewid yn sbardun i drefnu mwy o gigs, ac yn anogaeth i bobl eraill ffurfio grwpiau. Cynhaliwyd cyfres o gigs yng Nghanolfan Gymdeithasol Llanrwst dan yr enw 'Llanrwst yn Llosgi', yn rhannol, os nad yn bennaf, er mwyn rhoi llwyfan i'r Cyrff ond yn rhannol hefyd i ddenu grwpiau i chwarae yn Llanrwst – yn arbennig y don newydd o grwpiau oedd yn ymddangos yn yr hen sir Clwyd a thu hwnt. Y nod oedd creu sin roc leol. Gyda chymorth criw lleol fel Marian Ifans, Bryn Tomos, Dafydd Chilton, Huw Prestatyn, Alwen Williams, Nia Carpenter, Sioned Haf ac eraill, llwyddwyd dros amser i ddenu cefnogwyr o ardaloedd eraill i'r gigs yn y dref. Roedd yn ffodus i'r trefnwyr bod Bryn Tomos o Fetws-y-coed yn gallu cynnig y disgo ar gyfer y gigs ar ôl iddo 'etifeddu' offer Disco'r Ddraig Goch gan ei gefnder Dafydd Gwyndaf.

Cynhaliwyd y gig cyntaf yn y Ganolfan Gymdeithasol yn Chwefror 1984 gyda phedwarawd Y Cyrff yn cefnogi band ifanc o Aberystwyth, Efrydiau Allanol. Erbyn hyn (eu hail gig) roedd Y Cyrff yn cynnwys ambell gân wreiddiol yn y set ac roedd tipyn mwy o hyder yn y chwarae. Gyda neuadd lawn a nifer fawr o ffrindiau'r grŵp yn bresennol, roedd y disgwyliadau'n uchel. Bu tipyn o sôn am y noson ers i'r si fynd ar led yn yr ysgol bod grŵp go iawn yn y dre. Dyma'r cyfle cyntaf i ffrindiau dre Mark, Barry, Dylan ac Emyr eu gweld ar lwyfan – ac ni chawsant eu siomi.

'Am fod o'n frawd i fi a bo fi wedi clywed o'n ymarfer ar y gitâr oedd o'n beth hollol normal i feddwl amdano mewn band. O'n i'n arfar tynnu'i goes o a deud "ti'n *crap* ar y gitâr, Barry", ond ro'dd o'n swnio'n dda gyda'r lleill,' meddai Pete Cawley. 'Y peth ydy, doeddan ni ddim yn meddwl y bydda unrhyw beth yn dod o hyn. Ond wedyn roeddan ni'n gw'bod bo nhw'n ymarfar bob dydd Sul ac o'dd Barry'n hollol *committed*. Doeddan nhw ddim yn mocha o gwmpas pryd o'n nhw'n ymarfar.'

Fis yn ddiweddarach roedd Y Cyrff yn chwarae mewn dawns a drefnwyd yn yr ysgol o flaen cynulleidfa tipyn mwy. Erbyn hyn roedd Mark, gyda chefnogaeth Dylan, wedi gorfod torri'r newyddion i Emyr na fyddai'n gallu parhau yn aelod o'r grŵp. Y canlyniad oedd bod Mark yn cymryd yr awenau fel canwr a bod y grŵp dipyn yn dynnach. Dyma'r tro cyntaf i'r rhan fwyaf o'r disgyblion ysgol weld a chlywed Y Cyrff ar lwyfan, a nhw oedd yn agor y noson gyda Peth'ma yn dilyn a'r Ficar yn cloi. Dyma'r tro cyntaf hefyd i'r ysgol gynnal gig, ac roedd y nerfusrwydd am yr hyn allai fynd o'i le'n amlwg, yn arbennig o glywed y sïon y byddai nifer o hogia' a genod hŷn y dre oedd wedi gadael yr ysgol yn debyg o geisio cael mynediad. Un o'r amodau cyn cael caniatâd gan y Pennaeth i gynnal gig yn neuadd yr ysgol oedd mai dim ond disgyblion yr ysgol fyddai'n cael dod i'r noson. Llwyddodd y grŵp i gael mynediad i'r ysgol y penwythnos blaenorol, diolch i gydweithrediad y gofalwr Ken Condra, i ymarfer ar y llwyfan ac i wneud fideo gan ddefnyddio offer fideo'r ysgol.

Yn anffodus, ar fore'r gig bu'n rhaid i Mark gyfaddef nad oedd gan Y Cyrff yr amps angenrheidiol. Cytunwyd i ofyn am ganiatâd y pennaeth i fynd i Fangor i nôl yr offer ac yna gofyn i Emrys Roberts (tad Mark) – 'cigydd o fri' – am gael benthyg ei fan gwaith. Felly fu, a llwyddwyd i osgoi gwersi'r prynhawn a chyrraedd nôl mewn da bryd i osod y llwyfan ac ymarfer ychydig cyn i'r grwpiau eraill gyrraedd. Er mai sŵn a chyfieithiadau caneuon The Clash oedd amlycaf ar y noson, roedd y caneuon gwreiddiol eisoes yn dangos uchelgais Y Cyrff i gamu ymlaen yn gerddorol ac roedd ymateb y gynulleidfa'n frwdfrydig. Ar y noson honno hefyd profwyd bod Y Cyrff o ddifri ac yn ddigon da i rannu llwyfan gyda grwpiau tipyn mwy profiadol. Cynhaliwyd nifer o gyngherddau eraill yn yr ysgol yn sgil llwyddiant y noson yma gyda grwpiau mwyaf poblogaidd y cyfnod fel Maffia Mr Huws, Omega a Crys, a grwpiau llai cyfarwydd i'r gynulleidfa fel yr Anhrefn ac un o ymddangosiadau cynnar iawn Ffa Coffi Pawb.

Cnoc ar y drws. Y Prifathro sydd yno.
Prifathro: Alla'i gael gair am funud?
Athro: Iawn Mr Parry. Oes 'na broblem?
Prifathro: Wel, y posteri 'ma.

Athro: O ie, am y cyngerdd yn yr ysgol wythnos nesa. Pawb yn edrych ymlaen.

Prifathro: Ie, ie – ond drychwch be sydd ar y poster – y geiriau yna – y Ffa Coffi Pawb.

Athro: Ie, Mr Parry, Ffa Coffi Pawb, grŵp ifanc o Fethesda. Grŵp addawol iawn.

Prifathro: Ond yr enw, dydy o ddim yn iawn.

Athro: Ydi ydi, dyna enw'r grŵp chi'n gweld, Ffa Coffi Pawb – *Coffee Beans for All* yn Saesneg – enw gwreiddiol iawn fi'n meddwl. Ma nhw'n dda iawn hefyd, er yn ifanc.

Prifathro: Dim dyna'r pwynt. Allwch chi ddim rhoi hwnna ar boster!

Athro: Sai'n deall Mr Parry, sai'n gweld be sy'n bod ar y poster.

Prifathro: Yr enw – Ffa Coffi Pawb – allwch chi ddim dangos hynna!

Athro: Pam felly? Be sy'n bod ar yr enw?

Prifathro: Wel yr hyn ma fe'n deud – Ffa coffi pawb – chi'n gweld y geiriau rhegi yna?

Athro: Be? *Coffee beans for all?* Sa i'n gweld be chi'n gweld Mr Parry – *coffee beans for all* yw e i fi. Fi'n meddwl bo chi'n gweld pethe sydd ddim yna Mr Parry. Wir nawr.

Prifathro: Wel ...

Athro: O ... dyna'r gloch yn canu ar gyfer yr egwyl. Chi moyn paned?

Tân Gwyllt

Un o ganlyniadau gweld Y Cyrff yn dechrau creu argraff a chael sylw oedd dangos i eraill beth oedd yn bosib. Dim syndod felly oedd gweld eraill o Lanrwst yn penderfynu ceisio efelychu'r hyn roedd Y Cyrff yn ei wneud. Ffurfiwyd Tân Gwyllt ar ddechrau 1984: criw o fechgyn 14 oed o Lanrwst a'r cyffiniau yn dilyn patrwm a osodwyd gan Y Cyrff trwy chwarae caneuon Saesneg yn y Gymraeg fel man cychwyn, a'r gân 'White Riot' gan y Clash yn cael ei chyfieithu ac yn dwyn y teitl 'Tân Gwyllt', gan roi enw i'r grŵp hefyd. Osian Hughes, brawd Dylan Hughes, oedd yn canu ac yn chwarae bas, Geraint 'Ninja' Jones ar y drymiau, a Iorwerth Tai Gandryll yn chwarae gitâr rhythm gyda'r anfarwol John Henry ar y gitâr flaen. Roedd John Henry, fel canwr cyntaf Y Cyrff Emyr Davies, yn ei weld ei hun fel 'seren' y byd roc. Yn anffodus, dehonglodd John eiriau un o ganeuon The Clash, sef 'Bankrobber Dub', yn rhy llythrennol! Ar ôl un casét daeth cyfnod Tân Gwyllt i ben. Esblygodd Tân Gwyllt yn ddiweddarach i fod yn un o grwpiau gorau'r ardal yn yr wythdegau, sef Yr Orsedd.

Dyma ddechrau sin roc go iawn yn Llanrwst ac ymddangosiad nifer o grwpiau ifanc o'r dyffryn fel Spoilt Victoria, Skabbs, Meringue, Trais, Dail Te Pawb, Serein, Dinistrio y Diniwed, Melys, Mr Grimsdale, Grupo 88 a Gabrielle 25 ac yn ddiweddarach Maharishi, Dan Amor, Alun Tan Lan, Metamorffic, Jen Jeniro, Sen Segur, Serol Serol ac eraill. I nifer fawr o gerddorion yr ardal Mark, Paul, Barry, Dylan ac erbyn diwedd yr wythdegau, Mark Kendall, oedd yr ysbrydoliaeth ac mae hynny'n parhau. 'Dwi'n cofio gweld Y Cyrff pan o'n i tua 11 oed. Mae'n siŵr mod i wedi eu gweld rhwng 20 a 30 o weithiau dros y blynyddoedd ymhob cwr o Gymru. Mi ddechreuais i chwarae gitâr pan oeddwn i tua 12 oed, a'r Cyrff wnaeth fy ysbrydoli fi – a llawer mwy dwi'n siŵr – i ddechrau chwarae'r gitâr. Mi oeddan nhw'n ddylanwad mawr arna'i, a dwi'n dal i wrando ar eu miwsig nhw rŵan.' (Alun Tan Lan, *Yr Herald Cymraeg*, 28/09/05)

Y Tâp Cyntaf

Yn ystod y cyfnod cynnar yma ac yn dilyn llwyddiant rhai o'r gigs cynnar penderfynodd Mark, Barry a Dylan mai da o beth fyddai ceisio denu sylw ehangach. Gyda dyfodiad S4C yn 1982 roedd cyfle i gael sylw ar y teledu, ond ar y pryd roedd mwy o ddiddordeb ganddynt mewn ceisio sylw ar Radio Cymru a'r rhaglenni cerddoriaeth min nos, yn benodol *Cadw Reiat*. Gan fod technoleg y casét mor rhad a hawdd i'w ddefnyddio, penderfynwyd recordio rhai o'r caneuon gwreiddiol cynnar i hyrwyddo'r grŵp ac i'w gwerthu'n lleol i ffrindiau ac mewn gigs.

Roedd Paul Jones, oedd heb ymuno â'r grŵp eto, yn byw o fewn tafliad carreg i gartref Barry a'r ddau yn adnabod ei gilydd yn eitha' da. Ar ôl dychwelyd i Lanrwst ar ôl cyfnod yn gweithio yn Nigeria a'r Sudan dilynodd Paul gwrs YTS (*Youth Training Scheme* – Cynllun Hyfforddiant Ieuenctid) ar sut i adeiladu waliau cerrig sych. Cyn hir roedd wedi cael y cyfrifoldeb o ddysgu eraill sut i wneud hynny hefyd. Gan wybod bod Paul wedi astudio technoleg cerdd yn y Coleg a bod ganddo rywfaint o offer recordio penderfynwyd gofyn iddo a fyddai'n fodlon recordio'r grŵp.

'Naethon ni weld ein gilydd yn y dafarn a nath Barry deud wrtha i i ddod i gig nesa'r Cyrff yn y Ganolfan. Maffia oedd yn hedleinio ac o'dd y lle'n llawn. Y Cyrff oedd yn cychwyn y noson. O weld nhw ar lwyfan o'dd gen i syniad da o sut fath o sŵn o'dd gynno nhw. O'n i wedi prynu desg recordio Tascam 144 ac ro'dd pedwar meic gen i. O'n i heb ddysgu sut i yrru bryd hynny felly nes i fynd i Bentrefoelas gyda Barry. Er mwyn cael y sŵn yn iawn nes i benderfynu recordio nhw'n fyw ac yna recordio'r *vocals*. O'n i'n gosod y meics o gwmpas y stafell wedyn a newid nhw o gwmpas i weld lle o'dd y lle gora i gael y balans yn iawn. O'n i'n newid lle oedd y meics ar gyfer pob cân. O'n i isio nhw'n swnio'n *rebels*, rhyw fath o *rebellious power-pop*.' (Paul Jones)

Recordiwyd sawl cân cyn penderfynu ar y pedair fyddai'n mynd ar y casét. Y gân gyntaf oedd 'Lebanon' a ysgrifennwyd gan Mark gyda Dylan a Barry yn cyfrannu at y gerddoriaeth. Mark gyfansoddodd 'Y Gaeaf' a Dylan gyfansoddodd y gân reggae-ffync 'Yr Arswyd.' Yn ôl Mark, wrth sôn am y caneuon heddiw, 'Yr Arswyd' oedd cân orau'r casét. Rhywbeth a dyfodd o jamio gyda'i gilydd oedd 'Cerddoriaeth y Ghetto'. Yn naturiol mae'r sain yn eithaf amrwd ond roeddent yn ganeuon da a chofiadwy a llwyddwyd i adlewyrchu sŵn ac egni perfformiad byw, sef yr union fwriad. Roedd y casét hefyd yn brawf o'u gallu i ysgrifennu caneuon a ddaeth yn rhan bwysig o set Y Cyrff am y flwyddyn gyntaf.

Anwybyddwch Ni

Penderfynwyd anfon un o'r casetiau cynnar yma i Radio Cymru ac yn benodol i Cadw Reiat, y rhaglen oedd yn canolbwyntio ar gyflwyno cerddoriaeth pop a roc i bobl ifanc. Er mawr siom i'r grŵp cafwyd ymateb negyddol i'r casét. Ym marn y golygydd roedd y gerddoriaeth yn rhy amrwd ac awgrymwyd nad oedd yn 'ddigon da' i'w gyflwyno i'r genedl. Wrth gwrs, roedd y caneuon yn amrwd, ond dyna oedd y nod. Creu cerddoriaeth newydd, cerddoriaeth cenhedlaeth ifanc, 'sŵn y stryd' a sŵn cerddoriaeth pync oedd y bwriad, a'r methiant i ddeall hynny arweiniodd ar y teimladau o rwystredigaeth. Hyn arweiniodd at gyfansoddi un o ganeuon pync a gwrth-sefydliadol gorau'r cyfnod, sef 'Anwybyddwch Ni.'

Anwybyddwch Ni

Dan ni'n gyrru tapiau i mewn
Ond dy'n nhw ddim yn ateb ni
Dy'n nhw dim isio gwybod amdanon ni
Dy'n nhw ddim isio clywed amdan grwpie'r dyfodol
A dy'n nhw ddim isio gwybod amdanon ni
Ma nhw'n dewis anwybyddu ni,
Anwybyddwch ni! Anwybyddwch ni!
Ond yn y diwedd chi neith colli.
Ma nhw'n dewis anwybyddu ni,
Anwybyddwch ni! Anwybyddwch ni!
Ond di hynna ddim yn poeni fi.

Ni yw llais Cymru yn gweiddi arnoch chi
Ni yw llais Cymru ond chi'n anwybyddu ni
Ni yw Y Cyrff yn chwarae cerddoriaeth craff
A di'r cyfryngau ddim yn dallt
Ma nhw'n dewis anwybyddu ni,
Anwybyddwch ni! Anwybyddwch ni!
Ond yn y diwedd chi neith colli.
Ma nhw'n dewis anwybyddu ni,
Anwybyddwch ni! Anwybyddwch ni!
Ond di hynny ddim yn fy mhoeni.

Da ni'n dedicatio'r gân yma i Cadw Reiat
A ma gynnon ni neges bach cyn symud ymlaen, sef
Ffyc off
Viva la Revolucion

Ma nhw'n dewis anwybyddu ni,
Anwybyddwch ni! Anwybyddwch ni!
Ond yn y diwedd chi neith colli.
Ma nhw'n dewis anwybyddu ni,
Anwybyddwch ni! Anwybyddwch ni!
Ond yn y diwedd chi neith colli.
Anwybyddwch ni!
Anwybyddwch ni!
Anwybyddwch ni!

Yn 2018 cynhaliwyd pleidlais i greu siart o ganeuon amgen
gorau Cymru ar raglen Rhys Mwyn ar Radio Cymru.
'Anwybyddwch Ni' ddaeth i'r brig. Mae'r neges yn y gân
yn ddigon amlwg a llawn mor berthnasol heddiw. Erbyn
canol yr wythdegau roedd polisïau Thatcher yn ehangu'r
bwlch rhwng y tlawd a'r cyfoethog ac yn dinistrio
cymunedau. I bobl ifanc roedd y dyfodol yn edrych yn
fwyfwy ansicr ac roedd cymunedau gwledig yn ogystal â
chymunedau glofaol yn teimlo'r wasgfa. 1984 oedd
blwyddyn streic y glowyr. Yn ystod yr un cyfnod bu
ffermwyr Cymru'n ymgyrchu yn erbyn y cwotâu llaeth. Ar
yr un pryd roedd pobl yn dal i fynd i garchar dros hawliau
iaith yng Nghymru, roedd protestiadau yn erbyn y drefn
apartheid ac yn erbyn hiliaeth a rhyfelgarwch. Nid peth
newydd yw ymdeimlad o rwystredigaeth ymysg pobl ifanc.
Dyma beth oedd wrth wraidd roc a rôl y pumdegau,
brwydrau mods a rocers y chwedegau ac ymddangosiad

pyncs a phrotestiadau'r saithdegau yn erbyn y sefydliad cymdeithasol a gwleidyddol gan gynnwys trachwant y byd roc fel ag yr oedd. Mae'r geiriau a'r gerddoriaeth heriol yn 'Anwybyddwch Ni' yn cyfleu hyn oll trwy brofiad personol o weld cerddoriaeth Y Cyrff yn cael ei wrthod am nad oedd yn ddigon caboledig. Ond dyna oedd rhinwedd y gerddoriaeth newydd a dyna oedd rhinwedd y gân yma – protest yn erbyn cerddoriaeth slic, soffistigedig a 'neis' y *status quo*. Ac yn ychwanegol at hyn, i lawer iawn o ymgyrchwyr iaith yng Nghymru, nid oedd y cyfryngau Cymraeg yn adlewyrchu dymuniadau a dyheadau pobl ifanc a'r Cymry newydd. Arweiniodd hyn at ymgyrchu brwd dros raglenni cerddoriaeth i bobl ifanc min nos ar Radio Cymru. Mae'r her yn y gân mor berthnasol heddiw ag yr oedd yn 1984 wrth i bobl ifanc barhau i frwydro dros yr amgylchedd a'r peryglon sy'n deillio o newid yn yr hinsawdd er enghraifft.

Taran Tudno a Steddfod Roc

Un o uchafbwyntiau'r flwyddyn oedd chwarae yng ngŵyl roc 'Taran Tudno.' Trwy drefniant gyda Gwyn Williams, athro Addysg Gorfforol yn Ysgol Dyffryn Conwy, a Chlwb Pêl-droed Conwy, penderfynwyd cynnal Gŵyl Roc yng Nghanolfan Aberconwy, Llandudno gyda'r bwriad o godi arian i'r Clwb Pêl-droed. Geraint Jarman a'r Cynganeddwyr oedd y prif grŵp a dyma'r tro cyntaf i'r Cyrff gael y profiad o chwarae gyda system sain wirioneddol safonol, sef system sain Len Jones a Bryan Griffiths, Maggs. Roedd y ddau yma wedi bod yn aelodau un o grwpiau Cymraeg pwysicaf Cymru yn y saithdegau, sef Brân. Ar ôl chwalu Brân yn 1978 penderfynwyd gwneud defnydd o'r offer gwerth miloedd trwy gynnig y system sain i drefnwyr nosweithiau roc ac i grwpiau unigol. Gan ddilyn yr un egwyddor â gigs 'Llanrwst yn Llosgi' a gigs eraill a drefnwyd gan Gymdeithas yr Iaith yng Nghlwyd, rhoddwyd cyfle i grwpiau ifanc chwarae, sef Chwys Plismon a Swigod Piws yn ogystal â'r Cyrff.

Roedd pob un o'r gigs yn bwysig i'r Cyrff ond roedd ambell un yn bwysicach na'i gilydd. Bu tipyn o drafod rhwng Mark, Dylan a Barry dros yr haf am sut i symud ymlaen. Gofynnwyd i David Rees, gitarydd gyda band Saesneg o'r ardal, Black Lazer, ymuno a'r grŵp ond gwrthododd y cynnig, a bu'r grŵp yn ymarfer am ychydig gyda Lloyd Evans o Bandy Tudur. Medd Paul, 'Do'dd Barry ddim isio chwara bas ac o'n i'n gallu gwneud. Na'th Barry weld fi yn pyb a gofyn i fi fynd i weld nhw'n chwara mewn gig yn y ganolfan ac yn weddol fuan ar ôl hynny da'th o rownd i'r tŷ a gofyn o'n i isio bod yn y band.' Gan fod Paul wedi bod yn recordio'r band roedd yn gyfarwydd â sŵn a steil y gerddoriaeth ac yn gallu cydio yn awenau'r gitâr fas yn gymharol hawdd. Heb amheuaeth dyma benderfyniad hollol allweddol ac, fel y profwyd dros amser, arwyddocaol iawn i ddyfodol cerddorol Mark a Paul. Gyda sicrwydd a chadernid rhythm drymiau a bas roedd Mark a Barry'n gallu canolbwyntio ar greu sŵn llawnach a mwy uchelgeisiol.

Cam arall pwysig i'r Cyrff oedd y penderfyniad i gymryd rhan mewn Steddfod Roc a gynhaliwyd yng Nghorwen ar 15 Medi 1984. Mae rhywbeth anghyffyrddus yn y syniad o 'steddfod roc' gyda grwpiau yn cystadlu yn erbyn ei gilydd, a bu tipyn o drafodaeth am hyn cyn penderfynu symud ymlaen. Y fantais yng ngolwg nifer oedd y cyfle i ddenu cynulleidfa fawr o gael enw adnabyddus a phoblogaidd fel prif grŵp a byddai hyn yn ffordd dda o gael cynulleidfa newydd ac ehangach i grwpiau ifanc, yn ogystal â'r cyfle i berfformio ar lwyfan mawr gyda system sain safonol. 'Dim ni nath ennill,' eglura Mark, 'Ni oedd y trydydd allan o bump. Chwys Plismon ddaeth yn gyntaf, ac yna Maraca, ond roeddan ni o flaen Tynal Tywyll, a ddaeth yn bedwerydd!'

Un o'r bobl yn y gynulleidfa'r noson honno oedd Rhys Mwyn o'r Anhrefn. Yn amlwg roedd wedi gweld addewid Y Cyrff yn syth ac roedd Y Cyrff wedi creu argraff ar Rhys Mwyn. Dyma'r hyn a ddywedodd mewn erthygl ddi-flewyn ar dafod yn *Y Faner* ym mis Hydref 1984 yn cyfeirio at y Steddfod Roc. 'Yn steil digyfaddawd a chaled y Clash daeth y grŵp Y Cyrff ymlaen ar y llwyfan yng Nghorwen ac roedd y *steil* a'r *presenoldeb* yn gliriach na'r Wyddfa ar ddiwrnod clir ... Unwaith eto mae'r Cyrff, y grŵp ifanc o Lanrwst, yn ddiniwed a heb sylweddoli faint o botensial sydd ganddynt ond mae'r gair RHYW yn bloeddio allan wrth edrych arnynt ar lwyfan.'

Ychydig o wythnosau yn ddiweddarach roedd Y Cyrff yn rhannu llwyfan gyda'r Anhrefn mewn gig ym Mangor. 'Ar ddiwedd gig yn y Fic Porthaethwy na'th Rhys ofyn i Barry a oedd gynnon ni ddiddordeb mewn recordio cwpwl o ganeuon ar gyfer record hir ro'dd o isio gwneud,' eglura Mark. 'Dwi'n cofio'r gig yna'n dda iawn oherwydd y diwrnod hwnnw na'th nain farw,' medd Dylan. 'O'n i'n teimlo'n euog am wneud y gig ac ar y diwedd nes i ddeud wrth yr hogia bo fi isio mynd adra. O'n i'n pacio stwff fi yn y car a nath Rhys ddod allan i siarad efo fi. Doedd fy mhen i ddim yn y lle iawn a nes i ddim cymryd lot o sylw ond wedyn na'th Barry redeg allan a sôn am y cynnig a deud – Dyl beth bynnag ti'n wneud am hyn paid â seinio dim byd!'

Erbyn diwedd y flwyddyn roedd Y Cyrff wedi chwarae bron unwaith bob pythefnos gan gynnwys mewn llefydd pellach o adre fel Rhuthun, y Bala a Bangor, gyda threfnwyr yn dechrau cysylltu'n uniongyrchol gyda'r grŵp. Trwy'r gigs rheolaidd yma daeth aelodau'r grŵp i adnabod grwpiau fel y Brodyr o Lannau Dyfrdwy/Caer, Peth'ma o Abergele a Maffia Mr Huws o Fethesda, yn dda. Yn ôl Dylan, bu'r profiad o weld Maffia Mr Huws yn chwarae, a dod i adnabod a siarad gyda'r aelodau, yn bwysig. Maffia Mr Huws oedd un o grwpiau roc mwyaf Cymru erbyn 1984 a nhw oedd prif grŵp y flwyddyn yng ngwobrau roc y cylchgrawn dylanwadol, *Sgrech*. 'Roeddan nhw'n dallt sut i roi trefn ar set a gwneud yn siŵr bod y gynulleidfa'n ymateb yn dda. Dechra gyda tair neu bedair cân gyflym, wedyn tair neu bedair cân mwy araf ac yna bildio fyny i uchafbwynt at y diwedd a gorffan efo cân ro'dd pawb yn licio. Ddysges i lot wrth edrych ar y band, ac yn arbennig ar Gwyn Maffia yn drymio.' (Dylan)

Ar ddechrau 1986 trefnwyd tri gig gan Gymdeithas yr Iaith, CND Cymru a Recordiau Anhrefn ar y cyd i ddathlu'r ffaith fod Cymru benbaladr wedi datgan gwrthwynebiad i arfau niwclear flwyddyn ynghynt. Yn ystod y gigs yma cyflwynodd Y Cyrff rai o'r caneuon newydd roeddent wedi bod yn ymarfer gan wybod bod angen symud y gerddoriaeth ymlaen ac anelu at fod yn fwy arbrofol.

Yn ystod yr wythdegau roedd yr ymgyrch yn erbyn arfau ac ynni niwclear, ac yn erbyn apartheid yn ogystal â'r brwydrau iaith a dros ddyfodol cymunedau glofaol a gwledig, yn cydredeg gyda'r symudiad at greu sin roc Gymraeg newydd. Nid peth ffurfiol oedd y cydweithio rhwng mudiadau gwleidyddol a nifer o'r grwpiau roc, ond roedd yna gyd-ddealltwriaeth bod yna ryw fath o newid ar droed a gwrthwynebiad cyffredinol i wleidyddiaeth asgell dde Thatcher. Efallai nad oedd pawb yn rhannu'r un meddylfryd ond roedd y mwyafrif yn camu i'r un cyfeiriad ac yn gallu cydweithio.

Radio chief's four letter fury

by Emyr Williams

A RED-FACED BBC Wales chief has had a rock concert tape destroyed after a song containing a four-letter word was played on the air.

Mr Meirion Edwards, head of the BBC's Radio Cymru service, ordered the action after listening to the Aberystwyth-recorded tape, which featured a song by the Conwy Valley-based rock group "Y Cyrff."

The song, which included an English swear word, was played on Radio Cymru's popular teenage programme "Cadw Reiat" at peak time on Saturday morning.

A North Wales College student who heard the song said the words came over loud and clear.

An immediate top level investigation was ordered within BBC Wales in Cardiff, resulting in Mr Edwards himself listening to the offensive tape yesterday morning.

In a statement later, the BBC's press officer Mr Gwyn Griffiths said Mr Edwards thought the version of the song used on the programme should not have been broadcast, and that he would be discussing the matter with the Swansea-based producer.

Mr Griffiths added: "On Mr Edwards' instructions we have now destroyed the tape, ensuring there will be no repetition of this offensive song on radio."

"Y Cyrff" is made up of Marc Roberts (singer), Dylan Hughes (drummer), both aged 18, Barry Cawley (guitarist) and Paul Jones (bass guitarist).

Mr Hughes, of Pentrefoelas, said he was surprised the BBC had used the version recorded at the Marine Hotel in Aberystwyth as there is another version of the song which does not contain bad language.

He added: "It is no secret that we do sometimes use such words when we appear live on stage, and it was not our fault that this version was played on radio. Surely it was up to the BBC producer to listen to the tape first before playing it."

Singer Marc Roberts, a butcher in the family business at Llanrwst, said he also blamed the BBC for not checking the tape beforehand.

He said the group, set up about three years ago, appeared regularly at venues in Cardiff, Aberystwyth, Bangor and Caernarfon, and there were no complaints when they did use offensive words.

They had also played in a rock concert at this year's Bro Madog National Eisteddfod, but no offensive words had been used on that occasion.

But what surprised Mr Roberts most was the fact that the offending tape had been played on Radio Cymru before without anyone complaining.

Drummer Dylan Hughes claimed the BBC knew before recording the Aberystwyth concert that the group used bad language in live performances.

Tic-Toc

Gorfod codi'n gynnar er mwyn mynd i fy ngwaith,
Dwi'n gorfod bod yna, bod yna erbyn saith
Ac mae'r boss yn gweiddi ar rywun arall
Ond mae'n mynd mewn un glust ac allan trwy'r llall.
Tic-toc, tic-toc,
Dwi'n byw bywyd wrth y cloc,
A dydi amser ddim yn disgwyl,
Ddim yn disgwyl amdana i.

Cario 'mlaen gweithio nes mae'r awydd yn mynd,
Mynd lawr dre amser cinio a chyfarfod â ffrind,
Mae o'n deud wrtha fi be mae o am neud hefo'i bnawn
Ond dwi ddim yn siarad yn hir dwi'n gorfod clocio mewn.
Tic-toc, tic-toc,
Dwi'n byw bywyd wrth y cloc,
A dydi amser ddim yn disgwyl,
Ddim yn disgwyl amdana i.

Ond nawr mae llygad fi – ar y cloc.
Dwi jyst yn disgwyl am hanner awr wedi pump,
Dwi jyst yn disgwyl cael fy ngollwng yn rhydd,
Dwi'n dal i ddisgwyl am ddiwedd y dydd.
Tic-toc, tic-toc,
Dwi'n byw bywyd wrth y cloc,
A dydi amser ddim yn disgwyl,
Ddim yn disgwyl amdana i.

O ma 'na gymaint dwi eisiau 'neud,
pethau dwi isio gweld
Ond mae'r cloc yn dal i dicio ...

Tic-toc, tic-toc, byw bywyd wrth y cloc
Tic-toc, tic-toc, byw bywyd wrth y cloc
Tic-toc, tic-toc, byw bywyd wrth y cloc
Tic-toc, tic-toc, byw bywyd wrth y cloc
Tic-toc, tic-toc, byw bywyd wrth y cloc.

Llun clawr Cam o'r Tywyllwch

Cam o'r Tywyllwch – label Ochr B

Ym mis Hydref 1983 gyrrwyd dwy lori'n llawn bomiau i ganol Beirut, prifddinas Lebanon. Y targed oedd adeiladau a ddefnyddid i gartrefu aelodau o luoedd arfog yr Unol Daleithiau a Ffrainc. Roedd y milwyr yn Beirut fel aelodau o Luoedd Amlwladol yn ceisio cadw'r heddwch yn y rhyfel cartref yn Lebanon ar ddechrau'r wythdegau. Bu farw 307 o bobl: 241 o Americanwyr, 58 o Ffrancwyr, 6 dinesydd a'r ddau ymosodwr. Dyma'r golled filwrol fwyaf i'r Unol

Daleithiau ers Rhyfel Fietnam yn y chwedegau. Flwyddyn ynghynt llofruddiwyd Arlywydd newydd Lebanon, Bachir Gemayel, ddeunaw diwrnod ar ôl iddo gael ei ethol yn Arlywydd. Ddeuddydd yn ddiweddarach bu cyflafan Sabra a Shatila gyda rhwng 460 a 3,500 o Balestiniaid a dinasyddion Lebanon yn colli eu bywydau, mewn ymosodiad i ddial am lofruddiaeth Bachir Gemayel.

'Rhyfel waed yn Lebanon' – dyma oedd cyd-destun un o ganeuon gwreiddiol cyntaf Y Cyrff a recordiwyd ym 1984 yng nghartref Dylan Hughes ym Mhentrefoelas. Nid dyma'r cyd-destun amlycaf i gân gan rywun 16 oed ond roedd y digwyddiadau yn Lebanon yn 1983 yn erchyll ac yn wir, yn gosod patrwm ar gyfer digwyddiadau yn y Dwyrain Canol am y degawdau i ddod. Lebanon oedd y cyd-destun ar y pryd ond cân yn erbyn rhyfel yn gyffredinol yw'r gân yma. 'Lebanon' oedd y gân gyntaf a recordiwyd gan Y Cyrff ar gyfer y record hir aml-gyfrannog *Cam o'r Tywyllwch*, y record hir gyntaf i ymddangos ar label Recordiau Anhrefn. Bu'r gân yn rhan o set lwyfan Y Cyrff ers misoedd ac mae'r hyder yn y chwarae'n amlwg ar y casét cynnar yma yn ogystal â'r dicter yn y canu wrth sôn am 'y bomiau'n fflio', 'plant yn dal gynnau' a 'fflatiau'n disgyn'. Y colli bywyd diangen – 'stopiwch y ffolineb'.

Stiwdio'r Foel

Nid oedd angen trafod llawer ar y cynnig gan Recordiau Anhrefn i fynd i stiwdio recordio er bod Barry Cawley yn amheus iawn o unrhyw awgrym i arwyddo unrhyw fath o gytundeb. Cyrhaeddodd Mark, Dylan, Barry a Paul Stiwdio'r Foel rhwng Llanerfyl a Chefn Coch, ger Llanfair

Caereinion, ym mis Rhagfyr 1984. Dave Anderson oedd perchennog y stiwdio. Daethai Dave i amlygrwydd trwy'r cyswllt gyda 'Silver Machine', un o ganeuon enwocaf Hawkwind, grŵp *prog* llwyddiannus a ddaeth i amlygrwydd yn y saithdegau. Penderfynwyd ail-recordio 'Lebanon' ar gyfer y record ynghyd â chân gymharol newydd, 'Tic-Toc'.

'Hen adeilad fferm y boi 'ma Dave Anderson oedd y stiwdio, ond ro'dd o'n stiwdio go iawn ac yn uffarn o *exciting* i fod yna,' medd Mark. 'Os dwi'n cofio'n iawn o'dd y ddesg micsio i fyny'r grisia. Wnaethon ni chwara a recordio'n fyw ac yna recordio'r *vocal*. Dim ond diwrnod o'dd gynno ni i wneud y record. O'n ni'n ca'l cysgu ar lawr y stiwdio yn y *sleeping bags* oedd gynnon ni. Roeddan ni wedi blino ar ôl gyrru lawr a chael petha'n barod ac isio dechra recordio peth cynta'n y bore. O'dd hogia Elfyn Presli yn cysgu ar lawr y stiwdio'r noson honno hefyd.'

'*Exciting*' oedd disgrifiad Dylan o'r profiad hefyd. 'Wnaethon ni fynd lawr i'r stiwdio yma yng nghanol nunlle yn Ford Fiesta Barry; fo o'dd yr unig un ohonan ni oedd yn gallu gyrru bryd hynny. Dwi'n cofio ni'n cyrraedd yno a cherddad trwy'r hen stabal yma a chlywad sŵn ffraeo mawr rhwng hogia i fyny grisia [aelodau'r grŵp Elfyn Presli]. O'dd Rhys [Mwyn], Dic Ben a Bern yn eistadd yn y stafall fyny grisia ond ro'dd y stiwdio lawr grisia'n wag. Doeddan ni ddim yn nabod Rhys na'r hogia eraill yn dda iawn bryd hynny ac ar ôl sgwrs fer, "helo" ac ati, na'th Mark, Barry a Paul fynd i'r stiwdio i rigio'r amps a es i i'r *drum room* i weld y cit – cit gwyrdd, dryms Pearl smart iawn – a meddwl i fi fy hun, o waw, ma' hyn yn mynd i ddigwydd!'

Cyfeiria 'Tic Toc' at ddiflastod a chaethiwed bywyd a byd gwaith undonog yn deillio o ddilyn amserlen benodol o fyw o un diwrnod i'r llall. Y perygl bod amser yn llithro heibio heb y gallu i dorri'n rhydd o gaethiwed y gweithle sydd wrth wraidd y gân.

Gorfod codi'n gynnar er mwyn mynd i fy ngwaith,
Dwi'n gorfod bod yna, bod yna erbyn saith
Ac mae'r boss yn gweiddi ar rywun arall
Ond mae'n mynd mewn un glust ac allan trwy'r llall.
    Tic-toc, tic-toc,
    Dwi'n byw bywyd wrth y cloc,
    A dydi amser ddim yn disgwyl,
    Ddim yn disgwyl amdana i.

Cario 'mlaen gweithio nes mae'r awydd yn mynd,
Mynd lawr dre amser cinio a chyfarfod â ffrind,
Mae o'n deud wrtha fi be mae o am neud hefo'i bnawn
Ond dwi ddim yn siarad yn hir dwi'n gorfod clocio mewn.
    Tic-toc, tic-toc,
    Dwi'n byw bywyd wrth y cloc,
    A dydi amser ddim yn disgwyl,
    Ddim yn disgwyl amdana i.

Ond nawr mae llygad fi – ar y cloc.
Dwi jyst yn disgwyl am hanner awr wedi pump,
Dwi jyst yn disgwyl cael fy ngollwng yn rhydd,
Dwi'n dal i ddisgwyl am ddiwedd y dydd.
    Tic-toc, tic-toc,
    Dwi'n byw bywyd wrth y cloc,
    A dydi amser ddim yn disgwyl,
    Ddim yn disgwyl amdana i.

O ma 'na gymaint dwi eisiau 'neud,
pethau dwi isio gweld
Ond mae'r cloc yn dal i dicio ...

    Tic-toc, tic-toc, byw bywyd wrth y cloc
    Tic-toc, tic-toc, byw bywyd wrth y cloc
    Tic-toc, tic-toc, byw bywyd wrth y cloc
    Tic-toc, tic-toc, byw bywyd wrth y cloc
    Tic-toc, tic-toc, byw bywyd wrth y cloc

Gadawodd Mark yr ysgol yn 16 oed yn haf 1984 ac roedd yn gweithio yn siop cigydd ei dad, Emrys Roberts, ar Stryd yr Orsaf yn Llanrwst. Roedd Dylan hefyd wedi gadael yr ysgol, ar y dôl ac yn chwilio am waith. Roedd Barry yn dal i weithio fel plastrwr a Paul yn ennill cyflog isel ar Gynllun Creu Gwaith y Llywodraeth. Yn sicr mae'r profiad byw yna'n cael ei adlewyrchu yng ngeiriau 'Tic Toc'. Ar yr un pryd roedd y freuddwyd o fynd i fyd newydd trwy ddrws roc a rôl yn cynnig ffordd o fyw dra gwahanol. Y dewis oedd aros yn eich unfan a derbyn y drefn fel ag yr oedd, neu dorri'n rhydd a dilyn llwybr gwahanol. Roedd yr ymarfer rheolaidd gyda Dylan a Barry a chwarae ar lwyfannau ar draws Gogledd Cymru'n cynnig bywyd amgenach. 'O ma na gymaint dwi eisiau 'neud, pethau dwi isio gweld' – neu yng ngeiriau un o ganeuon The Clash, 'Should I stay or should I go'. Er nad yw Mark yn arbennig o hoff o eiriau 'Tic-Toc', nac yn wir o eiriau unrhyw un o'r caneuon cynnar, does dim gwadu bod y grŵp wedi llwyddo i greu'r sŵn pync oedd yn cyfleu diflastod y math o fywyd oedd yn wynebu cymaint o bobl ifanc dosbarth gweithiol ar ddechrau'r wythdegau. Roedd y gân a'r geiriau yn berthnasol i fywyd yr hogiau yn y cyfnod yma ac yn cyfleu'r rhwystredigaeth roeddent yn ei deimlo. Yr uniongyrchedd a'r symlrwydd yna sydd wrth wraidd canu pync ar ei orau.

Erbyn hyn hefyd roedd Mark wedi llwyddo i gynilo rhywfaint o arian, ond dim digon i allu prynu gitâr newydd a gitâr a fyddai'n caniatáu iddo i greu sŵn tebyg i gitarydd The Clash, Joe Strummer. 'Na'th yr hen foi dalu am y gitâr ond o'n i'n gorfod gweithio yn y siop am ddim i'w dalu o nôl.' Penderfynwyd mynd am dro 'gyda Barry C i Connah's Quay' yng nghar Alan Cawley i chwilio am gitâr. Y ddelfryd oedd cael gitâr Fender ond byddai hynny'n rhy ddrud o lawer. 'O'n i wedi clywed am y lle 'ma yn gwerthu pob math o betha miwsig ail-law a bod 'na lot o gitârs ail-law yno. Nes i brynu Squire Stratocaster, un o nifer o gitârs Strat ddaeth allan ond sydd rŵan yn cael ei ystyried gyda'r gora wnaethon nhw. Mae o dal gynno fi.' Dyma'r gitâr a ddefnyddiwyd yn y stiwdio wrth recordio 'Lebanon' a 'Tic Toc' a dyma'r sŵn gitâr a gysylltir gyda cherddoriaeth Y Cyrff.

Cam o'r Tywyllwch

Heb amheuaeth, *Cam o'r Tywyllwch* yw un o recordiau pwysica'r wythdegau gyda chyfraniadau gan Yr Anhrefn, Tynal Tywyll, Machlud (grŵp cyntaf Gruff Rhys o Ffa Coffi Pawb a Super Furry Animals), Y Trawsblygwyr, Elfyn Presli a'r Massey Fergusons a Datblygu. I nifer o ddilynwyr y sin roc Gymraeg 'Y Teimlad' gan Datblygu ydy un o'r caneuon serch Cymraeg gorau erioed. 'Lebanon' oedd cân gyntaf Y Cyrff a dyma'r tro cyntaf i lawer o bobl eu clywed. Roedd y gân yn ddatganiad clir o agwedd ac o fwriad cerddorol y grŵp. Fel y dywedodd Marc V. Jones, cyn-ohebydd *Y Cymro*, yn ddiweddar, 'Roedd y trac cynta' glywes i ar *Cam o'r Tywyllwch* – 'Lebanon' – yn wych ac maen nhw 'di parhau'n hoff fand Cymraeg i mi ers hynny. Agwedd pync ond wastad yn gerddorol. Ddaru hwnna ddatblygu dros y blynyddoedd a wnaeth yr agwedd fyth feddalu. O'n i wastad yn cael y teimlad eu bod nhw'n cymryd y band o ddifri' – nid "rebel weekend" oedd o.' Efallai mai'r hyn sy'n fwyaf trawiadol am y ddwy gân a recordiwyd gan Y Cyrff yw'r angerdd a fyddai mor nodweddiadol o'u perfformiadau ar lwyfan. Heb os, cerddoriaeth pync canol a diwedd y saithdegau yw'r dylanwad mwyaf ond llais a sŵn arbennig Y Cyrff a glywir.

Mae popeth am y record aml-gyfrannog yma'n adlewyrchiad o sin roc amgen Cymru yn yr wythdegau ac o egwyddorion cyfnod pync canol a diwedd y saithdegau gyda'r symudiad i gyfeiriad labeli recordiau annibynnol gwrth-sefydliadol fel Stiff Records yn Llundain. Os mai cân pync y Llygod Ffyrnig, 'N.C.B.', oedd y diffiniad gorau o bync Cymraeg ddiwedd y saithdegau, y grŵp o Gwmtawe, y Trwynau Coch, ddangosodd y ffordd ymlaen. Efallai bod cerddoriaeth y Trwynau erbyn hyn yn debycach i *power-pop* na pync ond yn sicr ysbryd pync oedd yn gyrru'r gerddoriaeth. Roedd uchelgais amlwg y Trwynau Coch i greu cerddoriaeth newydd cyfoes Cymraeg yn bont hollbwysig rhwng cerddoriaeth roc y saithdegau hwyr a cherddoriaeth amgen yr wythdegau. Sefydlodd y Trwynau Coch label eu hunain, Recordiau Coch, a'i defnyddio nid yn unig i hyrwyddo eu hunain ond hefyd i gefnogi grwpiau lleol eraill trwy ryddhau record estynedig aml-gyfrannog gyda'r Cyffro, Tanc a'r Crach. Dilynwyd hyn gan sengl ar y cyd gyda'r Crach.

Clawr papur du a gwyn rhad a argraffwyd gan Wasg

Carreg Gwalch, Llanrwst oedd clawr *Cam o'r Tywyllwch*. Siôn Sebon o grŵp yr Anhrefn fathodd y teitl a syniad y clawr a chynlluniwyd y clawr gan Bethan Roberts. Fel mwy nag un record pync ddiwedd y saithdegau roedd y dyluniad ar un ochr yn cyflwyno gwybodaeth am y grwpiau ar ffurf toriadau allan o bapur newydd wedi eu pastio dros luniau cefndir ochr yn ochr â sloganau.

I'r Cyrff roedd rhyddhau caneuon ar record amlgyfrannog yn gam mawr ymlaen oherwydd byddai dosbarthiad y record ar draws Cymru yn ymestyn gorwelion y grŵp ac yn agor y drws i ddilynwyr eraill a chyfleoedd i chwarae mewn llefydd newydd. 'Roedd o fyny i ni i werthu'r record i gael yr arian yn ôl.' (Dylan) Talodd Y Cyrff £100 i Recordiau Anhrefn fel cyfraniad at gostau'r stiwdio ac yn sgil hynny roeddent yn cael 100 copi feinyl i werthu. Penderfynodd Y Cyrff ychwanegu at *Cam o'r Tywyllwch* trwy greu poster ohonynt i fynd allan gyda phob un o'r copïau oedd ganddynt i werthu. Dewiswyd llun a dynnwyd gan Paul Jones o'r grŵp yn pwyso yn erbyn sied Clwb Pêl-droed Llanrwst. Roedd y ddelwedd yn cadarnhau eu gwreiddiau pync a dylanwad clawr record hir cyntaf The Clash. Roedd yr ymateb gan sylwebyddion i ganeuon Y Cyrff ar y casgliad yn galonogol iawn ac mae'r ddwy gân yn parhau'n boblogaidd ymysg dilynwyr.

Bu 1985 yn flwyddyn bwysig iawn i'r Cyrff. Dyma'r flwyddyn y gwelwyd nhw'n sefydlu eu hunain fel grŵp gwirioneddol bwysig yn y sin roc Gymraeg. Cofnodwyd prif ddigwyddiadau'r flwyddyn yn nyddiadur Dylan Hughes. Yr hyn sy'n gyson trwy'r flwyddyn yw parhad yr ymarferion wythnosol neu amlach. 'Roeddan ni'n ymarfar cyn bob gig ac yn mynd trwy'r set roeddan ni'n bwriadu chwara dair gwaith, a thrafod, rhwng pob ymarfar, sut i wella petha. Roeddan ni hefyd yn trafod sut y byddan ni'n gwisgo a sut y byddan ni'n ymddwyn ar y llwyfan. Roeddan ni wastad yn aros yn agos i'r llwyfan cyn ac ar ôl y set i weld y grwpiau erill. Pwy bynnag o'dd yn chwara o'n ni isio trio bod yn well na nhw.'

Yn y cyfnod yma nid Y Cyrff oedd y prif grŵp ar lwyfan. Yn wir, yn aml nhw fyddai'r grŵp fyddai'n agor y noson, ond yn raddol roedd hyn yn newid wrth iddynt ddangos eu gallu ar lwyfan a denu mwy o ddilyniant. Erbyn diwedd 1985 roeddent yn dechrau cael cynigion i fod yn brif grŵp mewn ambell le, ac yn arbennig yn y canolfannau llai.

Y diffyg sylw a pharch i grwpiau newydd a grwpiau ifanc oedd testun erthygl gan Dafydd Prys Davies yn rhifyn cyntaf y cylchgrawn *Dracht* ym mis Mehefin 1985. 'Cyfaddefaf i hyn ddigwydd i mi. Roedd Y Cyrff yn chwarae yng nghlwb nos Satz ym Mangor yn ddiweddar, ac er i mi benderfynu mynd – nid edrychwn ymlaen cymaint â hynny i weld grŵp newydd arall. Ond siom o'r ochr orau a gefais. Roeddynt yn esiampl i grwpiau newydd eraill – yn amlwg wedi bod yn ymarfer, gan fynd ar y llwyfan yn benderfynol o greu argraff, ond yn bennaf, yn benderfynol o chwarae eu gorau. Mor wahanol oedd eu hagwedd i nifer o grwpiau eraill.'

Larwm

Dechreuodd y flwyddyn gyda galwad ffôn a chynnig gan gynhyrchwyr rhaglen deledu HTV i ymddangos ar y gyfres roc newydd, *Larwm*. Y cyflwynydd oedd Jim O'Rourke, o'r grŵp roc o Sir Benfro, Rocyn. Ar y cychwyn roedd Mark yn erbyn ymddangos ar y teledu ar sail egwyddor. Fodd bynnag, roedd gweddill y band o blaid gwneud y rhaglen a dyna oedd y penderfyniad. Dyma gyfle gwironeddol dda i gael sylw y tu hwnt i ogledd Cymru, a gan fod caneuon wedi eu recordio ac ar fin cael eu rhyddhau ar *Cam o'r Tywyllwch* roedd yn amseriad da i gamu ar lwyfan y cyfryngau. Cyn yr ymddangosiad roedd rhaid i aelodau'r grŵp gofrestru gydag Undeb y Cerddorion er mwyn cael mynd ar y teledu – £1.00 i ymaelodi a £21 am danysgrifiad blwyddyn.

Cychwynnwyd o Lanrwst am 5 y bore ar ôl noson o fwrw eira trwm ar 24 Ionawr 1985 gan fod y recordio i gychwyn am hanner dydd y diwrnod hwnnw. Roedd Paul wedi llogi ystafelloedd mewn gwesty ar Heol yr Eglwys Gadeiriol gan fod y cwmni teledu'n talu am gostau teithio a llety. Roedd y profiad yn ddiddorol ac yn dangos i'r grŵp bod y gigio dros y flwyddyn flaenorol yn dechrau dwyn ffrwyth. Roedd yr holl beth yn antur ac yn rhywbeth i'w fwynhau. I ddyfynnu o ddyddiadur Dylan: 'Gorffen recordio; Mark yn chwil gaib cyn saith o'r gloch – *new record* – mynd yn ôl i'r hotel 3:00 y bore!'

Ddeuddydd yn ddiweddarach roedd Y Cyrff yn ymarfer fel arfer ym Mhentrefoelas ac ar ddiwrnod olaf y mis derbyniodd pob aelod o'r grŵp y swm nid ansylweddol o £161.55 gan HTV. I Dylan, oedd allan o waith ar y pryd, roedd hyn yn dipyn o arian. I ddweud y gwir roedd yn arian sylweddol i bob aelod o'r grŵp, ond er hynny roedd yr arian yn mynd i goffrau Y Cyrff i dalu am y record nesaf.

Darlledwyd y rhaglen ddiwedd mis Chwefror. Treiglad Pherffaith oedd y grŵp arall ar y rhaglen. Roedd yn ddyddiau cynnar iawn ar S4C. 'Huw Eirug [gynt o'r

Trwynau Coch] oedd un o'r ychydig staff ar lawr y stiwdio oedd yn gallu siarad Cymraeg,' esbonia Ifor ap Glyn, prif leisydd Treiglad Pherffaith. 'Dwi'n cofio clywed rhai o'r criw stiwdio'n siarad ymysg ei gilydd ar ôl ffilmio ni ac un yn deud *"we've got another shit Welsh band on this afternoon"*! Yn sicr roedd yna ragfarn yn erbyn grwpiau Cymraeg yn ystod yr wythdegau yng Nghymru heb sôn am du hwnt i Glawdd Offa.'

Er gwaethaf yr ymateb negyddol i gerddoriaeth tâp cyntaf Y Cyrff a anfonwyd i gynhyrchwyr rhaglen radio flwyddyn ynghynt, erbyn mis Mawrth 1985 roedd *Cadw Reiat* yn awyddus i gael y grŵp i'r stiwdio i wneud sesiwn i'r rhaglen. Eisoes rhoddwyd sylw i'r grŵp o Lanrwst yn y cylchgrawn *Sgrech* ac mewn ffansins fel *Llmych* o Glwyd a *Profion Dirgel* o ardal Penllyn. Roedd hyn oll yn sbarduno gweithgarwch y grŵp ar ôl y profiad o recordio mewn stiwdio. Cyrhaeddodd *Cam o'r Tywyllwch* ar yr 20fed o Ebrill ond yn ogystal â gwerthu'r record roedd Dylan yn brysur yn chwilio am stiwdio ar gyfer recordio sengl cyntaf y grŵp. Trwy gynilo pres o berfformiadau byw ac ar y teledu roedd gan y grŵp £800 i'w wario ar recordio a rhyddhau sengl. Roedd gwario'r rhan fwyaf o'r arian a gynilwyd yn benderfyniad mawr, ac roedd dewis y stiwdio iawn ar gyfer y sengl yn hollbwysig. Yn yr un modd bu tipyn o drafodaeth ynglŷn â pha ganeuon i'w recordio. Oherwydd llwyddiant 'Anwybyddwch Ni' ar lwyfan dyma un o ffefrynnau'r grŵp, ond roedd yna awydd i symud ymlaen hefyd. Fel y dywedodd Marc yn ddiweddarach mewn cyfweliad yn rhifyn mis Awst 1985 o'r ffansin *Dracht*, 'Dan ni'n trio cael ein hunain allan o fraced pync roc heb fynd yn rhy fasnachol.'

Stiwdio'r Bwthyn

Dydd Sul 19 Mai 1985 oedd y diwrnod cyntaf o recordio yn stiwdio Richard 'Mozz' Morris yn y Cottage Studios/Stiwdio'r Bwthyn yng Nghwm-twrch Isaf ger Ystradgynlais, sef y stiwdio a ddefnyddiwyd gan Maffia Mr Huws i recordio'r sengl 'Gitâr yn y To/Reggae Racs', y record estynedig 12 modfedd *Hysbysebion* yn 1983, a hefyd hanner eu record hir *Dan ni'm yn rhan o'th gêm fach di* a ryddhawyd ym mis Hydref 1984. Yma hefyd y recordiwyd rhai o senglau power-pop clasurol cynnar Ail Symudiad ac Eryr Wen, senglau y Ficar a Peth'ma, a record hir Ail Symudiad, *Sefyll ar y Sgwâr*. Ystyrid Richard Morris yn un o gynhyrchwyr a pheirianwyr gorau a mwyaf uchelgeisiol y cyfnod ac roedd y stiwdio 16 trac yn cynnwys offer recordio o safon uchel iawn. Cychwynnwyd o Lanrwst am bump y bore er mwyn cyrraedd cyn canol dydd. 'Ro'dd y stiwdio mewn rhyw fath o sied wrth ymyl y tŷ a roeddan ni'n cael cysgu yn y *bunk-beds* o'dd gynno fo yn y tŷ. O'dd Chris ei wraig yr edrych ar ein hola ni gyda bwyd a phetha felly,' yn ôl Dylan.

Er ansawdd offer recordio Richard Morris yn y stiwdio, nid oedd y profiad o recordio yn Stiwdio'r Bwthyn yn brofiad pleserus o bell ffordd. 'Y peth cynta' wnaeth o neud o'dd gofyn i ni chwara'r set o ganeuon fyddan ni'n chwara mewn gig. Oddan ni isio recordio 'Anwybyddwch Ni' ond do'dd o ddim yn fodlon. O'dd o'n deud ei fod o'n rhy debyg i sŵn cynnar y Beatles, gormod o *chaos* yn y gân iddo fo! Ro'dd Mozz isio'i ffordd ei hun yn y stiwdio ac o'dd rhaid i ni ddadla efo fo i gadw at be o'n ni isio neud,' medd Mark.

Ategir hyn gan Dylan: 'Nath Richard Morris wneud bywyd Barry yn *hell* ar y sesiwn gyntaf ac ro'dd Barry yn casáu bod yno. O'dd o'n deud bod cit fi'n *shit*. Ro'dd o'n mynnu bo ni'n ail-wneud petha a *double tracio* ar bob cân. Fydda fo wedi licio chwara popeth ei hun ond roeddan i'n gwrthod gadal iddo fo wneud. Nath o berswadio ni i ddefnyddio *digital reverbs* ar 'Yr Haint' ac ro'dd hynny yn sŵn newydd ar y pryd. Grêt ar y pryd falla ond o edrych yn ôl ro'dd gynno ni fersiynau byw o 'Yr Haint' oeddan ni wedi recordio ein hunain oedd yn lot gwell yn fy marn i.'

O'i gymharu gyda'r profiad o recordio yn Stiwdio'r Foel roedd hyn yn brofiad hollol wahanol. 'Doedd o ddim yn hawdd iawn i ni yno ond nes i ddysgu lot am sut i recordio o weld Richard Morris yn gweithio yn y stiwdio,' medd Mark. Ar ôl wythnos yn y stiwdio llwyddwyd i recordio dwy gân, 'Yr Haint' ac 'Ar Goll'. Er hynny bu'n rhaid dychwelyd i'r stiwdio am dridiau ym mis Mehefin, a hefyd am ddiwrnod ym mis Gorffennaf, pan ychwanegwyd llais cefndir Richard Morris.

Cân yn sôn am beryglon AIDS oedd 'Yr Haint', a hyn mewn cyfnod pan oedd yn ddyddiau cynnar o ran yr wybodaeth oedd ar gael am yr haint, a phryder mawr am y diffyg dealltwriaeth am sut i'w drin. Y gred (anghywir) ar y pryd oedd bod AIDS wedi cychwyn yn yr Unol Daleithiau ac wedi ymledu wedyn i wledydd Prydain. Hyn sy'n esbonio'r clawr du a gwyn gyda llun o faner yr Unol Daleithiau ar dân. Symlrwydd clawr record hir Joy Division, Closer, oedd y dylanwad mwyaf ar ddyluniad y clawr yn ôl Paul, oedd yn bennaf gyfrifol amdano. Gwelir uchelgais a gweledigaeth gerddorol Y Cyrff yn yr ail gân, 'Ar Goll', gyda defnydd llawn o'r stiwdio i aml-dracio'r llais ac offerynnau eraill. Roedd y melodi cryf a'r harmonïau ar y gân, ynghyd â chryfder a sicrwydd drymio Dylan a chwarae bas Paul, yn arwyddion clir o'r hyn oedd i ddod gan Y Cyrff.

'Roeddan ni'n hapus gyda'r cynhyrchiad ar y pryd ac yn deall pam ei fod o'n gweithio ni'n galed i gael y sŵn yn iawn,' medd Mark. Y nod oedd cwblhau'r recordio a rhyddhau'r record erbyn y Steddfod Genedlaethol yn y Rhyl ym mis Awst. Cynhyrchwyd y cloriau gan Wasg Carreg Gwalch, a oedd wedi'i lleoli ar y pryd yng Nghapel Garmon ger Llanrwst, mewn cydweithrediad gyda Gwasg Dwyfor ym Mhenygroes. Ar ddiwrnod olaf mis Gorffennaf cyrhaeddodd y cloriau ac roedd angen eu plygu a'u gludo fesul un – gwaith araf a digon diflas. Archebwyd 1,000 o gloriau ond 876 a gyrhaeddodd. Y Cyrff dalodd am bopeth, y cloriau, y feinyl a'r amser yn y stiwdio. Yn anffodus ni chyrhaeddodd y feinyl mewn pryd i'w gwerthu yn y Steddfod!

Steddfod y Rhyl

Wythnos Steddfod y Rhyl oedd yr wythnos brysura a gawsai'r Cyrff o ran perfformiadau ers iddynt ffurfio. Cymdeithas yr Iaith oedd prif drefnwyr nosweithiau roc wythnos y Steddfod fel pob steddfod arall trwy gydol yr wythdegau. Oherwydd bwrlwm y gigs roc yn Nyffryn Conwy a rhannau eraill o'r hen sir Clwyd a'r profiad o drefnu gigs mewn nifer o leoliadau gyda grwpiau lleol penderfynwyd cynllunio ystod eang o gigs mewn amrywiaeth o leoliadau. Yn ogystal â'r gigs roc arferol, trefnwyd rhai gweithgareddau gwleidyddol mewn cydweithrediad â mudiadau eraill megis Cymdeithas Cymru-Cuba, y Mudiad Gwrth Niwclear (CND), y Gweriniaethwyr a'r Cyngor Amddiffyn Cymunedau

Glofaol. Ar ôl blwyddyn o streicio roedd streic y glowyr wedi dod i ben ym mis Mawrth ond yn fuan wedyn gwelwyd streic saith mis chwarel Ffestiniog a'r angen eto i ymgyrchu dros gymunedau yng Nghymru.

Gan fod Ffred Ffransis wedi ei fagu yn y Rhyl, Huw Jones ym Mhrestatyn, ac eraill fel Dafydd Chilton wedi bod, neu yn byw yn yr ardal, roedd yna awydd mawr i gael wythnos fythgofiadwy i ddathlu'r ardal a'r byd cerddorol Cymraeg newydd. Yn naturiol hefyd roedd angen hyrwyddo'r gweithgarwch gwleidyddol a'r ymgyrchu trwy godi arian i'r perwyl hwnnw. Fel rhan o'r ymgyrch dros Gyrff Datblygu Addysg Cymraeg roedd bron i gant o aelodau'r Gymdeithas wedi mynd gerbron y llysoedd dros y flwyddyn a fu, a dau, sef Meinir Ffransis a Dafydd Morgan Lewis, wedi'u carcharu am dri mis, a dedfryd carchar wedi'i ohirio i Lleucu Morgan, am droseddau difrifol yn yr ymgyrch.

Y gigs yn Mirrors, y clwb nos yn Nhywyn, oedd y rhai fyddai'n denu'r torfeydd mawr a'r elw (byw mewn gobaith fel gyda phob gig arall!). Penderfynwyd sefydlu canolfan yn benodol ar gyfer cynnal nosweithiau i gefnogi'r don newydd o grwpiau ifanc ac amgen, sef tafarn y Fountain ym Modelwyddan, lle cynhaliwyd sesiynau prynhawn yn ogystal â gigs min nos. Nid oedd disgwyl gwneud mwy na chlirio costau gyda'r gigs yma ond i'r trefnwyr roedd yn bwysicach trefnu nosweithiau amgen a rhoi llwyfan i grwpiau newydd. I nifer fawr o'r grwpiau a ymddangosodd yn y Fountain dyma oedd uchafbwynt yr wythnos. I ddyfynnu dyddiadur Dylan Huws, '*Brilliant* o noson ... Y Cyrff, yr Anhrefn a Tynal Tywyll yn gwneud Action Man gyda'i gilydd – *brilliant, best night* o'r holl Eisteddfod.'

'Llwyddiant oedd y nosweithiau roc niferus mewn canolfannau chwyslyd fel Bodelwyddan, Y Mirrors, Tywyn, Poppey's, Faenol Fawr a'r Talardy. Mynd o nerth i nerth wnaeth sesiynau pnawn *Dracht* ac *Ymchll* yn y Fountain gan roi cyfle i yn agos i 40 o grwpiau berfformio,' meddai gohebydd *Y Cymro* ar 14 Awst. Yn ogystal â'r gig yn y Fountain ar nos Iau 8 Awst gyda'r Anhrefn a Tynal Tywyll, chwaraeodd Y Cyrff yn y Faenol Fawr gyda Jim O'Rourke a Louis a'r Rocyrs, ar y 4ydd. Cafodd Ffred Ffransis y syniad o ddenu cynulleidfa i'r gig yma trwy hysbysebu y byddai pawb yn cael darn o roc Rhyl am ddim! Chwaraeodd Y Cyrff hefyd ar faes yr Eisteddfod ar y 5ed, ac yng Nghastell Gwrych, Abergele gyda Steve Eaves a Helynt, ac ar y nos Fercher yn Mirrors yn cefnogi Geraint Jarman a'r Cynganeddwyr a Tynal Tywyll. Wythnos hynod o lwyddiannus a chyffrous i'r band, ond er hynny nid mêl i gyd oedd bywyd roc a rôl wythnos Steddfod.

'Nos Sul Awst 4ydd. Glaw mawr. Tent yn colapsio hefo fi, Dewi, a Mark yno fo; 2:30 – mynd i'r toilets i gysgu. Deffro 5:30am ac aros i'r tent bwyd agor 8:00am. *Knackered* trwy'r dydd.'

(O ddyddiadur Dylan Hughes, 1985)

Rhan o glawr Cam o'r Tywyllwch

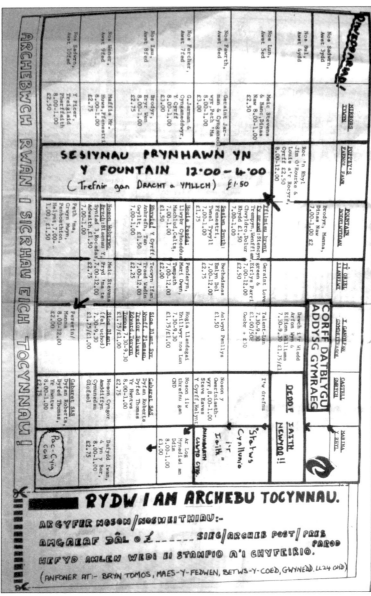

Rhestr gigs Eisteddfod y Rhyl

Unig

Torrais i fy mys – jyst i weld y gwaed yn rhedeg
O'n i ddim yn teimlo'r poen – o'n i jyst yn *watcho*'r
gwaed yn rhedeg
Rwy'n hoffi hogla'r gwaed – dwi'n hoffi'r gwaed ar y
gyllell
Rhaid i mi anghofio ti
Oh unigrwydd atsain dy lais tu mewn i fy mhen
A ti yw'r unig blodyn, mewn byd mor llawn o chwyn

Dio ddim bwys genna ti – sa fy nghalon i yn pydru
Ond ers i ti gadael fi – mae fy nghalon i yn pydru
Ti'n trio fe tuag allan, tu allan i tu mewn
Rhaid i mi anghofio ti
Oh unigrwydd, atsain dy lais tu mewn i fy mhen
A ti yw'r unig blodyn, mewn byd mor llawn o chwyn

Ah! Ti
Ah! Ti
A ti yw'r unig blodyn mewn byd mor llawn o chwyn
Ond mae'n anodd i flodeuo – pryd mae'r byd mor llawn
o chwyn
Oh, plîs jyst tyrd yn ôl a gwna popeth yn iawn
'cos sut alla i anghofio ti
Oh unigrwydd, atsain dy lais tu mewn i fy mhen
A ti yw'r unig blodyn, mewn byd mor llawn o chwyn.

Siart Y Cymro *– 4 Mehefin 1986*

Os oedd 1985 yn flwyddyn brysur i'r grŵp o Lanrwst roedd 1986 yn brysurach.

'Cyn ymddangosiad Y Cyrff ar lwyfannau Cymru doedd na ddim lawer o *hot stuff* wedi dod allan o Llanrwst' (Eirian Davies, Llanrwst, *Dracht* 1985).

Erbyn diwedd 1986 byddai'r Cyrff yn *hot stuff* ar lwyfannau Cymru. O chwarae unwaith bob pythefnos yn 1985 aethant ymlaen i chwarae bron bob wythnos dros y flwyddyn ganlynol. Yn ogystal â hynny daeth Y Cyrff yn adnabyddus i gynulleidfaoedd ym mhob rhan o Gymru, o Blas Coch, Ynys Môn i Aberystwyth ac o Flaendyffryn yn Nyffryn Teifi i Abergwaun, ac yn bennaf oll efallai, Caerdydd. Yn ogystal â hynny ymddangosodd Y Cyrff ar lwyfan y tu hwnt i Gymru gan chwarae yn Llundain a Harlow. Cynyddodd y cyfleoedd i berfformio ar y teledu ac ar y radio ac, yn sgil ymateb da i'r record sengl gyntaf, penderfynwyd dychwelyd i Stiwdio'r Bwthyn ac at Richard Morris.

Nid tasg hawdd ydy gwerthu cannoedd o recordiau

heb gynllun hyrwyddo a ffordd o ddosbarthu'r record ledled Cymru. Yn anffodus, er gwaethaf yr ymdrech i gael y sengl yn barod erbyn Steddfod y Rhyl, ni chyrhaeddodd y feinyl nes canol Awst 1985. Rhannwyd y recordiau ymysg aelodau'r grŵp a dosbarthwyd eraill i rai siopau cyfagos fel Siop Lyfrau Cymraeg Llanrwst, Recordiau Cob ym Mangor, Awen Meirion yn y Bala ac wrth gwrs siop cigydd Emrys Roberts yn Llanrwst.

'Pwys o sosejys, iawn. Da chi isio prynu record yr hogyn yma hefyd? Dim ond £1.00 ydi o.'

'O'n i'n mynd i guddio i gefn y siop pryd ro'dd hynny'n digwydd,' medd Mark, 'Ond ro'dd nifer yn prynu'r record.'

Nid y siopau oedd y lle pwysicaf ar gyfer gwerthu'r recordiau gan nad oedd yn hawdd i label annibynnol deithio o le i le i ddosbarthu'r record, ac yna ail-ymweld yn rheolaidd i gasglu'r arian a gadael mwy o recordiau yn y siopau. Yn hytrach, gwerthwyd y mwyafrif o'r recordiau mewn gigs a thrwy ffrindiau ac roedd aelodau'r Cyrff yn cadw cofnodion manwl o'r arian a gasglwyd gan dalu'r arian i mewn i'w cyfrif banc. Y peth pwysicaf efallai oedd bod y sengl yn denu sylw yn y wasg leol a thu hwnt, gan gynnwys ar y cyfryngau.

'Ffôn arall gan *Cadw Reiat* isio copi arall o'r sengl ac isio cyfweliad dros y ffôn. Mark yn dweud nad ydi o isio gwneud ac felly rhaid i fi neud o – damio,' oedd sylw Dylan yn ei ddyddiadur.

Ffans a sîns
Un o'r cyfryngau pwysicaf ar gyfer hyrwyddo cerddoriaeth yn y cyfnod yma oedd y nifer cynyddol o 'ffansins' a ymddangosodd ledled Cymru. Daeth cyfnod y cylchgrawn

roc *Sgrech*, a sefydlwyd dan olygyddiaeth Glyn Tomos yn 1978, i ben ar ôl 40 rhifyn yng ngwanwyn 1985. Yn ogystal â chyhoeddi'r cylchgrawn roedd y criw o Wynedd wedi trefnu nosweithiau Gwobrau *Sgrech* yn flynyddol yn ogystal â sesiynau roc yn y 'Steddfod. Dosbarthid y cylchgrawn yn bennaf trwy ysgolion ac roedd llais gohebwyr ifanc o'r ysgolion yn rhan bwysig o weledigaeth y tîm golygyddol. Wrth gyhoeddi diwedd oes *Sgrech* cyhoeddwyd hefyd y byddai cylchgrawn arall yn ymddangos yn ei le. Erbyn haf 1985 roedd *Dracht* wedi ymddangos ac yn cynnwys adolygiad o *Cam o'r Tywyllwch* – gan roi marc 8/10 i 'Tic Toc' a 9/10 i 'Lebanon'.

Yn yr un rhifyn gwelwyd erthygl ddiddorol gan Iwan Llwyd am y sin roc yng Nghymru a'r 'polareiddio rhwng y nosweithiau mawr achlysurol, a'r camera teledu'n rheoli'r chwarae, a'r nosweithiau bychan, myglyd lle mae grwpiau ifanc yr ysgolion a'r bröydd yn canu i'w dilynwyr cyson'. Cyfeiriodd yn benodol at yr ymdrech gan grwpiau fel Y Cyrff.

Mentrodd nifer o grwpiau i drefnu nosweithiau a theithiau, ac i gyhoeddi recordiau a thapiau ar eu liwt eu hunain er mwyn ceisio rhoi sbarc newydd yn y busnes, gan amlaf heb gymorth gan siopau, na chyfryngau na chwmni recordiau. Does ganddyn nhw ddim diddordeb yn y grwpiau amrwd yma oedd yn swnian o hyd ... Drwy fethu â meithrin y grwpiau newydd o gyfnod y Trwynau Coch ymlaen daeth pobl i gysylltu'r cyfryngau a'r prif gwmni recordiau â cheidwadaeth, ac felly mae grwpiau ifanc heddiw'n llai parod i roi ffydd ynddyn nhw. (Iwan Llwyd, *Dracht*, Haf 1985)

Dyma ddisgrifiad da iawn o sefyllfa'r Cyrff yn y cyfnod yma. Dyma oedd wrth wraidd ymddangosiad labeli recordiau annibynnol ac amgen fel Recordiau Anhrefn, Casetiau Neon dan arweiniad Malcolm Gwyon o Aberteifi, Cwmni Wmni a recordiau Pesda Roc. Dyna oedd wrth wraidd ymddangosiad y ffansins fel *Llygredd Moesol*, *Llmych*, *Ish*, *Gwyn Erfyl yn y Glaw*, *Macher*, *Dyfodol Dyddiol*, *Rhech*, *Pam*, *Calish*, *Cyrch*, *Anthracs*, *Caib*, *Dom Deryn*, *Brych*, *Yn Syth o'r Rhewgell* ac yn ddiweddarach *Y Crafwr*, *Groucho neu Marx*, *Defaid*, *Newyddion Afiach* a sawl un arall. Bu penodiad Sian Howys yn drefnydd Cymdeithas yr Iaith yn y Gogledd yn hwb mawr i griwiau o bobl ifanc ddod at ei gilydd i gyhoeddi ffansins. Cerddoriaeth Y Cyrff a'r don newydd o grwpiau oedd llais cerddorol y rhwystredigaeth a fynegid mewn nifer o'r ffansins yma, a'r rhain oedd y cyfrwng amgen i hyrwyddo'r gerddoriaeth newydd. Cylchrediad cyfyngedig oedd i'r ffansins ac roeddent yn fwriadol yn amrwd ac yn amaturaidd yr olwg. Dim ond am ddau neu dri rhifyn yr ymddangosodd y mwyafrif ohonynt. Yr eithriad oedd *Llmych/Ychmyll/Chmyll* a gyhoeddwyd dros gyfnod o bedair blynedd gan Ranbarth Clwyd o Gymdeithas yr Iaith Gymraeg.

Roedd cymysgwch o wleidyddiaeth a cherddoriaeth yn ganolog i'r mwyafrif o'r ffansins. Yn achos *Llmych* roedd y sylw cerddorol yn cynnwys nid yn unig y grwpiau ifanc newydd ond hefyd y gorau o'r traddodiad roc Cymraeg a cherddoriaeth wahanol ac amgen o bob rhan o'r byd gan gynnwys erthygl am y cerddor jazz Albert Ayler, cerddoriaeth Affro-ffync Thomas Mapfumo, Y Dyniadon Ynfyd Hirfelyn Tesog a'r Blew. Huw Prestatyn oedd dylunydd nifer fawr o rifynnau *Llmych* yn ogystal â dylunydd y mwyafrif o bosteri gigs Cymdeithas yr Iaith yng ngogledd Cymru a thu hwnt, a chloriau nifer o recordiau. Huw oedd un o arwyr tawel a phwysicaf y cyfnod ac roedd yn un o ffans mawr Y Cyrff hefyd. Y peth pwysicaf i'w gofio am y ffansins yw mai'r cyfranwyr a'r rhai oedd yn prynu'r ffansins oedd cefnogwyr mwyaf selog y sin roc Gymraeg newydd. Dyma'r bobl oedd yn trefnu ac yn mynychu gigs, yn chwarae mewn grwpiau, yn prynu casetiau a recordiau ac yn galw am newid gwleidyddol a newid yn y byd roc yng Nghymru. Heb amheuaeth, Y Cyrff oedd un o grwpiau pwysicaf Cymru i lawer iawn yn y cyfnod yma, a dyna pam y bu cymaint o edrych ymlaen at ryddhau eu record sengl gyntaf.

Yr Haint/Ar Goll

Ni siomwyd y dilynwyr. Cyrhaeddodd y record nifer o siopau Cymraeg y Gogledd a bu'r gwerthiant yno'n ddigon i sicrhau bod y record yn cyrraedd rhif 9 yn siart gwerthiant 10 Uchaf *Y Cymro* – am wythnos yn unig – ym mis Medi 1985. Ailymddangosodd 'Yr Haint' yn y siart yn ystod misoedd Mai a Mehefin 1986. Heb os roedd hyn yn arwydd bod Y Cyrff wedi dechrau ennyn dilyniant y tu hwnt i Ddyffryn Conwy, a bod yr ymddangosiadau rheolaidd ar lwyfannau yn arwain at fwy o werthiant recordiau. Mae cynnwys y siart yn ddiddorol ac yn adlewyrchiad teg o werthiant recordiau Cymraeg ar y pryd ond, wrth gwrs, nid oedd angen gwerthu llawer iawn o recordiau i wneud marc ar y siart. Llwyddwyd hyd yn oed i gael sylw i 'Yr Haint/Ar Goll' yn wythnosolyn cerddoriaeth Saesneg pwysicaf y 1980au, yr *NME*, ym mis Hydref 1985. Tipyn o gamp. Ym mis Tachwedd hefyd, bu adolygiad byr yn y cylchgrawn roc amgen *Zig-Zag*:

Y Cyrff – Ar Goll (Recordiau Anhrefn). Clearly inspired by the great Yohann Cruff [*sic*] and why did he receive such appalling treatment by his hometown footballing authorities? Squashy pop song that strains itself, but craftily conceived with jittery guitars and excellent vocals.

Yn ddiweddarach, cyhoeddwyd adolygiad o'r sengl 'Yr Haint/Ar Goll' gan Marc V. Jones, un o ohebwyr ifanc *Y Cymro*:

Gyda nifer o berfformiadau cofiadwy dros yr Haf a'u cyfraniad ar y record *Cam o'r Tywyllwch* daeth Y Cyrff yn enw adnabyddus i Gymry ifanc. Maent wedi mentro i gyhoeddi sengl eu hunain sy'n adlewyrchiad teg o'r datblygiad yn yr arddull.

'Yr Haint' sy'n dangos eu harddull Clash ymosodol cynnar ... Pe bai'r ddwy gân ar y sengl yn debyg i 'Yr Haint' yna aros yn eu hunfan fuasai'r Cyrff. Ond gyda'r gân 'Ar Goll' mae'n amlwg bod aeddfedrwydd cerddorol a thechnegol yn perthyn i'r grŵp.

Mae hon yn gân arafach sy'n rhoi mwy o sgôp i'r llais – mae'n llawer iawn mwy 'poppy' nag y disgwylid ar ôl ei chlywed yn fyw. Er mai ond pedair cân sydd ganddynt ar blastig hyd yma mae'n deg dweud fod Y Cyrff wedi magu swn unigryw, gwahanol eu hunain yn barod.

Gwir bob gair!

Roedd yr adolygiad 'Anhysbys' yn *Mychll* hyd yn oed yn fwy canmoliaethus:

Petai noson Sgrech yn dal yn fyw does dim amheuaeth mai hon fyddai sengl y flwyddyn. Mae'n anhygoel fel mae'r hogiau wedi datblygu eu cerddoriaeth yn ystod y chwe mis diwethaf. Trueni nad ydi'r Cymry i'r de o Aberystwyth wedi cael cyfle i glywed grŵp mwyaf addawol MYCHLL 1985.

Daeth 1985 i ben gyda sawl gig cofiadwy yn ystod misoedd yr hydref. Yr un oedd yn sefyll allan oedd y gig yng Nghlwb Satz, Bangor, nos Wener 25 Hydref, gydag ymateb gwych i'r set ac i'r ddwy gân newydd, 'Unig' a 'Gwrthryfela'. Cafwyd tri *encore*, ac yn ogystal â hynny, gwerthwyd nifer fawr o'r recordiau ar ddiwedd y noson. Yr hyn sy'n drawiadol am Y Cyrff yn y cyfnod yma yw dycnwch a dyfalbarhad y grŵp wrth barhau gyda'r ymarfer rheolaidd, fel y cofnodir yn nyddiadur Dylan am fis Rhagfyr 1985:

Rhagfyr 1af Practis Y Cyrff, flop braidd
Rhagfyr 2ail Mark a Paul yn dod yma i recordio ond yn gadael hefo lot o ideas hefo caneuon newydd
Rhagfyr 4ydd Practis Y Cyrff. Brilliant – lot gwell na dydd Sul
Rhagfyr 7fed Concert nôs Harlech, St David's Hotel. Wedi tapio'r noson
Rhagfyr 8fed Practis Y Cyrff
Rhagfyr 12fed Practis Y Cyrff. Barry yn dweud bo fi'n mynd i gael crash rhywbryd
Rhagfyr 13eg Concert Llansannan. Good night. Cymdeithas yn gwneud profit – tua 150 o bobl yno yn dawnsio. Dylan yn cael crash – reversio i gefn landrover. Disaster – car Dad ydio!!!

Rhagfyr 14eg Concert Machynlleth. Not bad o noson
Rhagfyr 15 Massive jam heno. Garry, Steve, Dave, Barry,
Mark, Fi
Rhagfyr 19 Concert Llangefni. Good Concert
Rhagfyr 20 Concert yn Llangernyw. Concert da arall.
Dinas Naw a Y Cyrff. Good crowd reaction

Yr hyn oedd yn amlwg i ddilynwyr Y Cyrff erbyn hyn oedd
y newid hollbwysig o fod yn grŵp roc oedd yn efelychu ac
yn addasu caneuon a sŵn grwpiau eraill i fod yn grŵp
gyda'u llais eu hunain a thrywydd cerddorol newydd a
gwahanol. Yn ystod 1985 buddsoddodd pob aelod o'r grŵp
mewn offer cerddorol newydd gan anelu at wella ansawdd
y sain ar lwyfan ac i adlewyrchu'r newid yn y trywydd
cerddorol. Prynodd Paul amp bas Carlsboro 90 watt a
gitâr bâs newydd, Ibanez Rockstar II.

O'n i isio sŵn da i'r bas. Popeth gan John Entwistle o'r
Who a vibe y bas ar y gân 'Fireball' gan Roger Glover o
Deep Purple oedd dau o'r dylanwadau cynnar arna i, a
hefyd y sŵn bas trwm o'dd gyda Jean-Jacques Burnel o'r
Stranglers. O'n i hefyd yn edmygu Bruce Thomas o'dd
yn chwara gyda band Elvis Costello, Nick Lowe o'dd
wedi chwara efo Brinsley Schwarz, a Trevor Boulder [a
chwaraeodd gitâr fas yn un o grwpiau cynnar a
phwysicaf David Bowie, The Spiders from Mars].

Yn ystod 1985 prynodd Dylan git drymiau Gretsch gyda
phedal drwm bas Pearl 810 a *mounted tom toms* ar y drwm
bas. 'Nes i brynu *snare drum* mawr brass efo *free floating
snare* fel o'dd gan John Bradbury o'r Specials. O'n i isio

hitio'r *snare drum* a'r *rim* 'run pryd. Fel arfar gyda cherddoriaeth roc ma'r drymar yn hitio canol y drwm, ond o'dd drymars reggae a phobl fel Topper Headon o'r Clash yn wahanol.' Roedd techneg a sgìl Dylan ar y drymiau wedi arwain at gynigion i chwarae'r drymiau gyda'r Anhrefn ar yr adegau pan nad oedd eu drymiwr arferol, Hefin Huws, ar gael. Yn ogystal â hynny roedd Dylan hefyd yn drymio'n achlysurol i un o grwpiau gorau Bethesda, Tynal Tywyll, gan gynnwys chwarae ar eu record gyntaf, 'CCC/Emyr/ Heb Ateb/Mynd a Ti' (Anhrefn 05). 'Wnaethon ni recordio nhw mewn stiwdio fach uwchben Denbighshire Travels ar Stryd Fawr Wrecsam mewn un sesiwn. Wnaethon ni recordio 'Y Gwyliau' a'r sengl nesaf '73 Heb Flares/Telyn Wedi Torri' (Anhrefn 07) yn Stiwdio'r Felin, Felinheli, stiwdio Len Jones a Meredydd Morris o grŵp Rhiannon Tomos. Ges i rai profiadau da o chwara gyda Tynal Tywyll. Odd o'n ffordd o ymarfar a gwella fi fel drymiwr.'

Cafodd Dylan rywfaint o waith hefyd, yn achlysurol, gyda Myrddin ap Dafydd yng Ngwasg Carreg Gwalch yng Nghapel Garmon, ger Llanrwst. Cyfnod prysur iawn i'r drymiwr, ac anodd iawn ar adegau, o ystyried ei fod yn dioddef o glefyd y siwgr ers yn wyth oed ac yn gorfod cadw llygad barcud ar ei lefelau inswlin yn ddyddiol. 'O'dd rhaid checio'r lefelau inswlin o leia' bedwar neu bump gwaith y dydd a injectio'n hunan ddwywaith bob dydd. Bryd hynny o'dd rhaid berwi'r nodwydda a bod yn ofalus wrth gario nhw efo fi ymhobman. Bob tro oddan ni'n chwara mewn gig o'dd gynno fi *Mars bars* i fyta'n syth wedyn – er, yn reit aml o'n i'n byta nhw ar y ffordd i'r gig'!

Llwyddodd Mark, Paul a Dylan i gael trwydded yrru yn ystod 1985 ond Barry fyddai'n gwneud y gyrru gan amlaf.

Fel y proffwydodd Barry, cafodd Dylan ddamwain car arall yn gynnar yn 1986. Y tro yma aeth 'trwy ffens a rampio i ganol cae. Car Mam yn *write-off.*' Nid oedd hyn yn hysbyseb da i dad Dylan oedd yn ennill ei fara menyn trwy roi gwersi gyrru.

O wrando ar y caneuon a recordiwyd ac, yn fwy fyth, o wrando ar y casetiau a recordiwyd o'r cyngherddau byw, roedd yn amlwg bod Paul a Dylan wedi dod i ddeall ei gilydd yn dda iawn ac yn cyd-chwarae fel uned dynn. Dim rhyfedd, o ystyried pa mor gydwybodol oeddent wrth barhau i ymarfer o leiaf unwaith bob wythnos. 'O'n i ddim isio bod yn rhy gymhleth, a wastad yn trio cadw petha rhwng fi a Dyl yn syml a gwneud yn siŵr bod ni'n dallt ein gilydd. Mae'n bwysig gadal digon o *space* i'r gitars a'r *vocals*,' medd Paul. Ac yn ôl Dylan, 'Dilyn Paul o'n i gyda lot o betha o ran cadw'r rhythm.'

I Mark a Barry roedd hyn yn allweddol ac yn asgwrn cefn gwirioneddol bwysig i sŵn y grŵp. Gyda sicrwydd a hyder yn y cyd-chwarae rhwng Paul a Dylan roedd yn haws i Barry a Mark lenwi'r sŵn a chyd-chwarae, gyda'r ddwy gitâr yn plethu i'w gilydd. 'Doeddan ni ddim yn gweithio petha allan ymlaen llaw wrth ymarfar cân newydd, jyst gweld pwy o'dd yn dod allan â'r riff gynta neu'n cael y syniad gora. O'n ni'n dallt ein gilydd yn dda ond do'dd Barry ddim yn meddwl bod o'n dda iawn a ddim yn sylweddoli pa mor dda oedd o. O'dd 'i chwara fo yn eitha *idiosyncratic* ac o'dd o'n ffindio'r *one note* gitâr solos yma – rhywbeth rhwng sŵn Neil Young a'r Buzzcocks. Do'n i ddim yn gwybod be i ddisgwyl gynno fo – na fo gen i ambell waith. Na'th rhywun ddisgrifio ni fel 'damwain mewn ffatri cyllell a ffyrc' ac o'dd hynny'n iawn mewn ffordd. Gitâr

Fender Telecaster o'dd gynno fo ond o'dd gynno fo y bocs mawr *treble booster* ar y gitâr i greu'r sŵn o'dd o isio.'

Er bod Joe Strummer yn parhau'n ddylanwad pwysig ar gerddoriaeth Mark yn nhermau ei agwedd a'i safbwynt gwleidyddol gwrth-sefydliadol, roedd steil chwarae gitâr Mick Jones o'r Clash o bosib yn bwysicach i'w steil chwarae gitâr. Nid oedd unrhyw fwriad gan Y Cyrff i aros mewn unrhyw fath o rigol gerddorol ac roedd hyn yn wir am chwarae gitâr Mark. Gwelir dylanwad bandiau fel The Cure, Joy Division, The Smiths a'u gitarydd Johnny Marr, ar y chwarae ac yng nghynnwys y caneuon newydd. Dylanwad pwysig arall oedd Will Sergeant, o'r grŵp Echo and the Bunnymen. Fodd bynnag, mewn amryw ffyrdd y dylanwad pwysicaf ar Mark oedd ei gyd-gitarydd a'i ffrind, Barry Cawley. 'O'dd gynno fo lot o wybodaeth am gerddoriaeth ac am fandiau erill a nath o gyflwyno fi i lot o stwff da. O'dd o wedi bod yn teithio ar ben ei hun o gwmpas Iwerddon a rhannau o Ewrop ac wedi cael profiadau diddorol. Oeddan ni i gyd yn edrych i fyny ato fo. Ond er hynny o'dd gynno fo *doubts* am bopeth a ddim yn sylweddoli pa mor bwysig oedd o i ni. Falla bod lot o'r caneuon o'dd gyda ni'n eitha dwfn a difrifol ond ddim dyna sut oeddan ni gyda'n gilydd fel grŵp. Oedd 'na wastad lot o chwerthin a hwyl pan o'dd Barry o gwmpas. O'n ni'n mynd lawr i Gaerdydd un tro a dyma fo'n deud, "Sbïa ar y sein, mae o'n deud *oranges for sale*" – ond "organic veg" o'dd o! Roedden ni gyd yn methu stopio chwerthin am hynna o fan'na mlaen. Petha gwirion fel yna dwi'n cofio amdano fo. Barry o'dd ffrind gora fi.'

Enghraifft arall o'r hiwmor oedd y ffyrdd roedd aelodau'r grŵp yn ymateb i gwestiynau mewn cyfweliadau:

Sgwrs gyda Barry a Mark

Cwestiwn: Ydych chi'n meddwl fod y cyfryngau â gafael yn y sin roc 'by the balls'?

Ateb: Ydyn, ond mae'r Cyrff nawr yn arbrofi hefo mathau eraill o gyfathrebu sydd ar wahân i'r teledu, radio a phapurau newydd.

Cwestiwn: Be?

Ateb: Carrier pigeons.

(*Sothach*, Rhif 3, Awst 1988)

Fel y dywedodd Dylan, roedd Barry'n gallu gwneud i chwarae gitâr rhythm swnio'n ddiddorol, ac '... oedda ni i gyd yn gweld Barry fel rhywun a fysa'n edrych ar ein hola ni'. Er hynny a'r parch roedd y lleill yn y grŵp yn dangos iddo, ac yn wahanol i'r ddelwedd ar lwyfan, roedd Barry ambell waith yn cael pyliau o ansicrwydd am ei allu i chwarae gitâr ac yn cwestiynu ei gyfraniad i'r grŵp. 'I'r rhai oedd yn dilyn y band o gyngerdd i gyngerdd, mi oedd rhyw hud yn y cyd-chwarae rhwng yr aelodau, ac i lawer iawn o bobl personoliaeth ac arddull Barry oedd y *glue* a oedd yn cadw'r elfennau gwahanol ynghyd.' (Emyr Glyn Williams, *Atolwg*, 26/04/2001).

Grŵp Addawol 1985

Hwb arall i'r Cyrff yn ystod y flwyddyn oedd clywed mai nhw oedd yn mynd i ennill y wobr am 'Grŵp Addawol 1985' yn Noson Wobrwyo *Sylw* yng Nghorwen ym mis Mawrth 1986. Dyma'r dilyniant i nosweithiau gwobrwyo *Sgrech* (*Sylw* oedd y cylchgrawn newydd a gyhoeddwyd dan olygyddiaeth Glyn Tomos). Y Cyrff oedd y grŵp cyntaf ar y llwyfan y noson honno ond nid oedd hyn yn lleihau dim ar yr egni a'r ymroddiad, a chafwyd perfformiad grymus ac egnïol, neu yng ngeiriau Dylan, '*shit hot!*'

Y nos Sul canlynol roedd Y Cyrff yn ymarfer fel arfer. Ar y dydd Llun canlynol, 17 Mawrth, roeddent yn teithio i Gaerdydd unwaith eto i recordio dwy gân ar gyfer y rhaglen roc newydd *Roc 'Rôl Te*, sef 'Trwy'r Cymylau' ac 'Unig', yng nghwmni'r cerddor dawnus o Aberteifi, Malcolm Neon (Gwyon) dan yr enw Yr Eglwys Wen. Malcolm oedd yr un a fu'n allweddol i ddatblygiad y sin roc yn Aberteifi yn y cyfnod yma, gyda'r gwaith a wnaed gyda'r grwpiau Ail Symudiad a Datblygu. Darlledwyd y rhaglen ym mis Mehefin, 1986. Nos Iau'r wythnos honno roedd Y Cyrff yn chwarae gig yn Plas Coch, Ynys Môn. Fore dydd Gwener roedd rhaid cyrraedd stiwdio radio Marcher Sound yn Wrecsam erbyn 9:30, a'r noson honno roedd gig yng Ngwesty'r Plough, Llanelwy. Er prysurdeb yr wythnos roedd Y Cyrff 'nôl yn ymarfer ar y nos Sul canlynol! Dyna beth oedd natur ymroddiad y grŵp i'w cerddoriaeth.

Fulham Greyhound, Llundain

Un o'r digwyddiadau pwysicaf a mwyaf arwyddocaol i'r Cyrff oedd yr un a drefnwyd gan Rhys Mwyn yn y Fulham Greyhound yng nghanol Llundain, nos Iau 3 Ebrill 1986 yng nghwmni yr Anhrefn a Traddodiad Ofnus. Dyma brofiad cyntaf Y Cyrff o chwarae y tu allan i Gymru a hynny yn un o'r llefydd mwyaf eiconig a phwysig i grwpiau pync yng nghanol a diwedd y 1970au. Tipyn o gamp oedd cael gig Cymraeg yng nghanol Llundain ar y pryd a'r gobaith oedd y byddai'r enwog John Peel, y DJ radio mwyaf dylanwadol ar y pryd, yn ymddangos ac yn gwneud adolygiad o'r gig, ond nid felly y bu. Er hynny roedd y noson yn llwyddiannus iawn gyda chynulleidfa o tua 250, a chafwyd sylw i'r gig gan y wasg yn Llundain. Un o'r rhai fu i'r gig ac a ysgrifennodd am ei brofiad yn *Y Cymro* oedd Ffred Ffransis.

> Yr hyn oedd yn taro rhywun oedd bod pawb yn gwrando'n astud, tra yng Nghymru mae tri chwarter y bobl mewn cyngerdd yn dod i gymdeithasu yn hytrach na gwrando ar y grŵp. (*Y Cymro*, 18/04/86).

Dyma gŵyn a fynegwyd gan lawer o bobl dros y blynyddoedd a hyd y dydd heddiw. I ategu gwerth gigs fel hyn, nododd ymhellach bod 'y ffordd yn glir i grwpiau Cymraeg genhadu eu cerddoriaeth ymhlith y di-Gymraeg yng Nghymru.'

Arhosodd y grŵp dros nos yn Stockwell jyst tu allan i Brixton cyn teithio nôl i Ogledd Cymru yng nghwmni'r Anhrefn. Y profiad o deithio trwy ddinas Llundain i'r gig sbardunodd eiriau un o'r caneuon a ysgrifennwyd ac a recordiwyd ar gyfer y sengl nesaf, sef 'Pum Munud.'

Cyn mynd i'r stiwdio bu tipyn o drafod ymysg Mark, Dylan, Paul a Barry ynglŷn â pha ganeuon i'w recordio. Un o'r ffefrynnau ar y pryd oedd 'Unig'. Dyma gân oedd yn sicr yn symud Y Cyrff i dir uwch.

Roedd 'Unig' wedi dod yn ffefryn mewn gigs ers rhai misoedd. Dyma arwydd clir o newid trywydd yn y caneuon ac o aeddfedrwydd cynyddol Mark wrth ysgrifennu.

Unig

Torrais i fy mys – jyst i weld y gwaed yn rhedeg
O'n i ddim yn teimlo'r poen – o'n i jyst yn *watcho*'r
                              gwaed yn rhedeg
Rwy'n hoffi hogla'r gwaed – dwi'n hoffi'r gwaed ar y
                              gyllell
Rhaid i mi anghofio ti
    Oh unigrwydd atsain dy lais tu mewn i fy mhen
    A ti yw'r unig blodyn, mewn byd mor llawn o chwyn

Dio ddim bwys genna ti – sa fy nghalon i yn pydru
Ond ers i ti gadael fi – mae fy nghalon i yn pydru
Ti'n trio fe tuag allan, tu allan i tu mewn
Rhaid i mi anghofio ti
    Oh unigrwydd, atsain dy lais tu mewn i fy mhen
    A ti yw'r unig blodyn, mewn byd mor llawn o chwyn

Ah! Ti
Ah! Ti
A ti yw'r unig blodyn mewn byd mor llawn o chwyn
Ond mae'n anodd i flodeuo – pryd mae'r byd mor
                              llawn o chwyn
Oh, plîs jyst tyrd yn ôl a gwna popeth yn iawn
'cos sut alla i anghofio ti
    Oh unigrwydd, atsain dy lais tu mewn i fy mhen
    A ti yw'r unig blodyn, mewn byd mor llawn o chwyn.

Cân am hunan-niweidio yw'r gân yma, a hynny ymhell cyn
i hyn fod yn bwnc llosg cyhoeddus. Yn ystod y cyfnod pync
bu unigolion fel Sid Vicious o'r Sex Pistols yn defnyddio
cyllell neu rasel i gerfio slogan ar eu cyrff mewn gig i geisio

profi eu bod o ddifrif am eu cerddoriaeth ond mae 'Unig' yn fwy difrifol a phersonol na gweithred er mwyn tynnu sylw. Wrth gwrs roedd gan Sid Vicious broblemau difrifol a arweiniodd at farwolaeth gynnar o ganlyniad i gamddefnydd o gyffuriau ac alcohol. Yn y gân, gwneir cyswllt uniongyrchol rhwng y weithred o hunan-niweidio ac iselder ysbryd yn deillio o chwalu perthynas. Gwelir gallu cynnar Mark i ddarllen ac i ddeall pobl a sefyllfaoedd a gafael mewn teimladau dwys a difrifol wrth lunio caneuon. Mae'r themâu o dor-perthynas a phoen meddwl yn un sy'n ymddangos dro ar ôl tro yng ngwaith Mark. Disgrifiwyd Mark gan un o'i athrawon unwaith fel rhywun meddylgar, sensitif a thawel, os nad swil, ond rhywun oedd hefyd yn sylwgar ac yn annibynnol ei feddwl. Gwelir adlais o hyn yng ngeiriau 'Cymru Lloegr a Llanrwst':

Pryd mae'r byrddau'n dechrau fflio dwi jyst yn eistedd yma'n llonydd
Dyma'r unig amser pryd dwi byth yn teimlo'n aflonydd.

Eisoes penderfynwyd y byddai'r grŵp yn dychwelyd i stiwdio Richard Morris i recordio sengl arall, er gwaethaf gwrthwynebiad Barry, oedd wedi datgan yn glir nad oedd yn bwriadu mynd yno fyth eto. Er llwyddiant 'Unig' ar lwyfan, penderfynwyd na fyddai hon ar y record newydd. Rhyddhawyd fersiwn byw o'r gân yma ar y bwtleg swyddogol ar label Tss, *Dan y Cownter*. Mae enghreifftiau ar gael o fersiynau byw eraill o'r gân wych yma ar bwtlegs eraill, diolch i raddau helaeth i ddycnwch Dylan yn mynnu cael casetiau o'r gigs pryd bynnag roedd hynny'n bosib. 'O'dd The Cure yn ffasiynol iawn yn y cyfnod yma ac o'dd

'Lovecats' newydd fod yn y *charts*. Dwi'n cofio Paul yn deud wrtha'i i chwara beat tebyg ar yr *hi-hat*.'

Pum Munud

Wythnos ar ôl y gig yn y Fulham Greyhound roedd Y Cyrff yn ôl yn y stiwdio'n recordio cân newydd sbon a sbardunwyd gan yr ymweliad â Llundain. 'Oeddan ni'n teithio trwy ganol Llundain gyda Rhys (Mwyn) yn gyrru'r fan o'dd gynno fo, a dwi'n cofio ni'n mynd heibio'r garej petrol BP gyda'r ffens *barbed wire* ym mhob man, a'r peth nesa o'n i'n gweld o'dd garej hollol wahanol, yn gwerthu Aston Martins a Bentleys,' medd Paul. Doedd dim llawer iawn o Bentleys yn Llanrwst yn yr wythdegau!

Mae'n amlwg bod y cyferbyniad rhwng y cyfoeth aruthrol a'r tlodi ochr yn ochr â'r ddelwedd o'r weiren bigog yng nghanol y dre' wedi creu argraff ar Mark. Dyma oedd cyd-destun y gân 'Pum Munud' a recordiwyd gan Mark, Paul a Dylan. Er gwaetha'r ffaith nad oeddent wedi perfformio'r gân ar lwyfan cyn mynd i'r stiwdio, mae'r perfformiad yn gaboledig ac yn uchelgeisiol.

'Mae Pum Munud yn dangos datblygiad yn sgwennu'r Cyrff wrth ofyn am gael Pum Munud i weld y tu draw i'r ffens sy'n ein hamgylchynu' oedd geiriau Mark V. Jones yn *Y Cymro* (27/08/86). Y gân arall ar y sengl oedd 'Trwy'r Cymylau'. Fodd bynnag, ni chafodd y sengl yma yr un croeso â gwaith blaenorol Y Cyrff. Roedd y gŵyn fwyaf ynglŷn â'r gwaith cynhyrchu a dylanwad y stiwdio.

Mae 'na lot o bethau nodweddiadol o'r Cyrff yma – lot o *drum fill-ins* a'r llais ymosodiadol – ond ma 'na ormod o bethau wedi eu rhoi mewn gan y cynhyrchydd, pethau fel y *booming bass* a'r lein gitâr tenau. Cordiau gitâr cryf y caneuon cynnar wnaeth Y Cyrff yn un o grwpiau mwyaf cyffrous Cymru. (Gruff, ffansin *Ish*, Rhif 2, 1986).

Doedd dim gwadu safon dechnegol y sengl ond teimlwyd bod hyn ar draul egni ac emosiwn y grŵp ar lwyfan. Mae 'na elfen o wirionedd yn hyn ond roedd Y Cyrff yn ymestyn eu hunain yn gerddorol ac yn datblygu eu gallu i saernïo caneuon mwy uchelgeisiol. 'Dan ni'n dipyn mwy hapus efo hon na'r llall ac mae'r grŵp wedi symud ymlaen dipyn' oedd ymateb Mark yn *Y Cymro* (28/05/86). Wrth wrando ar y ddwy sengl ochr yn ochr gwelir hyn yn glir ac mae'r cyswllt rhwng sŵn 'Ar Goll' ar y sengl gyntaf, a 'Pum Munud' a 'Trwy'r Cymylau' ar yr ail yn amlwg.

Ar y pryd roedd y feirniadaeth gan rai dilynwyr wedi brifo ond o ganlyniad roedd Y Cyrff yn fwy penderfynol o dorri eu cwys eu hunain. Canlyniad arall oedd bod Recordiau Anhrefn wedi dod i'r casgliad na fyddai'r label yn rhyddhau'r sengl.

'Geutho ni *phone call* yn deud bod ni 'di cal y *chuck* oddi ar y label,' medd Mark. Does dim ffrae wedi bod rhwng Y Cyrff a'u cyn gwmni recordio fodd bynnag. Roedd Y Cyrff mwy na thebyg am wneud y record ar eu label eu hunain beth bynnag a Recordiau'r Anhrefn yn awyddus i weld mwy o labeli annibynnol yn cael eu sefydlu. (*Cytgord*, *Y Cymro*, 28/5/86).

Ymddangosodd y sengl ar label SUS 01. Y tro hwn cyrhaeddodd y record mewn da bryd i'w marchnata dros yr haf ac yn y Steddfod gyda chlawr syml du a gwyn trawiadol arall yn dangos llun o'r jiwcbocs yng ngwesty'r Fic, Llanrwst yn arddull clawr y sengl gyntaf.

Clawr yr ail sengl Pum Munud/Trwy'r Cymylau

Defnyddia Fi

Dwi'n eistedd yma fel yr oen cyn y lladd
Anghofia'r poen cym bleser a mwynhad
Dwi'n gwybod dim, ond dwi'n barod i ddysgu,
barod i ddysgu
Mwy na hyn – dwi isio bod yn gi i ti
Defnyddia fi – defnyddia fi – mi gei di unrhyw bryd,
unrhyw bryd.

Mae amser yn pasio mor sydyn, mor sydyn
Dwi'n agored i bopeth – so gafael yn dynn
Dwi'n gwybod dim ond dwi'n barod i ddysgu,
barod i ddysgu
Mwy na hyn dwi isio bod yn gi i ti

O mi oedd o'n dda
A mi na'i drio bod yn well tro nesaf
Os nawn ni gario mlaen, mlaen, mlaen, mlaen
Ellith pethau ddim ond gwella
Dwi'n gorwedd yma'n rhydd
Yn dawel, dawel, rhydd, rhydd
Dwi'n gorwedd yma – mae'r pleser wedi bod
Ceisio peidio – gorwedd lle dwi wedi dod
Dwi'n gwybod dim ond dwi'n barod i ddysgu,
barod i ddysgu.

Clawr blaen Dan y Cownter

Cwestiwn: Sut da chi'n gweld y byd roc Cymraeg yn gyffredinol?

Ateb: Dwi'n gweld y byd roc Cymraeg fel trac rasio ceffylau. Y grwpiau di'r ceffylau a ma' nhw gyd yn rhedeg rownd – rhai ohonyn nhw y ffordd anghywir. Y Cyrff yw'r ceffyl doeth sydd yn y canol y gwylio'r ceffylau eraill yn rhedeg mewn cylchoedd. (*Sothach*, Awst 1988).

Efallai bod rhai wedi dechrau amau cyfeiriad cerddorol Y Cyrff erbyn canol 1986 ond doedd dim amau eu perfformiadau ar lwyfan. Yn ystod wythnos Steddfod Abergwaun profodd Y Cyrff unwaith eto mai nhw oedd y grŵp i'w gwylio. Cafwyd dau berfformiad gwych yng Nghlwb y Rheilffordd, Abergwaun, sef y ganolfan a sefydlwyd i grwpiau newydd a cherddoriaeth amgen gan Gymdeithas yr Iaith, fel dilyniant i gigs y Fountain, Bodelwyddan, y flwyddyn flaenorol. Ar ddechrau'r wythnos roeddent yn rhannu'r llwyfan gyda Siencyn Trempyn a Dros Ben Llestri; ac yna gyda Blaenau Y a Tan Gi Mei ar ddydd Sadwrn 9 Awst.

Ar ddydd Mercher 6 Awst cynhaliwyd digwyddiad mwyaf yr wythnos, Gŵyl Roc o 2 o'r gloch y prynhawn tan 1 y bore yn y Fforwm, Hwlffordd – lle i fil o bobl, system sain safonol a sioe oleuadau enfawr. Cafwyd diwrnod a noson gofiadwy iawn yng nghwmni grwpiau mwyaf Cymru ar y pryd, cymysgedd o'r hen a'r newydd – Meic Stevens a'r Band, Maffia Mr Huws, Ffenestri, Dolur Rhydd, Blaenau Y, Maraca, Wenfflam ac Adwaith. Llwyddodd Y Cyrff unwaith eto i brofi pa mor gyffrous a phwerus oeddent ar lwyfan a phrofwyd hefyd bod ganddynt y gallu i drosglwyddo'r caneuon stiwdio newydd i berfformiadau byw. Yn ôl Dylan, dyma 'gig gora ni erioed', a gig pwysig hefyd, oherwydd roedd y grŵp yn gallu dangos cymaint roeddent wedi datblygu ers Steddfod Rhyl, a'u bod yn gallu trosglwyddo'r holl egni ac angerdd oedd mor nodweddiadol ohonynt mewn lleoliadau llai i lwyfannau mawr.

Dau gig pwysig a chofiadwy arall ym mis Awst oedd 'Storom Awst', ar gae Sioe Mona ar Ynys Môn, a'r ŵyl roc amgen 'Fy Nhethau yn Ffrwydro gyda Mwynhad' a gynhaliwyd yng ngwesty'r Marine, Aberystwyth gan Gymdeithas yr Iaith, mewn cydweithrediad â Recordiau Anhrefn a'r Mudiad Gwrth Apartheid. I Richard Williams, gohebydd yr *Anglesey Mail*, y ddau uchafbwynt yn 'Storom Awst' oedd perfformiadau'r Cyrff a'r Brodyr.

Y Cyrff, for me, gave the best performance of the day. Energy, excitement and good music – that's Y Cyrff. They were the first group to get the audience moving and that's how it stayed until the end of their memorable set ... I would think it's obvious that Y Cyrff are Wales' best group.

Dweud mawr a datganiad o bwys gan ohebydd gwrthrychol.

Trefnwyd yr ŵyl yn Aberystwyth fel rhan o gyfres o ddigwyddiadau i ddangos gwrthwynebiad i'r drefn apartheid yn Ne Affrica ac i gefnogi ymgyrchoedd y mudiad gwrth-apartheid yng Nghymru o dan arweiniad Hanif Bhamjee, a fu mor weithgar trwy gydol yr wythdegau a thu hwnt yn arwain y mudiad yng Nghymru. Recordiwyd a ffilmiwyd y noson gan Cadw Reiat ac er nad oedd y dorf yn fawr iawn, roedd y perfformiadau gan y grwpiau Dani a'r Titeds, Eirin Peryglus, barddoniaeth gan Ifor Huws (Ifor ap Glyn yn ddiweddarach), Camelod Fflat, Elfyn Presli, Igam Ogam, Datblygu, Y Cyrff a'r Anhrefn yn dystiolaeth o ba mor amrywiol a diddorol oedd y sin roc amgen yng Nghymru erbyn hyn. Roedd set Y Cyrff yn 'llawn egni blin, hêr cuts Smotyn (ffrind Superted!) a chaneuon o lawer o wahanol ddulliau. Pawb yn dawnsio' yn ôl yr adolygiad o'r noson yn ffansin *Chmyll*. 'Hwn i mi oedd digwyddiad y flwyddyn. Roedd yn braf clywed grwpiau o ddifri am eu cerddoriaeth a'u neges yn hytrach na'i ego. Yn braf hefyd clywed cerddoriaeth oedd i fod yn uchel yn hytrach na wedi'i droi'n uchel tra bo'r pobl P.A. yn nôl eu tsips.'

'Dwi'n cofio dod i ffwrdd o'r llwyfan yn y Marine yn chwys i gyd a meddwl i fi fy hun – *nailed it!*' (Dylan Hughes).

Er gwaethaf anhawster dosbarthu a gwerthu'r sengl 'Pum Munud'/'Trwy'r Cymylau' heb gefnogaeth label, na threfn genedlaethol o wneud hynny, roedd gwerthiant cyson y sengl dros fisoedd yr hydref yn brawf pellach o'r cynnydd ym mhoblogrwydd Y Cyrff. Cyrhaeddodd y sengl Siart *Y Cymro* ar 3 Medi 1986, gan ymddangos yn rheolaidd yn y siart nes diwedd Tachwedd y flwyddyn honno, ac yna'n ysbeidiol tan haf 1987. Roedd y perfformiadau cryf ar lwyfannau ledled Cymru wedi denu sylw'r cyfryngau hefyd, ac yn sgil hynny gwahoddwyd Y Cyrff i recordio caneuon ar gyfer y gyfres roc newydd *Roc Rôl Te* ym mis Hydref. Darlledwyd y rhaglen y mis canlynol. Penderfynwyd ar ddwy gân newydd, sef 'Yr Hunanladdiad' a 'Gwynebau'. Mae'r naill gân a'r llall yn adeiladu ar y thema o iselder ysbryd a salwch meddyliol a gyflwynwyd yn 'Unig', ac wir yn symud gam ymhellach yn 'Yr Hunanladdiad' sy'n cynnwys y pennill cofiadwy a thrawiadol canlynol:

> Mae'r tŷ yn wag, ond dydi'r
> Cwpwrdd ffisig ddim,
> Cropian mewn tywyllwch, am rhywbeth
> cryfach nag Aspirin.
> Edrych am y rasel – y dant noeth i
> frathu'r croen
> Mae hi di mynd rhy bell nawr, a
> bydd hi ddim yn teimlo'r poen –
> teimlo'r poen
> Poen
> Poen.

Mae gallu Mark i drin geiriau yn amlwg iawn hefyd yn y gân 'Gwynebau' gan gynnwys bathu gair Cymraeg newydd – cyfrifiannus! – nid y tro cyntaf na'r olaf iddo wneud hyn.

Ti wedi meddwl gormod
A neith hynny ddim lles
Ymennydd oer a chyfrifiannus
O'r galon mi gei di wres.

Yn y caneuon a'r perfformiadau yma gwelir ffrwyth y misoedd prysur iawn o berfformio'n fyw. Gwelir hefyd y newid a'r datblygiad yng ngallu Mark i ymdrin â materion dwys a difrifol mewn ffordd synhwyrol a deallus. Roedd hyn yn cadarnhau ei aeddfedrwydd cynyddol wrth ysgrifennu caneuon a gallu gweddill y grŵp i gyfleu hyn. Yn yr un modd mae'r elfen o dywyllwch, a pharodrwydd i wynebu tywyllwch bywyd mewn caneuon, yn gosod Y Cyrff ar lefel wahanol i'r mwyafrif o grwpiau Cymraeg eraill y cyfnod. I raddau roedd hyn yn dangos dylanwad rhai o grwpiau post-pync yr wythdegau cynnar fel Joy Division/New Order, The Cure a'r Smiths, ond roedd Y Cyrff yn mynnu torri eu cwys eu hunain ac yn cadw at eu gweledigaeth unigryw.

Dan y Cownter
Roedd yn amlwg felly erbyn canol 1986 bod Y Cyrff wedi ennill eu plwyf fel un o grwpiau roc gorau'r cyfnod yng Nghymru ac, i lawer o ddilynwyr y byd roc Cymraeg, y grŵp pwysicaf yng Nghymru, yn sgil eu perfformiadau byw. Gyda set newydd o ganeuon eisoes yn cael derbyniad da gan ddilynwyr, y cam nesaf oedd dychwelyd i'r stiwdio, ond cyn hynny penderfynodd y grŵp mai da o beth fyddai rhyddhau rhywbeth dros dro fyddai'n gofnod o berfformiadau byw'r band dros y ddwy flynedd flaenorol. Nid oedd pob gig yn llwyddiannus o bell ffordd, ond y

beirniad caletaf ar Y Cyrff oedd y band eu hunain. Ar adegau, diffyg cynulleidfa, neu'r diffyg ymateb gan y gynulleidfa fel yn y Jazz Room, Bangor ym mis Mai, oedd ar fai: '*shit crowd; shit gig*'. Ambell noson roedd y bai arnyn nhw eu hunain – 'gig Fountain, Rhagfyr 1986; Y Cyrff – *sloppy*'. Byddai trafodaeth fanwl ynglŷn â hyn yn yr ymarfer nesaf. Fel y gwelir o ddyddiaduron Dylan Hughes dros y cyfnod yma, eithriadau oedd y nosweithiau siomedig ac os nad oeddent yn hapus gyda'r perfformiad roedd hynny yn sbardun i wneud yn siŵr na fyddai hynny'n cael ei ailadrodd.

Y Cyrff gafodd y syniad o ryddhau casét o berfformiadau byw fel rhywbeth i gofnodi perfformiadau'r cyfnod, a gwneud hyn gan roi pwyslais ar gadw'r sŵn yn amrwd a heb lawer o ymdrech i newid ansawdd y sain. Penderfynwyd rhyddhau'r casét fel un 'answyddogol'. 'Y bore ar ôl un o'r gigs yn Llundain aethon ni i Camden Market a chael sioc o weld cymaint o gasetiau bwtleg o gigs gan wahanol bands oedd ar gael, fel Sisters of Mercy yn chwarae yn Leeds, a Stiff Little Fingers yn Sheffield ac ati ac wedyn dyma ni'n meddwl am wneud rhywbeth tebyg.' (Dylan)

Peth cymharol gyffredin yn y saithdegau a'r wythdegau oedd rhyddhau casetiau a hyd yn oed feinyl o berfformiadau byw gan grwpiau ac unigolion poblogaidd fel Bob Dylan, Grateful Dead, Led Zeppelin, Bob Marley, Van Morrison, The Jam, The Clash a Joy Division. Erbyn yr wythdegau, oherwydd y datblygiad sylweddol yn offer recordio casetiau, roedd ansawdd y sain wedi gwella'n fawr iawn ac roedd bri mawr i'r casetiau bwtleg answyddogol, ac yn wir anghyfreithlon, yma ymysg dilynwyr cerddoriaeth roc. I ddilynwyr mwyaf triw'r grwpiau roedd cael copi o berfformiadau byw eu hoff artistiaid yn bwysig iawn, ac roedd ambell un yng Nghymru'n gwneud yr un peth gyda grwpiau Cymraeg.

Dan y Cownter oedd y casét cyntaf yn y Gymraeg a gynhyrchwyd ac a ryddhawyd fel 'bwtleg'. Wrth gwrs nid oedd yn bwtleg go iawn ond roedd datgan hyn yn sicrhau cyhoeddusrwydd ac yn caniatáu rhyddhau casgliad o ganeuon lled amrwd. Dyluniwyd y clawr gan ddefnyddio'r dechnoleg ddiweddaraf ar y pryd, sef un o gyfrifiaduron cynharaf y cyfnod, yr Amstrad! Defnyddiwyd dulliau traddodiadol 'torri a gludo' i ddylunio'r clawr ac yna ychwanegwyd sloganau gwleidyddol mewn llawysgrifen, megis 'Rhyddid i Mandela'. Penderfynwyd cadw at symlrwydd senglau cyntaf Y Cyrff wrth ddylunio'r clawr du a gwyn. Cynhyrchwyd 100 o gopïau a chafodd pob un o'r grŵp bum copi yr un. Dosbarthwyd tua dwsin i ffrindiau ac i'r cyfryngau a gwerthwyd y gweddill mewn gigs. Roedd y galw am y casét dipyn yn uwch na'r disgwyl a bu'n rhaid cynhyrchu 100 yn ychwanegol o fewn mis. Llwyddwyd i glirio'r costau ac roedd yr ymateb brwdfrydig gan ddilynwyr mwyaf ffyddlon y grŵp yn galonogol iawn. Roedd llwyddiant y casét yn sbardun i label Tss ryddhau casetiau gan grwpiau eraill, gan gynnwys dau bwtleg arall – un gan yr Anhrefn a'r llall gan Llygod Ffyrnig.

Casét wyth o ganeuon oedd *Dan y Cownter* – detholiad o ganeuon o'r nifer o recordiadau o'r perfformiadau llwyfan yn ystod 1984 a 1985. Y gân agoriadol 'Anwybyddwch Ni', o fis Chwefror 1984, sydd wedi cael y sylw mwyaf ers y cyfnod yma, ond mae'r casét hefyd yn cynnwys tair cân arall o 1984, sef 'Rhodesia (Yr Haint)',

'Bradwyr Cymraeg' a 'Lebanon.' Mae'r caneuon eraill yn dyddio o Ionawr 1985 i Awst 1985 a phob un ohonynt ddim ond ar gael ar y casét yma. Rhoddwyd sylw i'r casét yn *Y Cymro* ac yn y ffansins gan gynnwys *Chmyll*. Ym marn adolygydd *Chmyll* roedd 'Cadwyni' yn wych gyda geiriau'r gân yn cyfeirio at y 'Cadwyni meddyliol ar ôl deuddeg mlynedd o ysgol, yn golchi fy ymennydd mewn propaganda rhwystrol' ac yna 'yn boddi fy ymennydd'. Cyfeiria hefyd at un o'r hen ffefrynnau, 'Yr Haint'. 'Dwi'n gweld rheswm dros gynnwys y gân yma os dim ond i ddangos faint mae hi wedi datblygu ers cael ei rhoi ar record. Ac i mi, y fersiwn orau ohoni ydi'r fersiwn llwyfan presennol.' Y Cyrff eu hunain ddewisodd y caneuon. Mae'r darnau rhwng y caneuon gan Bryn Tomos ac un o DJs radio'r cyfnod, Aled Wyn, yn swnio'n eitha digri erbyn hyn ond yn ychwanegu at naws y casét.

Yn yr un rhifyn o'r ffansin *Chmyll*, gwelir erthygl olygyddol gan Dafydd Chilton yn atgoffa pobl bod Ffred Ffransis wedi ei ddedfrydu i naw mis o garchar am ddifrod troseddol yn yr ymgyrch dros Gorff Datblygu Addysg Gymraeg, ynghyd ag erthyglau gwleidyddol eraill. Ochr yn ochr â'r wleidyddiaeth mae yna erthygl am ganu gwlad gan Neville Jones (Hogia Llandegai); atodiad swmpus a safonol iawn am y Blew gan Huw Prestatyn gyda chymorth Rhys Mwyn, yn seiliedig ar gyfweliad gyda Dafydd Evans o'r band; cyfweliadau gydag Iwan Pryce o'r grŵp U Thant a'r Cenhedloedd Unedig; ac erthygl am Llwybr Llaethog.

Gyda chyn lleied o gopïau o *Dan y Cownter* ar gael mae'r casét yma'n hynod gasgladwy. Yn ddiddorol iawn tua blwyddyn cyn i John Peel farw'n ddisymwth iawn, gofynnodd i Paul Adams (o'r grŵp Melys) am gopi o'r casét yma a llwyddwyd, trwy law Paul, i gael un iddo. Heb y casét byddai rhai o'r caneuon gwirioneddol dda a ysgrifennwyd yn y cyfnod cynnar yma, megis 'Cadwyni' ac 'Unig', ar goll am byth.

Er bod gigs yn Abergwaun, Ynys Môn a Hwlffordd yn cadarnhau lle'r Cyrff yn y byd roc Cymraeg, roeddent hefyd yn sefyll ychydig ar wahân i'r sin roc Gymraeg ac, i raddau, yn teimlo hynny hefyd. Erbyn hyn roeddent wedi ennill parch ymysg cerddorion a grwpiau eraill yn ogystal â llwyddo i ddenu dilynwyr newydd o bob rhan o Gymru. Roeddent yn rhan o'r don newydd o grwpiau ac wedi torri'n rhydd o fod yn grŵp tanddaearol trwy'r holl gigio dros fisoedd cynta'r flwyddyn, ond yn amharod i gyfaddawdu mewn unrhyw ffordd ac yn benderfynol o ddilyn eu trywydd eu hunain. Golygai hyn barodrwydd i gorddi ac i ddatgan barn yn ddi-flewyn ar dafod mewn caneuon. Clywir hyn mewn caneuon fel 'Anwybyddwch Ni', 'Cadwyni' a 'Bradwyr Cymraeg'.

Defnyddia Fi

Trwy gydol misoedd yr hydref roedd Y Cyrff wedi bod yn brysur yn ysgrifennu ac yn ymarfer eu set newydd o ganeuon, ac erbyn diwedd y flwyddyn roeddent yn barod i'w cyflwyno ar lwyfan ac ar y teledu. Prynwyd synth i arbrofi gyda'r sŵn, a pheiriant recordio Revox, gyda'r bwriad o greu stiwdio recordio i'w hunain o bosib. Derbyniwyd gwahoddiad i gymryd rhan yn rhaglen HTV *Heno, Heno* a phenderfynwyd cyflwyno dwy gân newydd yn ogystal ag 'Yr Haint', sef 'Suck' a 'Defnyddia Fi'. Un o ymchwilwyr y rhaglen oedd Dafydd Rhys a fu'n ymchwilydd ar gyfer y rhaglen *Roc Rôl Te* ac a fyddai'n chwarae rhan bwysig ym mywyd Y Cyrff dros y blynyddoedd i ddod. I wrandawyr astud roedd yn amlwg bod caneuon newydd Y Cyrff yn symud i gyfeiriad newydd, nid yn unig yn nhermau sŵn y grŵp, ond hefyd o ran cynnwys y caneuon. Un peth nad oedd yn newid oedd yr ymroddiad, y gonestrwydd a'r parodrwydd i ymdrin â phrofiadau bywyd mewn ffordd gwbl agored. Y profiadau'n deillio o gariad, o garu ac o ryw yw thema'r naill gân a'r llall, a hynny mewn ffordd hollol onest, ac, yn wahanol i'r rhelyw o ganeuon serch, yn fynegiant o ansicrwydd a chydnabyddiaeth o fod yn ddibrofiad gan gydnabod y poen meddyliol sy'n gallu deillio o serch, cariad a rhyw yn ogystal â'r pleser:

Suck
Dwi yn cerdded yn syth nawr
Bydda i'n cerdded yn gam mewn awr,
Heb os nac onibai ti yw yr un
Ga ni drio fo eto os dan ni'n gytûn.

Defnyddia Fi
Dwi'n eistedd yma fel yr oen cyn y lladd
Anghofia'r poen cym bleser a mwynhad
Dwi'n gwybod dim, ond dwi'n barod i ddysgu,
                              barod i ddysgu
Mwy na hyn – dwi isio bod yn gi i ti
Defnyddia fi – defnyddia fi – mi gei di unrhyw bryd,
                              unrhyw bryd.

Mae amser yn pasio mor sydyn, mor sydyn
Dwi'n agored i bopeth – so gafael yn dynn

Dwi'n gwybod dim ond dwi'n barod i ddysgu,
                         barod i ddysgu
Mwy na hyn dwi isio bod yn gi i ti

O mi oedd o'n dda
A mi na'i drio bod yn well tro nesaf
Os nawn ni gario mlaen, mlaen, mlaen, mlaen
Ellith pethau ddim ond gwella
Dwi'n gorwedd yma'n rhydd
Yn dawel, dawel, rhydd, rhydd
Dwi'n gorwedd yma – mae'r pleser wedi bod
Ceisio peidio – gorwedd lle dwi wedi dod
Dwi'n gwybod dim ond dwi'n barod i ddysgu,
                         barod i ddysgu.

Dyma gân sydd bron yn boenus o onest yn sôn am y
profiad o ryw, a chân wirioneddol ddewr. Ychydig iawn o
ganeuon sydd wedi ymdrin â phrofiadau fel hyn mewn
ffordd mor drawiadol. I ddyn ifanc deunaw oed oedd yn
ceisio delio gyda serch a rhyw, a gyda'r holl newidiadau
meddyliol yn sgil hynny, nid peth anghyffredin oedd sôn
am hyn mewn caneuon. Yr hyn sy'n anghyffredin ydy'r
ffordd mae Mark yn ymateb gan gydnabod ansicrwydd,
gwendid a 'pharodrwydd i ddysgu'. Yn sicr roedd hyn yn
hollol wahanol i gymaint o ganeuon roc a phop eraill y
cyfnod, a chynharach, sydd un ai'n arwynebol a siwgraidd
neu yn ymffrostgar ac yn *macho* gan ymdrin â merched a
rhyw mewn ffordd hollol arwynebol, secsist ac, yn wir,
mewn ffordd sy'n annerbyniol erbyn hyn.

Y Tube

Ym mis Chwefror 1987 gwahoddwyd Rhys Mwyn a Sion Sebon i ymddangos ar raglen roc *The Old Grey Whistle Test* gyda'r cyflwynydd Andy Kershaw i siarad am gerddoriaeth Gymraeg. Dangoswyd clips o'r Anhrefn a'r Cyrff yn chwarae'n fyw yn yr Octagon, Bangor ar raglen deledu *Trannoeth y Ffair* a ddarlledwyd ar S4C. Yn fuan wedi hynny daeth cynnig arall oedd hyd yn oed yn fwy cyffrous.

Un o'r rhaglenni roc pwysicaf a mwyaf dylanwadol ar deledu Saesneg yn yr wythdegau oedd *The Tube* a ddarlledwyd gan gwmni Tyne Tees i Channel 4. Yn wahanol i raglenni pop poblogaidd fel *Top of the Pops*, roedd pwyslais *The Tube* ar gyflwyno amrywiaeth o gerddoriaeth a oedd yn nhyb y cynhyrchwyr yn dda os nad o reidrwydd yn boblogaidd. Un o gynhyrchwyr y rhaglen yma oedd John Gwyn, a fu unwaith yn aelod hollbwysig o'r grŵp Cymraeg chwedlonol Brân. Aelodau eraill y grŵp oedd Nest Howells, a oedd yn gariad i John Gwyn ar y pryd (ac sy'n fam i'r cerddorion Elin Fflur a Gwion Llywelyn), Gwyndaf Roberts (Ar Log yn ddiweddarach) a'r drymiwr Keith Snelgrove. Cymerodd Dafydd Roberts, brawd Gwyndaf, le Keith Snelgrove yn fuan ar ôl iddynt ryddhau eu record estynedig (EP) cyntaf, *Gwynant*.

Yn ôl Rhys Mwyn, y bwriad gwreiddiol oedd gwneud eitem am gerddoriaeth Gymraeg o Gymru a ffilmio yr Anhrefn, Y Cyrff a Datblygu ym Mhortmeirion. Ond yn y diwedd ffilmiwyd Siouxsie and the Banshees ac XTC yno, a gofyn i'r Anhrefn a'r Cyrff deithio i Lundain. Rhyfedd o fyd! Teithiodd Y Cyrff i Lundain yng nghwmni'r Anhrefn ar 15 Mawrth 1987 ar gyfer ffilmio ar y diwrnod canlynol, ond yn anffodus torrodd y fan i lawr yn Luton ac roedd rhaid dal trên i gwblhau'r daith ac yna i deithio nôl i Gymru. Gan fod yr amps a'r drymiau ar y fan roedd rhaid i drefnwyr *The Tube* ddarparu'r offer yma. Jools Holland gyflwynodd y grwpiau, er nad oedd yn Llundain ar gyfer y ffilmio. Roedd cael sylw ar raglen mor uchel ei pharch â hon yn sicr yn hwb i'r naill grŵp a'r llall ac roedd yn hwb mawr i gerddoriaeth Gymraeg, er bod awgrym fod canu yn y Gymraeg yn rhywbeth od ac ymylol iawn. Er hynny, dyma garreg filltir bwysig arall i'r Cyrff a digwyddiad oedd yn cadarnhau pwysigrwydd y grŵp i ddilynwyr nôl yng Nghymru.

Dychwelodd Y Cyrff i Lundain gyda'r Anhrefn fis yn ddiweddarach i chwarae tri gig, y cyntaf yng nghwmni grŵp Cymraeg o Lundain o dan arweiniad Gareth Potter a Mark Lugg, sef Traddodiad Ofnus. Sam King, gitarydd Traddodiad Ofnus, drefnodd y gig yn nhafarn y Bull and Gate, Kentish Town ar 22 Ebrill. Chwaraewyd yn nhafarn y George Robey, Finsbury Park y noson ganlynol a'r Fulham Greyhound y noson wedi hynny. Yn ogystal â hynny roedd gig yn The Square Club yn Harlow gydag Attila the Stockbroker a'r Newtown Neurotics. Ffilmiwyd y noson gyntaf gan HTV ar gyfer un o raglenni *Roc Rôl Te*. Braidd yn siomedig oedd y gigs yma i'r grŵp, yn bennaf oherwydd diffyg ymateb y cynulleidfaoedd yn Finsbury Park a Camden, ond roedd Mark, Paul, Barry a Dylan yn fodlon iawn gyda'u perfformiadau a gyda'r caneuon a'r set newydd roeddent wedi bod yn ymarfer dros yr wythnosau blaenorol. 'Ro'dd 'na bach o gystadleuaeth rhwng yr Anhrefn a'r Cyrff yn y cyfnod yna pryd roeddan ni'n chwarae gyda'n gilydd, ac o nghof i ro'dd Y Cyrff wedi chwarae'n well na ni yn y gigs yn Llundain, felly o'dd 'na bach o densiwn ar y ffordd adre.' (Rhys Mwyn).

Ar ddechrau'r wythnos honno bu cyfarfod yn nhafarn enwog y Glôb, Bangor rhwng Dafydd Iwan o gwmni recordio Sain a'r Cyrff. Cynigiodd Dafydd Iwan iddynt recordio gyda Recordiau Sain a thrafodwyd manylion y cytundeb. Y peth pwysicaf am hyn oedd na fyddai'n rhaid i'r band dalu am amser stiwdio, ond ochr arall y geiniog wrth gwrs oedd cytuno i'r drefn freindaliadau. Mantais fawr arall i'r Cyrff oedd mai Sain fyddai'n gyfrifol am ddosbarthu'r record ledled Cymru a thu hwnt, gan hefyd gymryd cyfrifoldeb am hyrwyddo'r cynnyrch. Roedd yr amseru'n dda iawn i'r Cyrff gan fod nifer o ganeuon newydd ganddynt ac roeddent yn awyddus i ryddhau record arall cyn gynted â phosib.

O Bentrefoelas i Gapel Garmon

Dyma gyfnod lle bu newid yn lleoliad ymarfer Y Cyrff, gan symud o gartref Dylan ym Mhentrefoelas i Llannerch Goch, Capel Garmon, sef cartref newydd teulu Myrddin ap Dafydd a Gwasg Carreg Gwalch. Recordiwyd demos o 'Ansicrwydd', 'Y Cyfrifoldeb' a 'Gwynebau' ar beiriant recordio pedwar trac Paul rhwng 7 a 10 Mai. Roedd pob un o'r aelodau'n frwdfrydig iawn am y caneuon newydd ac yn hyderus wrth edrych ymlaen at fynd i stiwdio Sain yn Llandwrog yn yr haf. Cyn hynny roedd rhaid dychwelyd i Gaerdydd i recordio dwy gân arall ar gyfer rhaglen HTV *Roc Rôl Te*. Yn hytrach na chwarae'n saff gyda chaneuon cyfarwydd penderfynwyd manteisio ar y cyfle i gyflwyno cân wrth-sefydliadol a gwrth gyfryngol, sef 'HTV/BBC':

Masnach – mae'r salwch 'ma'n lledaenu
Cyfryngau – dwi'm isio bod fel rheiny
Y camgymeriadau yw chwarae'r gêm rhy aml
Y gwahaniaeth yw da ni bob tro yn wahanol
HTV a BBC
Dwi byth am werthu allan i'r cyfryngau
HTV a BBC
Dwi byth yn gwylio SFourC, SFourC, SFourC.

Doedd dim modd osgoi neges ac ergydion y geiriau. Yn y lle cyntaf, er y cynnydd ym mhoblogrwydd y grŵp, nid oedd unrhyw fwriad gan Y Cyrff i gyfaddawdu nac i ymwrthod rhag datgan barn. Ac yn ail roedd yna neges glir a heriol am berthnasoldeb, neu yn hytrach, amherthnasoldeb y cyfryngau Cymraeg iddynt hwy, ac yn wir i nifer o bobl debyg iddynt, yn arbennig felly'r genhedlaeth iau. Os oedd S4C i lwyddo roedd rhaid cynnig arlwy a fyddai'n denu pobl yn eu harddegau. Dyma un o ganeuon newydd Y Cyrff fyddai'n cael ei recordio yn stiwdio Sain, ond cyn hynny roedd Steddfod arall ar y gorwel, a hynny ym Mhorthmadog. Chwaraeodd Y Cyrff deirgwaith, ac am y tro cyntaf nhw oedd y prif grŵp ym mhob un o'r nosweithiau hynny – y gyntaf yng ngŵyl 'Sbort Port' ar nos Sadwrn gyntaf y Steddfod; yr ail mewn gig a drefnwyd gan Gymdeithas yr Iaith yn y Majestic, Caernarfon gydag Igam Ogam, Eirin Peryglus a Masnach Rhydd; a'r olaf yn sinema'r Coliseum ym Mhorthmadog gyda Traddodiad Ofnus, Llwybr Llaethog a Madfall Rheibus yn cefnogi ar noson ola gigs y Gymdeithas yn y Steddfod. Y ddwy noson gyntaf oedd y rhai mwyaf cofiadwy a llwyddiannus yng ngolwg y band, yn rhannol oherwydd trafferthion ar y noson olaf yn sgil y penderfyniad ymysg lleiafrif yn y dorf i ddilyn y drefn arferol ar aml nos Sadwrn yn yr ardal o gwffio rhwng criw Port a chriw Stiniog. Bythefnos yn ddiweddarach roedd Y Cyrff yn cychwyn recordio yn stiwdio Sain.

Stiwdio Sain

Am 9:30 ddydd Sul 16 Awst 1987 cyrhaeddodd Mark, Paul, Barry a Dylan y stiwdio yn Llandwrog gydag wyth o ganeuon yn barod i'w recordio a syniad clir o sut i gyflwyno'r caneuon. Roedd y profiad o fod wedi chwarae'r rhan fwyaf o'r caneuon yn fyw a'r profiadau oedd ganddynt erbyn hyn o recordio mewn stiwdio yn sicrhau y byddent yn gwneud defnydd da o'r amser oedd ganddynt. Wythnos o recordio a hynny am rhwng wyth a deg awr bob dydd. Cyn hynny wrth gwrs, roedd rhaid cael yr ymarfer wythnosol ar y nos Iau a chytuno ar gynnwys a ffurf derfynol y caneuon fyddai'n cael eu recordio. Cofnododd Dylan yr wythnos yn ei ddyddiadur.

Amserlen Stiwdio

Dydd Sul 16 Awst: *Cyrraedd y stiwdio erbyn 9:30. Gosod yr offer a'r meicroffonau yn eu lle. Samplo'r snare a bass drum ond penderfynu defnyddio tomtoms a symbals acwstig. Llwyddwyd i gwblhau'r rhan fwyaf o'r 'backing tracks'.*

Dydd Llun: *Cyrraedd erbyn 10:30. Dechrau'r dryms heddiw. Cael trafferth gyda'r drwm bas Simmons a lot o hassles bach arall. Darfod pump trac.*

Dydd Mawrth: *Cychwyn am 9:30. Llwyddo i roi lawr y traciau bas i gyd heddiw. Gorffen y dryms erbyn naw y nos.*

Dechra ar osod sŵn y gitars. Darfod ychydig cyn hanner nos.

Dydd Mercher: *Darfod 'Cyfrifoldeb' – gitâr Mark. Barry yn darfod gitâr fo ar 'Ansicrwydd', Mark yn darfod gitâr fo. Diwrnod hir arall – Gorffen 23:30.*

Dydd Iau: *Darfod y dryms heddiw. Cario 'mlaen gyda gitâr Mark. Barry yn dechra recordio'i ran o ar 'Cyfrifoldeb'.*

Dydd Gwener: *Mark, Barry a Paul yn gweithio ar eu darnau nhw. Fi'n ca'l diwrnod i ffwrdd o'r stiwdio.*

Dydd Sadwrn: [Diwrnod ffwrdd o'r stiwdio]

Dydd Sul: *Dechra am 10:30. Gweithio ar 'Defnyddia Fi'. Chwara hefo sampler Sain i gal y sŵn iawn ar y trac.*

Dydd Llun 31 Awst: *Cael copi o'r mix gan Eryl [y peiriannydd]. Swnio'n grêt. Cyrraedd adra yn hwyr – wedi blino'n lân.*

Dydd Iau 3 Medi: *Mynd hefo Nerys ac Osian i Llanrwst a gweld Mark, Barry a Paul yn yr Albion. Siarad am y recordio a be i wneud nesa. Cael gwd laff gyda'r hogia.*

Dydd Sul 6 Medi: *Practis Y Cyrff.*

Er gwaethaf ansawdd yr offer a'r profiad o fod mewn stiwdio o safon uchel nid oedd popeth wedi plesio Dylan. Nid oedd yn cael defnyddio ei git drymiau ei hun, ond yn hytrach bu'n rhaid iddo ddefnyddio *riot shields* Simmons a doedd hynny ddim yn rhoi'r un teimlad na sŵn wrth chwarae. 'I fi, y tracia gora' wnaethon ni oedd y ddwy gân ychwanegol a recordiwyd gynno ni fel sengl i roi ffwrdd efo'r record hir, "HTV/BBC" a "Cadwyni". Ro'dd "Cadwyni" yn andros o gân dda yn fy marn i. Gyda'r caneuon yna nes i ddefnyddio cit fi a wnaethon ni recordio nhw gyda phob un ohonon ni'n chwarae gyda'n gilydd, gyda Mark yn sefyll yn y canol, fel roedda ni'n chwara mewn gigs.' I Mark a Paul roedd y profiad yn stiwdio Sain yn un da iawn. 'Ni oedd *in control* o bopeth yn y stiwdio ac yn deud wrth Eryl be yn union o'n ni isio,' medd Mark. Roedd Y Cyrff yn barod i lansio *Y Testament Newydd*.

'Teddy Boys' Y Cyrff

Y Deffro

So mae hipsters Cymraeg yn gwrando ar John Peel
ond mae nhw'n dal yn y capel prynhawn dydd Sul.
Rhy ifanc i gofio'r enwog oes aur
Nid aur yw popeth melyn

Fy nghariad i fel bwled yn y glaw
Llun o ddiniweidrwydd ar y wal
A weithiau dan ni'n cerdded yr un ffyrdd
ond bob tro dwi'n agor y cwpwrdd Cymraeg
mae popeth yn wyrdd

Breuddwyd yw bywyd
a'r deffro yw'r diwedd

Dy agwedd di fel gwydr dan fy nhraed
Y llygredd ma sy'n neidio yn dy waed
A dwi wedi trafeilio y hir lôn
Caerdydd i Ynys Môn
Yawn fuckin yawn

Breuddwyd yw bywyd
a'r deffro yw'r diwedd

So dwi wedi bod yn gwylio, gwylio, gwylio
Hen bryd i hen Cymru deffro
So dwi wedi bod yn gwylio, gwylio, gwylio
Hen bryd i hen Cymru suddo

Pont Llanrwst – llun o lyfr Thomas Pennant, A Tour in Wales

Breuddwyd yw bywyd
Y deffro yw'r diwedd
Breuddwyd yw bywyd
Y deffro yw'r diwedd, deffro yw'r diwedd,
deffro yw'r diwedd

Addoli

Magwyd Mark yn y tŷ uwchben siop gig ei dad ar Stryd yr Orsaf, Llanrwst a bron drws nesaf i Seion, capel y Methodistiaid Calfinaidd neu 'Capel Mawr' i drigolion yr ardal. Yr ochr arall i'r ffordd roedd capel y Wesleaid, Horeb, sydd wedi cau erbyn hyn. Mae'r naill adeilad a'r llall yn drawiadol, yn fawr, ac yn ddiddorol iawn yn bensaernïol. Rownd y gornel o'r siop ar Ffordd Parry roedd yna gapel arall, sef y Tabernacl, capel yr Annibynwyr, adeilad arall mawr a llawn mor drawiadol. Fodd bynnag, yr addoldy enwocaf a hynaf yn Llanrwst ydy Eglwys Sant Crwst. Saif yr Eglwys ar ben lôn gul hynafol ar lan Afon Conwy lle bu'r elusendai i dlodion yr ardal, y tu ôl i sgwâr y dref lle mae gwesty mwyaf ac enwocaf Llanrwst, yr Eagles, gyda'i far cefn yn ochri gyda'r sgwâr. Tafarn yr Eglwys oedd yr enw gwreiddiol mae'n siŵr, ond cam-gyfieithwyd i greu enw'r gwesty presennol. Adeiladwyd yr Eglwys bresennol tua diwedd y bymthegfed ganrif ar safle'r Eglwys wreiddiol sy'n dyddio o 1170. Llosgwyd yr adeilad to gwellt gwreiddiol, a llawer o'r dref hefyd, yn 1468 yn ystod cyfnod Rhyfeloedd y Rhosynnau. Y gred yw bod eglwys yn y dref hyd yn oed cyn y ddeuddegfed ganrif ar safle a adwaenir hyd y dydd heddiw fel Cae Llan. Codwyd Capel Gwydir, ychwanegiad i'r Eglwys wreiddiol, gan Sir Richard Wynn yn 1633, ar gynllun y pensaer enwog, Inigo Jones. Inigo Jones oedd cynllunydd pont enwog Llanrwst hefyd, a gwblhawyd ym 1636.

Fel sy'n wir mewn cymaint o drefi a phentrefi yng Nghymru, mae'r adeiladau crefyddol mawr yma'n rhan amlwg o bensaernïaeth a chymeriad tref Llanrwst. Bu newid mawr yn nylanwad a phwysigrwydd crefydd ym mywydau pobl yn ystod yr hanner canrif diwethaf, ac mae nifer fawr o addoldai wedi cau, wedi troi'n adfail neu wedi dod yn gartref i bobl neu fusnesau. Mae hyn yn wir yn Llanrwst er bod y prif addoldai'n parhau ar agor. Er hynny mae cysgod crefydd yn parhau'n gryf ac yn ddylanwadol, hyd yn oed os mai dim ond fel 'gwregys diogelwch' y mae hynny, fel yr awgryma Mark yn un o'i ganeuon diweddaraf, 'Oesoedd' (Mr, 2019).

I lawer o bobl ifanc saithdegau ac wythdegau'r ganrif ddiwethaf, roedd mynychu addoldy'n rheolaidd neu'n achlysurol yn rhan o brofiad byw. Roedd hyn yn wir i raddau llai neu fwy i Mark, Paul, Barry a Dylan, ac i Mark yn arbennig roedd yn amhosib osgoi sŵn a dylanwad anuniongyrchol os nad uniongyrchol y gwasanaethau crefyddol yn y capeli cyfagos. Fodd bynnag, roedd ei fam a'i dad yn Eglwyswyr, ac yn aelodau o eglwys yn y dref.

'O'n i'n gorfod mynd i'r Eglwys unwaith bob pythefnos ac i Ysgol Sul a Band of Hope. Os nad oeddan ni'n mynd i Ysgol Sul do'n ni ddim yn cael pres poced. O'dd o jyst yn rywbeth o'n i'n gorfod gwneud. Doedd Mam ddim yn gadael i ni fynd allan i chwara amser Capal na gwneud gormod o sŵn – o'n i'n methu gwrando ar Radio 1 oherwydd bod Capel Mawr yn blocio'r signal! Dwi'n cofio mynd i dŷ'r Ficar ar ffordd Llanddoged i siarad am be oedd o'n golygu i ddod yn aelod o'r Eglwys cyn cael conffyrmasiwn ym Mae Colwyn.' Profiad tebyg i lawer iawn o bobl yn eu harddegau.

Capel Mawr oedd addoldy'r teulu Cawley a nes eu harddegau cynnar roedd y pedwar brawd yn mynychu'r Ysgol Sul. Roedd Paul yntau'n mynd i'r Ysgol Sul mewn adeilad ar gornel Heol Sgot. Nid hap a damwain felly oedd y penderfyniad i roi'r teitl *Y Testament Newydd* ar y casgliad newydd o ganeuon Y Cyrff. 'Dwi'n gweld bod crefydd yn bwysig i lot o bobl ac yn dal bywydau rhai pobl at ei gilydd – ma'n siŵr bod o'n cynnig rhyw fath o *moral code* ond mae o hefyd yn gallu cau meddylia pobl. Dwi'n dallt a gweld sut ma' mynd i gapel ac ati pryd ti'n blentyn yn dylanwadu ar sut ti'n meddwl. Dwi ddim isio i hyn swnio'n hunan-bwysig na dim byd felly, ond ma' crefydd yn codi cwestiynau mawr bywyd a ma'n siŵr bod mynd i gapel yn ca'l effaith ar dy isymwybod.' (Mark)

Petai rhywun yn ceisio dadansoddi'r hyn sy'n wahanol rhwng cerddoriaeth roc a phop Cymraeg a Chymreig a cherddoriaeth Eingl-Americanaidd, does dim llawer o wahaniaeth yn y gerddoriaeth ei hun, ac eithrio'r elfennau sy'n deillio o gerddoriaeth werin. Gellid awgrymu bod sŵn y Gymraeg ynddo'i hun yn gerddorol wahanol ac wrth gwrs mae canu yn y Gymraeg yn rhyw fath o ddatganiad diwylliannol a gwleidyddol. Ar y llaw arall, yn nhermau geiriau a chyd-destun caneuon mae yna wahaniaethau amlwg rhwng llawer iawn o gerddoriaeth Gymraeg a cherddoriaeth o wledydd eraill, yn bennaf oherwydd yr ymdeimlad o le a chyfeiriadau at lefydd, at bobl ac at ddigwyddiadau sy'n berthnasol ac yn gysylltiedig â phrofiadau byw yng Nghymru.

Gwelir llawer iawn o gyfeiriadau yn ein cerddoriaeth at ffigyrau hanesyddol fel Santes Dwynwen, Llywelyn, Owain Glyndŵr, Dic Penderyn, Hedd Wyn a digwyddiadau fel y 'Welsh Not', streic fawr chwarelwyr y Penrhyn, boddi Tryweryn, a brwydrau dros yr Iaith. Mae 'na le i awgrymu hefyd bod cyfeiriadau at grefydd ac effaith crefydd yn ymddangos yn amlach mewn cerddoriaeth gyfoes o Gymru, fel y clywyd yng ngherddoriaeth Datblygu a Lleuwen Steffan i enwi ond dau, nag mewn cerddoriaeth Eingl-Americanaidd. Dim ond yng Nghymru y bydden ni'n cael grŵp *power-pop* pync fel y Trwynau Coch yn rebelio trwy fynd i gapel mewn jîns Levi! Wrth gwrs nid peth anghyffredin i bobl ifanc yn eu harddegau oedd gwrthod dilyn y drefn o fynd i gapel neu eglwys ac roedd hyn yn wir am Mark, Paul, Barry a Dylan.

Y Testament Newydd

Trwy ddefnyddio teitl fel Y *Testament Newydd* roedd Y Cyrff yn gwneud datganiad bwriadol am yr hyn oedd i ddod yn y caneuon ac roedd clawr y record feinyl 12" chwe chân yn atgyfnerthu hyn. 'Paul na'th dynnu'r llun ar y clawr mewn stafall fyny'r grisia yn yr argraffdy yn

Llannerch Goch. Ro'dd gynno fo *projector* a nath o ofyn i fi dynnu nghrys ac yna projectio llun fy nghefn a finna'n sefyll yn erbyn y wal ac yn dal darn *perspex* yn erbyn fy nghefn. Yna na'th o *projectio* rhyw fath o wifren drosto.' (Dylan)

Esbonia Paul ymhellach, 'O'n ni wedi trafod fel grŵp ac wedi cytuno ar be o'n ni isio gwneud gyda'r record. O'n ni isio gwneud i bobl feddwl am yr hyn roeddan ni'n deud, ac o'n ni isio i'r clawr hefyd wneud i bobl feddwl. Ro'dd gynno ni plan, ac ma'r llun i fod i gynrychioli rhywbeth fel y *crucifixion*. O'n i hefyd isio i'r clawr edrych fel ei fod o'n *textured*. Mae'r llun ar gefn y record yn defnyddio'r *projector* unwaith eto, ac yn dangos adlewyrchiad o bont Llanrwst ar gefn hen chwaraewr recordiau o'r saithdegau. Ro'dd nifer o bethau eraill yn y llun gan gynnwys clawr record sengl Y Cyrff, 'Pum Munud/Ar Goll' yn awgrymu'r newydd ochr yn ochr gyda'r record feinyl 7" sydd wedi torri i gynrychioli'r gorffennol a'r hyn oedd yn hen.'

Cerddoriaeth Y Cyrff oedd yn cynrychioli'r newydd a geiriau'r caneuon a sŵn y gerddoriaeth yn ddatganiad o fwriad, neu 'destament', newydd. Dim ond un o'r caneuon, 'Y Pleser', sy'n gwneud cysylltiad uniongyrchol gyda chrefydd a hynny yng nghyd-destun y profiad o garu:

> Ti'n siarad diniweidrwydd
> Ti'n siarad rhyw
> Ti'n siarad addoli
> Ond ti byth yn siarad Duw, byth yn siarad Duw.

Nid yw ystyr na phwrpas y cyfeiriad yma'n amlwg ond mae'n rhan o'r profiad yn y gân ac yn rhan bwysig ohoni gan fod y pennill yn cael ei ail-adrodd ddwywaith ar y diwedd. Wrth drafod geiriau ei ganeuon yn y gorffennol mae Mark wedi ceisio osgoi rhoi esboniad am y caneuon gan bwysleisio pwysigrwydd dod i farn bersonol, 'mae o i fyny i'r gwrandäwr.' Yn yr achos yma mae'r gorffennol yn rhan o'r presennol a dylanwadau hynny i'w weld ar ein strydoedd ac i'w glywed ar lafar. Mae'n rhan o'r 'testament newydd' ac yn enghraifft o'r is-ymwybod yn dod i'r wyneb.

Y Deffro yw'r Diwedd

Mae'r caneuon a recordiwyd yn stiwdio Sain yn heriol – yn herio ac yn dangos parodrwydd i dynnu'n groes i'r graen. Wrth drafod cyfraniad Y Cyrff at gerddoriaeth Gymraeg a'r penderfyniad i roi'r teitl *Y Testament Newydd* ar y caneuon a recordiwyd yn 1987, mae Hefin Wyn yn ei gyfrol *Ble Wyt ti Rhwng?* yn dweud bod hyn 'yn troi'r holl draddodiad Anghydffurfiol Cymreig wyneb i waered gan awgrymu mai yn y caneuon yma y ceid yr "efengyl" newydd'. Mae'n amlwg mai dilyniant o ganeuon sydd yma ac eto mae pob cân yn sefyll ar ei thraed ei hun hefyd gan arwain at 'Y Deffro' a'r galw ar bobl Cymru i newid cyfeiriad ac i gofleidio newid, nid jyst newid personol ond newid cymdeithasol a newid mewn agweddau at fyw, at fywyd ac at Gymru.

Y Deffro

So mae hipsters Cymraeg yn gwrando ar John Peel
ond mae nhw'n dal yn y capel prynhawn dydd Sul.
Rhy ifanc i gofio'r enwog oes aur
Nid aur yw popeth melyn

Fy nghariad i fel bwled yn y glaw
Llun o ddiniweidrwydd ar y wal
A weithiau dan ni'n cerdded yr un ffyrdd
ond bob tro dwi'n agor y cwpwrdd Cymraeg
                    mae popeth yn wyrdd

Breuddwyd yw bywyd
a'r deffro yw'r diwedd

Dy agwedd di fel gwydr dan fy nhraed
Y llygredd ma sy'n neidio yn dy waed
A dwi wedi trafeilio y hir lôn
Caerdydd i Ynys Môn
Yawn fuckin yawn

Breuddwyd yw bywyd
a'r deffro yw'r diwedd

So dwi wedi bod yn gwylio, gwylio, gwylio
Hen bryd i hen Cymru deffro
So dwi wedi bod yn gwylio, gwylio, gwylio
Hen bryd i hen Cymru suddo

Breuddwyd yw bywyd
Y deffro yw'r diwedd
Breuddwyd yw bywyd
Y deffro yw'r diwedd, deffro yw'r diwedd,
                    deffro yw'r diwedd

'Pryd glywes i'r record yma tro cyntaf na'th o hitio fi go
iawn. Na'th o ddrysu fi mewn ffordd. Do'dd neb wedi

sgwennu caneuon fel hyn yn y Gymraeg o'r blaen. Ro'dd y naid o 'Pum Munud' i'r caneuon yma'n enfawr, y caneuon, y cynhyrchiad a'r meddwl tu nôl i'r geiria. Dwi'n dal i feddwl hynny heddiw.' (Alun Llwyd, Chwefror 2019)

Un arall a syfrdanwyd gan *Y Testament Newydd* oedd y cynhyrchydd rhaglenni roc, Dafydd Rhys. 'Ro'dd rhywbeth am y geirie yn y caneuon oedd yn sefyll allan ac ro'dd rhyw elfen o berygl ac o fod ar wahân yna. I ddweud y gwir fi'n meddwl bod gan bobl bach o ofn ohonyn nhw, ond wedyn os oeddet ti'n *straight* gyda nhw roedden nhw'n *straight* gyda ti. Yn bendant ro'dd ganddo nhw rywbeth arbennig. Fi'n meddwl mai nhw oedd llais eu cenhedlaeth a roedden nhw'n llawer iawn mwy perthnasol na rhai o grwpiau eraill yr wythdegau fel Jîp a oedd o gwmpas bryd hynny. Roeddan nhw'n amlwg yn gweithio'n galed iawn i wella eu cerddoriaeth a pryd oedden nhw'n dod i stiwdio deledu i recordio roedden nhw'n hollol o ddifri am be oedden nhw'n wneud.' (Dafydd Rhys, Chwefror 2019)

'Roeddan ni'n cadw at ein gilydd ac wastad wedi teimlo ychydig bach fel *outsiders*. Dwi'n cofio ni'n gorffen set ar lwyfan un tro ac yn mynd i sefyll wrth y llwyfan gan feddwl y bydda pobl yn dod i siarad efo ni ond nathon nhw ddim,' medd Paul. Fel yr atega Mark, 'Doeddan ni ddim yn rhan o unrhyw sîn a doedd gynnon ni ddim yr un cysylltiadau efo grwpiau eraill oedd yn nabod ei gilydd trwy coleg neu ysgol. Roeddan ni'n eitha *intense* a phobl ddim yn siŵr sut i ymateb i ni.' Mae'n siŵr bod yr ymdeimlad o fod ychydig yn wahanol ac ar ffin prif ffrwd cerddoriaeth Gymraeg wedi golygu bod ganddynt olwg ychydig yn wahanol ar Gymru a'r profiad Cymreig. Dyna un peth oedd yn gyffredin rhyngddynt a'r grŵp o Aberteifi, Datblygu, a oedd hefyd yn codi cwestiynau tebyg, cwestiynau oedd yn codi ym meddyliau llawer o bobl wrth edrych at ddyfodol Cymru a'u lle nhw yn y Gymru newydd.

Mae'r cyfan sydd ar *Y Testament Newydd* yn ysgogiad i'r meddwl. 'Roeddan ni wedi newid, ro'dd y gerddoriaeth wedi newid a roeddan ni'n trio mynd ar lwybr gwahanol i'r rhan fwyaf o fiwsig Cymraeg. Ar yr un pryd ro'dd 'na elfen o weindio pobl i fyny. Ro'dd 'na newid mewn miwsig Saesneg hefyd gyda geiria oedd yn fwy gonest, fel yng nghaneuon grwpiau fel Joy Division a'r Smiths.' (Mark)

'Ar yr adeg pan oeddan ni'n sgwennu'r caneuon yma ro'dd y miwsig yn dod yn haws na'r geiria a lot o'r caneuon yn troi o gwmpas riffs roeddan ni wedi gweithio arno wrth ymarfar. Roeddan ni wedi gweithio allan be o'n ni isio ar y record gan gychwyn o'r *feedback* ar ddechra'r record cyn i'r band cyfan ddod mewn gyda'i gilydd, i'r nodyn olaf ar y gân olaf.' (Paul)

Does dim amau'r hyder yn y chwarae a ddeilliodd o'r holl ymarfer a chwarae ar lwyfan. Mae'n agored i'r gwrandäwr ymateb i eiriau'r caneuon, unai fel caneuon unigol neu fel casgliad o ganeuon yn sôn am y profiad o berthynas rywiol dros gyfnod o amser sy'n arwain at y gân olaf, 'Y Deffro'. Gyda'r agoriad lle mae Dylan yn taro'r drwm cyn i Paul ymuno â'r llinell fas ymosodol un nodyn, a'r riffio gitâr cychwynnol gan Mark a Barry, mae yna her gerddorol. Dilynir hyn yn syth gan her feddyliol yn y pennill cyntaf cofiadwy sy'n gofyn i ni feddwl am ein perthynas gyda'r diwylliant roc newydd, a chrefydd a diwylliant y gorffennol. Mae'r gân yn cynnig sawl ysgogiad i ni wrth symud yn ôl ac ymlaen o brofiad ac ymateb personol i ddatganiadau cyffredinol am y profiad o fyw yng Nghymru a'r angen i gofleidio newid. Mae'r cwpled sy'n pontio rhwng y penillion yn hynod o bwerus ac yn cyffwrdd â rhywbeth dyfnach a thywyllach:

> Breuddwyd yw bywyd
> A'r deffro yw'r diwedd.

Yn sicr, nid cân roc na phop ffwrdd-â-hi yw hon ac nid dyma'r tro cyntaf na'r tro olaf i gerddoriaeth Y Cyrff godi cwestiynau am y profiad Cymreig. Ceir adlais yma o'r hyn a ddwedwyd yn y gân 'Anwybyddwch Ni'. Flynyddoedd yn ddiweddarach dychwelodd Mark at y cyd-destun yma mewn 'anthem' answyddogol arall gan ailgydio yn y thema o'r angen am Gymru a Chymry newydd yn y gân 'International Velvet' gan Catatonia:

> Deffrwch Cymru cysglyd gwlad y gân,
> Dwfn yw'r gwendid bychan yw y fflam
> Creulon yw'r cynhaeaf, ond pêr yw'r don
> Daw alaw'r alarch unig yn fy mron

> Every day when I wake up I thank the lord I'm Welsh
> Every day when I wake up I thank the lord I'm Welsh

> Gwledd o fedd gynhyrfodd Cymraes swil
> Pan ddarganfyddais gwir baradwys Rhyl

> Every day when I wake up I thank the lord I'm Welsh
> Every day when I wake up I thank the lord I'm Welsh

Yn wahanol i 'Y Deffro' mae 'na dipyn o dafod yn y boch a

hiwmor i 'International Velvet', ond hefyd elfen o falchder a hunaniaeth. 'Ges i'r syniad ar ôl un o gigs ni [Catatonia] mewn tafarn yn Llundain. Dwi'n cofio mynd i'r toilet jyst cyn mynd ar lwyfan ac ro'dd dau foi yno'n siarad am y gig ac un yn deud *"oh yeah, there's a band on tonight – some bloody Welsh band"*. Nes i gael y geiria ar gyfer y darn ar y diwedd gan Elin [partner Mark] ar ôl dadl pryd nath hi droi rownd a deud wrtha i, "Well when I get up every morning I thank God I'm Welsh".' (Mark)

Yn ogystal â'r chwe chân ar *Y Testament Newydd* penderfynodd Y Cyrff ryddhau sengl 7" fel 'anrheg' i'r rhai oedd yn prynu'r record. 'Roeddan ni isio rhoi rhywbeth i'r ffans ac ro'dd gynnon ni lot o ganeuon newydd ar y pryd y gallen ni fod wedi recordio. Chwara teg i Sain am ganiatáu i ni neud hynny. Ro'dd y profiad o recordio gyda Sain yn dda oherwydd bo nhw wedi gadal i ni wneud fel o'n ni isio. Naethon nhw gynnig pythefnos i ni i wneud y record ond ro'dd sgôp i gael mwy o amser os oeddan ni isio fo. Ar ôl cael y profiad o recordio yn stiwdio Richard Morris roeddan ni'n gwybod be o'n ni isio gwneud.' (Paul)

Erbyn yr hydref roedd y record yn y siopau. Cynhyrchwyd pum mil o gopïau a gyda threfn ddosbarthu cwmni Sain roedd modd cael y record i bob rhan o Gymru'n fuan ar ôl ei rhyddhau. Cyrhaeddodd *Y Testament Newydd* rif 2 siart *Y Cymro* erbyn 11 Tachwedd ac arhosodd yn y siart nes y flwyddyn newydd. Roedd yr ymateb i'r record yn gadarnhaol iawn gan gynnwys ambell adolygiad yn y cyfryngau Saesneg. Dyma gadarnhau, os oedd yna unrhyw amheuaeth, bod Y Cyrff wedi cyrraedd tir uwch ac yn sefyll allan o'r rhelyw o grwpiau'r cyfnod. 'Yn fy marn i, Mark Roberts yw un o'r ysgrifenwyr caneuon roc gorau erioed yn y Gymraeg, ac mae gormod o sylw i bobl fel Meic Stevens a dim digon o sylw i eiriau'r caneuon mae Mark wedi ysgrifennu.' (Dafydd Rhys, o'r grŵp Y Llygod Ffyrnig a chynhyrchydd *Fideo 9*)

Un o'r digwyddiadau pwysicaf yng nghalendr Y Cyrff ar ôl bod yn y stiwdio oedd y cyfle i gefnogi The Alarm, un o grwpiau mwyaf Cymru yn yr 80au, mewn gig yn y Ganolfan Hamdden ym Mae Colwyn ar 21 Tachwedd 1987. Dyma'r cyfnod pan oedd The Alarm o'r Rhyl yn dangos mwy o ddiddordeb yn eu gwreiddiau Cymreig ac yn y Gymraeg, diolch yn bennaf i'w prif leisydd ac ysgrifennwr caneuon y grŵp, Mike Peters. Cysylltodd y trefnwyr â Mark gyda'r cynnig i agor y noson, gyda'r grŵp Dorcas yn chwarae wedyn, cyn i'r prif fand gyrraedd y llwyfan. Roedd chwarae gyda'r Alarm wedi bod yn uchelgais i'r Cyrff ers tro byd. Er mai cychwyn y noson oedden nhw roedd yr ymateb yn dda, ac wrth gwrs i lawer o ddilynwyr The Alarm, profiad newydd oedd clywed band roc Cymraeg. Dilynwyd y gig yma gan gig arall yng nghwmni'r Alarm yn Neuadd Dewi Sant, Caerdydd, noson ar ôl gig arall gan The Alarm gyda Llwybr Llaethog.

Unwaith eto roedd yr ymateb yn dda iawn. Roedd Y Cyrff wedi mwynhau, er gwaethaf un digwyddiad roc a rôl ... 'Doedd The Alarm ddim yn fodlon i ni ddefnyddio plygiau amps nhw ac ro'dd rhaid i Barry ruthro i'r stryd fawr i nôl rhai ar gychwyn y noson.' (Mark). Mewn cyfweliad ar un o raglenni *Fideo 9* cyfeiriodd Mark at y profiad o chwarae gyda'r Alarm. 'Na'th yr Alarm lwyddo i whipio'r dorf i *frenzy* ond doeddan *nhw* ddim mewn *frenzy*. Pryd oeddan ni'n chwara o leia' roeddan ni yn whipio'n hunen fyny i *frenzy*.'

H3 a Mark2!

Yn ystod 1987 bu galw mawr am wasanaeth Dylan fel drymiwr. Cynyddodd y galw arno i chwarae mewn gigs gyda'r Anhrefn ac ar yr un pryd roedd Tynal Tywyll yn awyddus i gael Dylan i chwarae gyda'r grŵp ar lwyfan yn ogystal ag yn y stiwdio. Nid oedd hyn yn syndod oherwydd bod Dylan erbyn hyn yn brofiadol iawn ac yn wirioneddol dechnegol dda fel drymiwr, ond roedd yn golygu bod ambell wythnos hynod o brysur ganddo. 'I fi ro'dd chwara gyda Tynal Tywyll ac Anhrefn yn ffordd o wella fy nghrefft a hynny er lles Y Cyrff. Mwy o brofiad a mwy o bractis. Y Cyrff oedd calon y byd i fi a fel'na dwi'n teimlo hyd y dydd heddiw.'

Roedd Dylan yn parhau heb waith llawn amser, er yn cael ychydig o waith achlysurol gyda Gwasg Carreg Gwalch. Yn nyddiau cynnar Y Cyrff ysgrifennodd nifer o ganeuon i'r band ac wrth gwrs roedd yn parhau, fel pob aelod arall o'r grŵp, i gyfrannu at greu cerddoriaeth y caneuon newydd. 'Roedd trefn creu Y Cyrff yn reit broffesiynol a *strict* mewn ffordd. Ar ôl ymarfer y set ar gyfer y gig nesa roedd y llawr yn agored i drafod syniadau newydd ac ro'dd y syniadau'n dod gan bawb yn y band. Doedd 'na ddim un person yn penderfynu – uned berffaith o arbrofi a datblygu.'

Ond roedd Dylan hefyd yn awyddus i fynd i gyfeiriad gwahanol i'r hyn roedd Y Cyrff yn gwneud. 'Yn 86/87 nes i ddarganfod hip-hop go iawn a dechrau gwrando ar gasetiau *street sound*. Ges i'r syniad o drio neud tracs yn defnyddio *samples* a *straight-beats* neu *dance-beats* yn y Gymraeg. Dwi'n cofio trafod hyn gyda ffrindia ac yna mewn cwpwl o wythnosau wedyn nath label casetiau Tsss gysylltu efo fi a chynnig cyfle i recordio caneuon a rhyddhau'r casét i ddathlu 25 mlynadd o Gymdeithas yr Iaith. Nes i neidio ar y cyfle ac es i i stiwdio Gorwel Owen [o'r grŵp Plant Bach Ofnus ac yna Eirin Peryglus] ym Modedern yng Ngorffennaf ac Awst 1987. Nes i recordio dwy gân, 'Y Blynyddoedd Aur (Penblwydd Hapus)' a 'Dydd Ddim yn Diwrnod (God Mae'n Bechod)'. Nes i ofyn i Gareth Hughes, Fferm Nant ym Mhentrefoelas, a'i efaill Nerys i rapio geiriau nes i sgriblo.'

Ar 11 Awst roedd Dylan yn stiwdio Gorwel yn recordio trac H3. Ddeuddydd yn ddiweddarach aeth Mark, Paul a Dylan draw i stiwdio Sain i gael golwg ar y lle cyn mynd i gychwyn recordio caneuon Y Cyrff ddiwedd yr wythnos honno. Ar ôl dychwelyd o'r stiwdio cafwyd noson hir o ymarfer i wneud yn siŵr bod y trefniadau a drafodwyd ar gyfer pob cân yn union fel roeddent yn dymuno. Ar 14 a 15 Awst roedd Dylan mewn stiwdio ym Mangor yn recordio gyda Tynal Tywyll, a'r diwrnod canlynol roedd Y Cyrff yn cychwyn recordio yn Stiwdio Sain. Wythnos brysur!

Daeth casét arall allan o dan yr enw H3 o fewn chwe mis. Y tro hwn aeth Dylan i'r stiwdio gyda Mark – Kendall, nid Roberts. Roedd Mark Kendall yn un arall o hogia'r dre' ac yn un o griw ffrindiau Mark, Barry, Paul a Dylan. Yn ogystal â chwarae gitâr roedd Mark yn gallu chwarae allweddellau ac yn hoffi cerddoriaeth debyg i'r hyn roedd Dylan yn gwrando arno ar y pryd. 'O'n i'n gwrando ar dipyn bach o bopeth, Smiths, electro, Llwybr Llaethog, Beatles, Tŷ Gwydr, Stone Roses, Yr Orsedd, Led Zep.' (Mark Kendall)

'Ar ôl pasio prawf gyrru fi nes i ddechra' mynd lawr i dre i tŷ Kendall ac roedd ei lofft o'n llawn o offerynnau –

allweddellau Casio a Yamaha bach ac ati. Gathon ni ambell noson yn jamio stwff electronig. Mewn stiwdio ffrind i fi yn Bangor Uchaf, Dave Evans, cyn aelod o'r band Rohan a phartner yn System PA Selectra Rig, wnaethon ni recordio traciau ar gyfer yr ail gasét, gyda Nia Carpenter a Sioned Haf yn rapio ychydig hefyd.' (Dylan)

Ar ddechrau mis Rhagfyr cysylltodd Rhys Mwyn gyda Dylan gan gynnig cyfle iddo i fynd i'r Almaen am bythefnos gyda'r Anhrefn ar gyfer cyfres o gigs yn y flwyddyn newydd. Roedd y cyfle i berfformio yn Ewrop yn anodd ei wrthod, er y byddai hyn wrth gwrs yn amharu ar ei gyfraniad i weithgarwch Y Cyrff. Bu'r daith i'r Almaen yn llwyddiannus yng nghwmni'r Anhrefn a Dub Sex, ac roedd yn brofiad gwerthfawr iawn i Dylan. Dychwelodd i'r stiwdio wythnos ar ôl cyrraedd adref i orffen recordio 'Hanes Criw' ac 'Unwaith y Flwyddyn' gyda Mark Kendall, Sioned a Nia. Doedd dim modd iddo barhau gyda'r holl weithgarwch yma, drymio i Tynal Tywyll ac i'r Anhrefn a pharhau fel aelod llawn amser o'r Cyrff. Roedd rhaid i Dylan wneud penderfyniad hollbwysig – Y Cyrff neu Yr Anhrefn.

Kendall yn cyrraedd

Roedd cyfnod Dylan yn Y Cyrff yn dod i ben. Erbyn dechrau mis Chwefror 1988, yn dilyn taith arall gyda'r Anhrefn, ac yn sgil hynny methu un neu ddwy o nosweithiau ymarfer gyda'r Cyrff, roedd y sgrifen ar y mur. Cysylltodd Dafydd Rhys, cynhyrchydd cwmni teledu annibynnol newydd Criw Byw, gyda'r Cyrff yn cynnig iddynt i fynd i Wlad Pwyl ym mis Ebrill. Ni fyddai'n bosib i Dylan fynd ar y daith yma gan fod yr Anhrefn wedi derbyn cynnig gan Criw Byw i chwarae yn yr Almaen ar yr un pryd. Dychwelodd Y Cyrff i stiwdio deledu HTV ar 10 Chwefror i recordio tair cân ar gyfer y rhaglen roc *Stid*, sef 'Y Pleser', 'Fy Enaid Noeth' ac 'Y Deffro'. Dyma'r tro olaf i Dylan ymddangos ar y teledu fel aelod o'r band. Mewn galwad ffôn i Mark dywedodd Dylan na fyddai'n gallu parhau fel aelod o'r grŵp.

Roedd rhaid chwilio am ddrymiwr newydd yn syth oherwydd y daith arfaethedig i Wlad Pwyl. Cynigiodd Dylan wneud popeth yn ei allu i helpu dysgu set caneuon iddo. Y dewis oedd Mark Kendall oherwydd ei allu i ddrymio mewn tafarn gyda'i fysedd. 'Ro'dd o'n uffarn o gambl iddyn nhw ofyn i fi fynd gyda nhw i Wlad Pwyl ond unwaith bo fi'n gwybod bo nhw o ddifri isio fi yn y band ac wedyn gofyn i fi fynd i Gapel Garmon i ymarfar efo nhw, 'na gyd o'n i'n meddwl amdano. Rhwng yr ymarfar dydd Sul a'r ymarfar nos Fercher 'na gyd o'dd yn mynd trwy fy mhen, y miwsig, y caneuon a sut i wella be o'n i'n wneud. Na'th Dylan roi lot o help i fi ar y cychwyn.' (Mark Kendall)

Aeth Dylan gyda Mark Kendall i Lerpwl i brynu cit drymiau ar 10 Chwefror, bu'r ddau'n ymarfer gyda'i gilydd nifer o weithiau, ac yn gig cyntaf Mark Kendall i'r Cyrff, yn Ysgol Syr Hugh Owen, Caernarfon, chwaraeodd Dylan ran gyntaf y set cyn i Mark Kendall gamu i'r llwyfan. 'Nes i deimlo'n reit drist bryd hynny a dechra meddwl a oeddwn i wedi gwneud y peth iawn.' (Dylan)

'Mynd allan rownd dre hefo Mark K. cael *incredible laugh* a aros dros nos yn ei dŷ. Watsiad *Star Trek* ar y fideo – smart laff.' (Dyddiadur Dylan, noson cyn y daith i Wlad Pwyl, 2 Ebrill 1988)

Chwe wythnos ar ôl derbyn y cynnig i ymuno â'r Cyrff mewn sgwrs yn nhafarn y Llew Coch, roedd Mark Kendall yn barod ar gyfer taith dramor a fyddai'n sail i raglen deledu gan Criw Byw ac yn gwireddu breuddwyd o fod yn gerddor, a hynny gyda grŵp gorau Cymru ar y pryd.

Hwyl Fawr Heulwen

O Mam dwi lawr dwi'n sâl dwi'n brifo.
Nes i pob camgymeriad yn y llyfr.
Paham nest ti ddim rhybuddio?
Plîs nei di adael fi egluro,
Mae bywyd jyst yn ffordd o farw'n ara deg.

O Mam dwi'n wan ond pryd nath hi ddod
o'n i'n sefyll ar 'sgwyddau dyn tala'r byd.
Jyst fel breuddwyd.
Mae gennyf llond llyfr o esgusion
A jyst pryd o'n i'n meddwl bod fi heb fy nail
Collddail, collddail.

Cipolwg gesi
Ond 'lles i ddim ei cyffwrdd
Cipolwg o'r wobr 'lles i ddim ei cyffwrdd
Hwyl Fawr Heulwen
Dwi bron â marw isio byw.

Mae ddoe yn ddoe a heddiw sy'n cyfri
Ac os nei di ganolbwyntio
Hen bryd i ti atgyfodi.

Hen bryd am yr atgyfodi.
Jyst pryd o'n i'n meddwl bod fi heb fy nail
Collddail, collddail.

Cipolwg ges i
Ond lles i ddim ei cyffwrdd
Cipolwg o'r wobr lles i ddim ei cyffwrdd

Hwyl Fawr Heulwen
Dwi bron a marw isio byw.

Mae'n ddrwg gen i.

Cyn i ti siarad o'n i'n crynu yn barod
Cyn i ti wenu oedd y nos ar fy mhen i
Methu cael hyd i'r lleisiau
Methu cael hyd i'r geiriau
Ni bia'r hawlfraint tristwch
Paham nes ti ddim gadael fi ddweud

Hwyl Fawr Heulwen

Mark Kendall (canol) gydag Alun Llwyd a Gruff Jones o Ankst
(Llun: Rolant Dafis)

'Mae ddoe yn ddoe a heddiw sy'n cyfri.'

Digwyddodd dau beth hynod o bwysig ac arwyddocaol i'r sin roc Gymraeg ym 1988. Y cyntaf oedd ymddangosiad cwmni cynhyrchu rhaglenni teledu Criw Byw, a'r ail oedd ffurfio cwmni recordiau newydd Ankst gan ddau fyfyriwr ifanc ym Mhrifysgol Aberystwyth. Byddai'r naill a'r llall yn cael dylanwad pwysig ar y camau nesaf ym mywyd Y Cyrff yn ogystal ag ar y sin roc Gymraeg yn ehangach. Bu newid hefyd yng ngyrfa Mark gan iddo benderfynu cofrestru yng Ngholeg Llandrillo i wneud arholiadau Safon Uwch mewn Seicoleg, Cymdeithaseg, Bioleg a Mathemateg, ond 'nes i aros am fis cyn gadael – o'n i'n teimlo'n hŷn na phawb arall, ac o'n i ychydig bach yn hŷn. Wedyn nes i fynd i weithio i gwmni bwyd cŵn Pero, ym Metws-y-coed.' Yn y cyfnod yma hefyd, penderfynwyd prynu fan i'r grŵp yn hytrach na dibynnu ar fan tad Mark a Ford Fiesta Barry. 'Barry na'th gael y fan i ni gan ddefnyddio'r arian roeddan ni wedi safio.'

Fideo 9

Cwmni teledu annibynnol oedd Criw Byw. Sefydlwyd y cwmni gan Geraint Jarman, Dafydd Rhys, Gethin Scourfield ac Andy Brice ac roedd gan y pedwar weledigaeth a syniadau newydd ynglŷn â sut i gyflwyno cerddoriaeth Gymraeg a gosod y gerddoriaeth yma yng nghyd-destun cerddoriaeth byd-eang. Bu Geraint Jarman yn ffigwr amlwg iawn yn natblygiad cerddoriaeth roc Cymraeg ers y chwedegau fel aelod o'r grŵp roc-gwerin Bara Menyn, gyda Heather Jones a Meic Stevens, cyn sefydlu ei hun fel cerddor o'r radd flaenaf a rhyddhau cyfres o recordiau hir pwysig a dylanwadol iawn o'r saithdegau ymlaen. Bu Dafydd Rhys yn aelod o'r grŵp pync Llygod Ffyrnig cyn troi ei law at y byd teledu fel ymchwilydd a chynhyrchydd rhaglenni roc ar y teledu. Dim ond un record sengl a ryddhawyd gan Llygod Ffyrnig a hynny ym 1978, cyn chwalu yng ngwir draddodiad grwpiau pync. Rhyddhawyd bwtleg o berfformiad byw gan Llygod Ffyrnig ar label Tss yn yr wythdegau. Efallai mai'r penderfyniad pwysicaf oll a wnaed gan Criw Byw oedd y dewis o gyflwynydd, Eddie Ladd (Gwenith Owen), yn enedigol o Aberteifi. Fel cyflwynydd roedd Eddie Ladd yn cyfleu'r annibyniaeth meddwl ac agwedd, carisma a delwedd oedd yn gynrychioliadol o'r hyn oedd yn digwydd yn y sin roc yng Nghymru yn ystod yr wythdegau.

Ar nos Iau 12 Mai fe ddarlledwyd y rhaglen gyntaf mewn cyfres Gymraeg newydd am gerddoriaeth a chelfyddyd gyfoes, *Fideo 9*. Roedd uchelgais y cynhyrchwyr yn amlwg o'r cychwyn cyntaf gyda darllediad o'r Cyrff yn perfformio yng Ngwlad Pwyl a'r Anhrefn ym Merlin. 'O'dd Andy Brice yn gwybod am gwmni o Lundain oedd wedi ffilmio a mynd â bandiau i wyliau yng Ngwlad Pwyl. Trwy siarad gyda nhw daeth y syniad. Ro'dd yn amlwg i ni fod Y Cyrff ar i fyny fel band ac roeddent yn edrych yn dda ar sgrin ac felly dyma ofyn iddyn nhw. O'n i'n licio'u cerddoriaeth ac o'dd gyda nhw agwedd.' (Dafydd Rhys)

O edrych ar yr holl fideos a darllediadau teledu o'r Cyrff, o'r cyntaf ar *Larwm* ym 1985, mae dau beth penodol yn amlwg. Y cyntaf yw'r carisma a'r presenoldeb sydd gan Y Cyrff ar lwyfan gyda'r pwyslais ar greu delwedd gyfoes. Yr ail yw'r newid mawr yng ngherddoriaeth y grŵp dros amser ond heb unrhyw ymdrech i gyfaddawdu nac i greu cerddoriaeth fwy poblogaidd. 'Roedd y caneuon a'r perfformiadau wastad yn hoelio sylw oherwydd roedden nhw'n credu yn yr hyn roedden nhw'n gwneud. Ro'dd gyda nhw'r agwedd *"we don't give a fuck"* oedd yn berffaith i'r gerddoriaeth. Mae'n amlwg bod y gerddoriaeth yn symud ymlaen ond ro'dd yr agwedd pync dal gyda nhw,' medd Dafydd Rhys. Heb amheuaeth bu cyfraniad *Fideo 9* yn allweddol, gan gyfleu cyffro'r cyfnod a dangos parch at grwpiau fel Y Cyrff, a thrwy hynny, ennill parch y grwpiau a'r gynulleidfa ehangach.

I'r rhan fwyaf o ddilynwyr y byd roc yng Nghymru, rhaglen gyntaf *Fideo 9* oedd y tro cyntaf iddynt weld drymiwr newydd Y Cyrff, Mark Kendall. 'O'dd o jyst yn ddrymiwr naturiol. Un peth ydy drymio gyda dy fysedd ar fwrdd mewn tafarn, peth arall ydy defnyddio dy ddwy droed a dy freichiau ar yr un pryd gyda drym cit. Rhaid i ti fod yn reit gry' yn gorfforol. Doedd o ddim yn hawdd gan fod o'n gorfod dysgu sut i chwara caneuon ni ac roedd rhai fel "Y Pleser" yn eitha' cymhleth ac anodd i ddrymio iddyn nhw. Unwaith bod ni'n dechra sgwennu caneuon newydd ro'dd o'n *equal partner* ac yn ffitio i mewn yn grêt gyda ni.' (Mark Roberts)

Un arall o hogia'r dre oedd Mark Kendall, yr un flwyddyn ysgol â Mark Roberts ac un arall o'r 'Cawley gang'. Roedd yn rhannu'r un hiwmor a diddordebau â gweddill y grŵp. Gadawodd ysgol yn 16 oed i weithio fel plastrwr yn Llanrwst, ac yna yn siop Bebb's yn y dre am gyfnod. Ar adegau bu'n gwneud gwaith plastro ochr yn ochr â Barry. 'O'n i yn y Llew Coch nos Sadwrn a na'th Mark a Barry sylwi arna i'n pisio pawb off yn chwara dryms ar y bwrdd. Ges i wahoddiad i ymarfar efo nhw y diwrnod nesa a dyna be wnes i. Dim ond cwpwl o gigs o'dd gyda ni cyn mynd i Pwyl,' medd Mark Kendall. Mantais arall cael Kendall yn y grŵp oedd ei fod o'n gallu agor poteli cwrw gyda'i ddannedd – handi iawn ar deithiau hir i gigs ledled Cymru a thu hwnt!

Datganiad o fwriad a gweledigaeth gan Criw Byw oedd dewis Y Cyrff a'r Anhrefn yn chwarae mewn gigs ar y cyfandir i lansio'r gyfres. 'Na'th Y Cyrff anfon casét o'u stwff diweddara' ata i ac o'n i a Geraint [Jarman] yn y car yn gwrando arno fe a da'th y gân "Cymru Lloegr a Llanrwst" ymlaen. Ma' atgof clir iawn da fi o glywed y gân a meddwl "waw, mae hyn yn rhywbeth sy'n wirioneddol arbennig".'(Dafydd Rhys)

Gwlad Pwyl

'Cymru Lloegr a Llanrwst' oedd un o sawl cân newydd a fyddai'n cael eu perfformio yng Ngwlad Pwyl. Er mai dim ond saith mis fu ers gorffen recordio Y *Testament Newydd* roeddent eisoes wedi symud ymlaen ac yn gweithio ar set newydd o ganeuon ar gyfer y daith. 'Criw Byw na'th drefnu'r daith. Wnaethon ni hedfan i Warsaw ac aros mewn gwesty o'r enw Hotel Bristol. Lle crand iawn gyda lloria' marmor yn y *foyer*. Roeddan nhw'n cynnal disgo ar y llawr gwaelod ac aethon ni yno ar ôl cyrraedd. Ro'dd lot o genod yno a roeddan nhw i gyd yn gwenu pryd wnaethon ni gerdded i fewn ac o'n i'n methu dallt pam o'n nhw mor gyfeillgar. Na'th Barry ddallt yn syth – "merched y nos, lads", ac allan a ni'. (Paul)

'Yr hyn dwi'n cofio orau am deithio i Warsaw oedd y noson cyn hedfan yn Llundain. Na'th Geraint Jarman fynd â ni allan am fwyd i *curry house*. Dyna'r tro cynta i fi, Mark a Barry gael *curry* a dwi'n cofio bod ni wedi cael *Chicken Korma, Bombay Duck* a *Naan*. Y noson gynta yn Warsaw o'n i'n *obsessed* efo cael rhywle'n gwerthu *chips* – o'dd y bwyd roeddan ni wedi cael ar ôl cyrraedd yn *weird*. Gethon ni le yn diwedd ac o'dd o'n rhyfadd gweld nhw'n pwyso'r *chips* cyn rhoi nhw i ni.' (Mark)

Recordiwyd y gig yng Nghlwb Hybrydy, Warsaw gan gwmni o Warsaw ac mae hyder ac ymroddiad y grŵp ar lwyfan yn amlwg – ac roeddent yn edrych yn dda! Grŵp roc go iawn. I'r gynulleidfa roedd cerddoriaeth Y Cyrff yn newydd ac yn wahanol, ac mae'r fideo o'r noson yn eu dangos yn gwrando'n astud. Rhyddhawyd rhai o'r caneuon a recordiwyd yn Warsaw ar gasét ar label Ankst yn 1990. 'Naethon ni chwara ddwywaith yn Warsaw. Ro'dd tua 300 yn y noson fwyaf ac roeddan ni'n rhannu'r llwyfan gyda grŵp o Wlad Pwyl a grŵp o Rwsia o'r enw Aurora. Mae'n debyg bod nhw wedi cymryd yr enw ar ôl *submarine* o'r un enw oedd wedi chwarae rhan bwysig yn y *Russian Revolution* yn 1917,' yn ôl Paul. Roedd nifer o olion effeithiau rhyfel ar y ddinas yn sefyll yn y cof. 'Ar ochr arall y sgwâr i'r gwesty ro'dd adeilad gyda tylla bwledi o'r rhyfel yno o hyd i atgoffa pobl o'r ymladd, a dwi'n cofio ni'n gweld y *statue* yma o blentyn yn gwisgo helmed ac yn dal gwn yn ei law. Ro'dd hyn wrth ymyl lle ro'dd y Warsaw Ghetto.'

'Roeddan ni yng Ngwlad Pwyl am bump diwrnod,' esbonia Mark Roberts. 'Roeddan nhw'n ffilmio ni yn y gig, mewn stiwdio ac mewn llefydd eraill. Na'th Barry roi ffrae go iawn i fi un diwrnod ar ôl i'r criw ffilmio fynd â fi i ryw orsaf reilffordd i ffilmio ar y trên a neidio i ffwrdd wrth iddo ddechra symud – "pwy ddiawl wyt ti'n feddwl wyt ti yn mynd off fel 'na ar ben dy hun? Dan ni'n grŵp a dan ni gyd 'run fath a neb yn bwysicach na'r llall".' Dyna bwysigrwydd Barry – cadw traed pawb ar y ddaear.

Ar ôl y daith fer i Wlad Pwyl dychwelodd Y Cyrff i'r drefn o ymarfer unwaith neu ddwywaith yr wythnos gyda'r nod ychwanegol o ymgyfarwyddo gyda drymiwr newydd yn ogystal â gweithio ar y caneuon newydd. Roedd y gigio'n parhau, gan gynnwys un yn Lerpwl, gig yn Steddfod Casnewydd gyda'r Brodyr a Profiad Rhys Lloyd a gig 'cyffrous' yng ngeiriau Mark yng Ngwesty'r Castell, Bangor. 'Roeddan ni'n chwara' mewn stafell ar lawr cynta'r gwesty. Jyst ar ôl i ni ddechra'r set na'th yr heddlu ddod i mewn a deud wrtha ni i stopio chwara oherwydd bod llawr y stafell yn beryg ac ar fin disgyn. Ro'dd rhaid i bawb adal ar frys!' Ail-drefnwyd y gig gan Gymdeithas yr Iaith yng Nghaernarfon ym mis Rhagfyr y flwyddyn honno.

Yn gynnar ym 1989 derbyniodd Y Cyrff wahoddiad gan Criw Byw i recordio cân arall, 'Pethau Achlysurol', ar gyfer fideo i'w ddarlledu ar *Fideo 9*, yn y Music Factory yng Nghaerdydd. Yn fuan wedyn dychwelwyd i'r stiwdio honno i recordio gweddill y caneuon ar gyfer *Yr Atgyfodi*. Fel y nodwyd eisoes bu wythnos Steddfod Llanrwst yn hynod lwyddiannus i'r band rhwng y gigs a rhyddhau *Yr Atgyfodi*. 'Welais i erioed yn fy myw grŵp yn canu gyda chymaint o angerdd â'r Cyrff yn Llanrwst ac mae'r emosiwn hwnnw i gyd ar y record. Mae'r cynhyrchu'n syml, yn glir ac yn effeithiol, y clawr yn drawiadol ac mae cymaint o dalent yma mae'n gwneud i chi fod eisiau chwydu. Ac yna'r geiriau – mae cymaint o ddyfnder yma. Mae'r canwr trwy unigrwydd ei eiriau yn cysylltu gyda miloedd. Mae'r gonestrwydd yn brathu boed wrth sôn am garwriaeth yn methu neu wrth fyfyrio am hunanladdiad.' Dyna eiriau Siôn Jobbins, un o aelodau'r grŵp Edrych am Julia, wrth adolygu *Yr Atgyfodi* yng nghylchgrawn *Golwg* (Medi 1989). Nid Siôn Jobbins yn unig gafodd ei syfrdanu gan berfformiadau a record newydd Y Cyrff ym 1989. 'Dwi'n cofio gweld nhw yn Steddfod Llanrwst tua tair gwaith ac o'n i'n *blown away* ganddyn nhw. Roeddan nhw wedi symud i lefel arall yn gerddorol.' (Gruff Jones, Ankst) Yn weddol fuan wedi'r Steddfod derbyniodd Y Cyrff gynnig i ymuno â'r label recordiau annibynnol newydd, Ankst.

Ankst

'Yn ystod yr wythdegau datblygwyd y sin roc Gymraeg o fod yn un weddol unffurf efo nifer gymharol fechan o brif grwpiau a grwpiau llai i fod yn *kaleidoscope* enfawr o sinau llai, pob un â'i dilynwyr. A lot o grwpiau.' Dyna oedd barn Ifor ap Glyn wrth edrych yn ôl ar y newidiadau i'r sin roc Gymraeg yn ystod yr wythdegau (*Golwg*, Mehefin 1994). Camp Criw Byw oedd sylweddoli hyn a'i adlewyrchu yn y rhaglenni a ddarlledwyd gan roi pwyslais mawr ar gynhyrchu fideos chwaethus a diddorol i gyflwyno'r grwpiau niferus, a defnyddio stiwdios o'r safon uchaf, yn benodol y Music Factory yng Nghaerdydd ond hefyd stiwdios eraill fel Stiwdio Les Morrison ym Methesda.

Camp cwmni recordio Ankst oedd rhannu'r weledigaeth yna a gweithredu i greu llwyfan newydd i grwpiau newydd gorau'r cyfnod. Cwmni recordio Sain oedd y prif gwmni recordio yng Nghymru ers ei sefydlu nôl ym 1969. Fel y dywedodd Hefin Wyn yn ei lyfr *Be Bop a Lula'r Delyn Aur* wrth sôn am sefydlu Cwmni Sain, roedd angen newid yn y byd recordio yng Nghymru i adlewyrchu'r newid mawr yng ngherddoriaeth Eingl-Americanaidd y chwedegau. 'Doedd dim argoel fod y cwmnïau oedd wedi eu hen sefydlu am fwrw ati o ddifri i ddiwygio, i fuddsoddi ac i chwarae eu rhan bositif eu hunain yn y broses greadigol.' Ar ddiwedd eu cyfnod ym mhrifysgol Aberystwyth penderfynodd dau gerddor ifanc, Dafydd Iwan a Huw Jones, fenthyg arian i sefydlu cwmni recordiau newydd ac ysgwyd seiliau cerddoriaeth Gymraeg.

Dyna ddigwyddodd bron 20 mlynedd yn ddiweddarach pryd daeth Alun Llwyd o Wrecsam a Gruffydd Jones o Borthmadog, y ddau yn yr ail flwyddyn ym Mhrifysgol Aberystwyth, i'r un casgliad am yr wythdegau. Roedd y naill a'r llall eisoes wedi bod yn rhan o'r sin yn trefnu gigs ac yn cyhoeddi ffansins – *Gwyn Erfyl yn y Glaw* ac *Ish* – ac yn teimlo bod angen chwistrelliad o egni a syniadau newydd. Fel Dafydd Iwan, roedd Alun yn ymgyrchydd iaith amlwg gyda Chymdeithas yr Iaith a daeth yn Gadeirydd ar y mudiad yn ddiweddarach. Y cam cyntaf oedd dilyn ôl traed cwmnïau bach annibynnol fel Casetiau Neon, Ofn, Tss, Casetiau Huw ac wrth gwrs, Recordiau Anhrefn. Y cynnyrch cyntaf oedd casét gan Neil Rosser, cyd-fyfyriwr yn y Brifysgol, a dilynwyd hyn gyda chasét gan y grŵp o Fethesda, Tynal Tywyll. Defnyddiwyd stiwdio recordio Gorwel a Fiona Owen, Ofn, yn Rhosneigr Ynys Môn. Dyma un arall o arwyr tawel a hollbwysig cerddoriaeth amgen Cymru yn yr wythdegau. Yn ogystal â sefydlu stiwdio recordio roedd Gorwel a Fiona wedi arwain y ffordd yn gerddorol gyda'r grŵp Igam Ogam ac yna Plant Bach Ofnus ac Eirin Peryglus. Roedd dwy o ganeuon Igam Ogam wedi ymddangos ar y record hir *Gadael yr Ugeinfed*

Ganrif, y dilyniant i *Cam o'r Tywyllwch*, ar Recordiau Anhrefn. Er bod yr ystafell recordio'n fach roedd yr offer yn stiwdio Ofn yn safonol, gyda Tascam 38 wyth trac, cyfrifiadur Atari ST, *synchroniser* SMPTE, peiriant mastro, cymysgyddion SECK a llu o offerynnau. Uwchben hyn oll roedd Ofn yn gallu trefnu gwasgu recordiau a chasetiau.

Erbyn diwedd 1989 roedd Alun a Gruff wedi rhyddhau mwy o gynnyrch Cymraeg o dan enw eu label, Ankst, nag unrhyw label arall, ac eithrio Sain. Roedd y ddau eisoes yn ffans o'r Cyrff. 'Nes i drefnu gig yn Tyddyn Llan, Porthmadog pryd o'n i yn yr ysgol, a na'th y gig argraff fawr arna i. Ro'dd o'n brofiad mor anhygoel gweld yr effaith ar y gynulleidfa ac ar hogia a genod Port ac o'n nhw gymaint o ddifri.'

Fel dilynwyr y sin roc yng Nghymru roedd Alun a Gruff wedi sylwi ar ddatblygiad y grŵp ers y dyddiau cynnar. Roedd *Y Testament Newydd* wedi creu argraff fawr ar y ddau ac roeddent wedi clywed bod Y Cyrff wedi bod yn recordio caneuon newydd ar gyfer rhyddhau record erbyn Steddfod Llanrwst, ac ni chawsant eu siomi gan *Yr Atgyfodi*. 'Allai neb arall fod wedi sgwennu "Cymru, Lloegr a Llanrwst" dim ots pa mor galed y ceisient. A'r rhyfeddod mwyaf oedd i'r caneuon eraill ar y record droi allan yn well na'r gyntaf.' (*Sothach*, Mawrth 1992)

Ar ôl gorffen yn y Brifysgol penderfynodd Alun a Gruff fentro gweithio'n llawn amser i ddatblygu label Ankst. Agorwyd swyddfa yn eu cartref newydd yn Ffordd Conway, Caerdydd gyda'r bwriad o ryddhau recordiau, rheoli grwpiau a chyhoeddi'r caneuon ar eu rhan. 'Ar y cychwyn roeddan ni'n eitha' naïf i ddeud y gwir. Doedd o ddim yn iawn i reoli a rhyddhau recordiau ac ar yr un pryd bod yn gyfrifol am yr ochr gyhoeddi, ond doeddan ni ddim yn dallt hynny ar y cychwyn,' medd Gruff.

Doedd dim amheuaeth am allu nac ymrwymiad Y Cyrff i'w cerddoriaeth, ac i nifer sylweddol o ddilynwyr y sin roc nhw oedd y grŵp pwysicaf yng Nghymru. Ar yr un pryd, i'r Cyrff, roedd y cyfle i gael 'rheolwyr' go iawn am y tro cyntaf yn gam naturiol i'w gymryd ac yn sbardun i symud ymlaen. Cerddoriaeth oedd y peth pwysicaf ym mywyd aelodau'r grŵp ond nid oedd y sin roc Gymraeg yn gallu cynnig bywoliaeth iddynt ac nid oedd ymarfer, gigio, ysgrifennu caneuon newydd, recordio a cheisio dosbarthu recordiau eu hunain yn rhoi llawer iawn o amser iddynt i hyrwyddo a threfnu cyhoeddusrwydd. Dyma'r hyn roedd brwdfrydedd a gweledigaeth Ankst yn ei gynnig. Cyflawnwyd cymaint gan Y Cyrff yn y chwe blynedd ers sefydlu'r grŵp ac roedd y profiad o gael gigs y tu hwnt i Gymru'n agor cil y drws i'r hyn a fyddai'n bosib o ehangu'r gynulleidfa. Hefyd, efallai, ar ôl gweithio mor galed fel grŵp i gyrraedd y brig yng Nghymru roedd yna ychydig o ansicrwydd am y ffordd ymlaen. 'Roeddan nhw angen ac yn haeddu cael cefnogaeth a rhywun i drefnu cael mwy o gigs ac roeddan ni'n gallu cynnig hynny, ond bydden ni'n gorfod cymryd *cut*, fel pob cwmni recordiau arall, os oeddan ni i wneud y gwaith yn iawn a bod yn broffesiynol.' (Gruff)

Pethau Achlysurol

Ankst 009 oedd cynnyrch cyntaf Y Cyrff ar y label gyda dwy gân sy'n cael eu hystyried gyda'r gorau os nad y gorau a ysgrifennwyd ganddynt. Dyma sengl berffaith. Fel y nodwyd eisoes, recordiwyd y fersiwn wreiddiol o 'Pethau

Achlysurol' yn Stiwdio Ofn ar gyfer y casét *Crème de la Cremlin* – cyn Eisteddfod Llanrwst ym 1989. Daeth cyfle i fynd nôl i Music Factory i ail-recordio'r gân ar gyfer rhaglen *Fideo 9* ar ddechrau 1990. Roedd y fersiwn yma o'r gân yn fwy caboledig ond heb golli dim o ffresni a swyn gwreiddiol y gân. Dyma arwydd pellach o aeddfedrwydd cynyddol y grŵp ac o'r gallu i greu caneuon gyda dyfnder a chaneuon sy'n gallu, ac sydd wedi, goroesi amser. 'Beth fedra'i ddeud – dim ond clasur arall gan Y Cyrff. Mae "Pethau Achlysurol" yn glasur annisgrifiadwy, secsi, hudolus, hefo Mark yn taro'r nodau uchel 'na mor berffaith ac yn gwybod yn iawn pryd i ddefnyddio anadl i roi teimlad mwy personol ychwanegol i'r gân.' (Eurwyn Tomos, *Sothach*, Hydref 1990).

Wrth drafod y caneuon newydd mewn cyfweliad yng nghylchgrawn *Sothach*, Gorffennaf/Awst 1990 mae Paul a Mark yn cydnabod bod y grŵp wedi datblygu, aeddfedu, ac wastad yn ceisio symud y gerddoriaeth ymlaen. 'Dan ni heb gael ein llyncu gan y sin achos mae lot o fandiau yn mynd am yr hwyl ond dan ni'n neud o i drio gwneud rhywbeth newydd – am y miwsig, am y sengl nesa', dim am yr hwyl o fod yn "popstar". Efallai tasen ni'n gwneud rhywbeth mwy masnachol byddai'r teimlad a'r egni yn mynd. Fedri di wella be ti'n chwarae, gwella'r caneuon, cael teimladau drosodd yn well.' (Paul)

Wrth edrych yn ôl ar y caneuon yma roedd Mark a Paul yn cymharu'r naill fersiwn a'r llall o 'Pethau Achlysurol'. 'Wnaethon ni recordio'r fersiwn gyntaf yn stiwdio Gorwel Owen mewn un noson ac yna mynd nôl noson arall i micsio fo. Ma' 'na fwy o'r gitâr acwstig ar y dechra a mwy o *bounce* yn y fersiwn gyntaf, yn arbennig yn yr *intro*,' eglurodd Mark. 'Hefyd does 'na ddim *ad-libio lyrics* yn y darn canol ac ma' 'na un pennill yn llai nag yn yr ail fersiwn.' 'Wnaethon ni defnyddio *synthesiser* ar ddechra'r gân wrth ail-recordio fo,' ychwanegodd Paul, 'a ma hynny wedi gwneud y gân ychydig yn fwy tywyll.'

Yr hyn sy'n greiddiol i 'Pethau Achlysurol', fel gyda 'Hwyl Fawr Heulwen', yw'r ymgais i fynegi teimladau ac emosiynau personol, ond nid teimladau syml. Ar ôl y 'tywyllwch' ar gychwyn 'Pethau Achlysurol' mae'r llinell bas a'r gitâr yn ymuno ac yn cadarnhau'r teimlad tywyll wrth i Mark hanner adrodd y geiriau cyhuddgar 'ella'i byth anwybyddu dy afael/ti'n bythol wyrdd a dwi'n collddail – tsssssssss – ti'n bythol wyrdd – fi'n collddail' yn gefndir i'r nodau bas, strymio'r gitâr a chyffyrddiad ysgafn Mark Kendall ar y symbals. Ceir agoriad pedwar deg pump eiliad anghyffredin cyn i'r gân ddilyn trywydd mwy cyfarwydd gyda llinell gref y bas, strymio'r gitârs a chyfeiliant y drymiau'n cyflwyno'r pennill cyntaf. Y ddelwedd o fod yn gollddail, o fod yn noeth, o gymharu gyda'r bythol wyrdd yw calon y gân. Er hynny nid yw pethau mor glir â hynny o ystyried rhai o'r geiriau eraill:

Pob nos ti'n rhoi dy hun i ffwrdd
Law yn llaw cewch dinistrio eich gobeithion

Mae yna gymysgwch o emosiynau yma. Ceir elfen o wawdio wrth sôn am y 'pethau achlysurol' ond hefyd tristwch o weld yr hyn sy'n digwydd ac efallai hyd yn oed ychydig o chwerwder. Gwelir hyn wrth i'r gân gyfeirio at 'edrych yn y llefydd anghywir' am gariad, ac yna'r geiriau cyhuddgar 'pob nos ti'n rhoi dy hun i ffwrdd' ac at y 'carchar rhywiol'. O dan yr wyneb mae 'na ferw o deimladau a hanner ffordd trwy'r gân mae'r llais yn syrthio nôl i'r cefndir ac yn mynegi'r teimladau yma ond, yn fwriadol, mae'r geiriau'n aneglur a hynny'n awgrymu anesmwythyd meddyliol. Y llinell fas galed sy'n teyrnasu ac yn cadarnhau dyfnder y teimladau, ac efallai, y boen hefyd. Dyma un o gryfderau mawr y gân, gwaith gitâr bas Paul. 'Pryd roeddan ni'n recordio'r gân yn y Music Factory ro'dd sŵn y mics o'n i'n gwrando arno trwy'r *headphones* mor dda o'dd o fel bod y gân yn sgwennu ei hun a chymryd drosodd a dyna pryd nes i jyst dechra *ad-libio* geiriau,' esbonia Mark. Ym marn Paul mae hyn yn ychwanegu at y gân. 'Mae'n gwneud o'n fwy peryglus a thywyll, ac eto mae o dal yn eitha' secsi – yn symud i fod yn fwy Stones na Beatles.' Steve Howard y peiriannydd yn y Music Factory sy'n gyfrifol am yr allweddellau.

Fel gyda 'Pethau Achlysurol' mae 'na deimladau a meddyliau cymhleth yn 'Hwyl Fawr Heulwen'. 'Mae'n frith o'r elfennau da chi'n licio orau yng ngherddoriaeth Y Cyrff – y llais y mae'n rhaid coelio pob gair mae'n ganu yn datguddio'r enaid tu ôl i niwl o harmonïau a melodi a'r band fel anifail byw yn gwneud i'r galon guro ac i'r traed symud. Mae na lot yn berwi dan yr wyneb yn y gerddoriaeth pop perffaith yma.' (*Sothach*, Gorffennaf/ Awst 1990).

Yn dilyn yr un trywydd â 'Pethau Achlysurol' mae 'Hwyl Fawr Heulwen' yn cyfeirio at berthynas rhwng dau a'r poen meddyliol a achosir gan hyn. Mae'r gair 'collddail' yn gyffredin rhwng y ddwy gân a'r awgrym nad oes modd cuddio'r teimlad o siom ac ansicrwydd yn sgil y methiant i gynnal y berthynas. I Mark Kendall dyma'r gân mae'n fwyaf hoff ohoni 'achos ma popeth yn y gân yna. Y ffordd ga'th hi ei recordio hefo *lovely reverb*, y geiria a *huge* diwedd i'r gân.'

Hwyl Fawr Heulwen
O Mam dwi lawr dwi'n sâl dwi'n brifo.
Nes i pob camgymeriad yn y llyfr.
Paham nest ti ddim rhybuddio?
Plîs nei di adael fi egluro,
Mae bywyd jyst yn ffordd o farw'n ara deg.

O Mam dwi'n wan ond pryd nath hi ddod
o'n i'n sefyll ar 'sgwyddau dyn tala'r byd.
Jyst fel breuddwyd.
Mae gennyf llond llyfr o esgusion
A jyst pryd o'n i'n meddwl bod fi heb fy nail
Collddail, collddail.

Cipolwg gesi
Ond lles i ddim ei cyffwrdd
Cipolwg o'r wobr lles i ddim ei cyffwrdd
Hwyl Fawr Heulwen
Dwi bron â marw isio byw.

Mae ddoe yn ddoe a heddiw sy'n cyfri
Ac os nei di ganolbwyntio
Hen bryd i ti atgyfodi.

Hen bryd am yr atgyfodi.
Jyst pryd o'n i'n meddwl bod fi heb fy nail
Collddail, collddail.

Cipolwg ges i
Ond lles i ddim ei cyffwrdd
Cipolwg o'r wobr lles i ddim ei cyffwrdd
Hwyl Fawr Heulwen
Dwi bron a marw isio byw.

Mae'n ddrwg gen i.

Cyn i ti siarad o'n i'n crynu yn barod
Cyn i ti wenu oedd y nos ar fy mhen i
Methu cael hyd i'r lleisiau
Methu cael hyd i'r geiriau
Ni bia'r hawlfraint tristwch
Paham nes ti ddim gadael fi ddweud

Hwyl Fawr Heulwen

Mae 'Hwyl Fawr Heulwen' yn cychwyn gyda chyfaddefiad a chri greddfol ac o'r galon, 'O Mam dwi lawr dwi'n sâl dwi'n brifo' a derbyn y bai am y teimlad yma. Unwaith eto y cymysgwch o deimladau wrth feddwl am be sydd wedi digwydd a be allai fod wedi digwydd sy'n corddi'r meddwl ac yn arwain at ddiflastod dicter a siom o golli cyfle ac yna ceisio symud ymlaen ac atgyfodi. 'Mae ddoe yn ddoe a heddiw sy'n cyfri.' Mae'n gân serch hyfryd oherwydd, er y siom mae'r atgofion clir o gychwyn y berthynas a'r profiadau cynnar o syrthio mewn cariad: 'Cyn i ti siarad o'n i'n crynu yn barod/cyn i ti wenu roedd y nos ar fy mhen i'. 'Mae yna elfen gryf o euogrwydd yma ac o *love-lost* – cariad na'th ddim blodeuo.' (Mark)

Cryfder y gân yw bod yr emosiynau sydd ynddi'n

gyffredin i bawb ac yn deimladau y gallwn ni uniaethu â nhw, ac eto heb yr elfen o chwerwder sy'n perthyn i 'Pethau Achlysurol'. Tristwch, hiraeth a siom ond hefyd diolch am yr hyn a fu ac awydd i fynegi hyn yw'r teimladau sy'n teyrnasu.

Mae'n gân bwysig i Paul ac yn cadarnhau atgofion chwerw-felys o'r cyfnod. 'Ar y pryd o'n i'n mynd trwy gyfnod anodd yn Llanrwst gyda lot o drafferthion personol. Dwi'n cofio'n glir pryd ro'dd Barry yn dod i nôl fi yn y fan ar gyfer mynd i gig rhywle fel Caerdydd, a'r teimlad o ryddid o fedru gadael y problemau i gyd ar ôl a'r *contrast* o gymharu â'r hwyl o'n i'n gael wrth fynd efo'n gilydd i'r gig. Mark na'th greu'r llinell gitâr ar ddechra'r gân a na'th y ddau o ni ddod fyny gyda'r riff ar ddechra'r pennill.'

Ar ôl y geirau 'dwi bron â marw isio byw' ychydig dros ddwy funud a hanner i mewn i'r gân, mae 'na newid cywair gyda'r llinell bas un nodyn a drymio sy'n adleisio hyn. Roedd y newid ym mhatrwm y gân yn allweddol cyn y newid nôl i gyfeirio at y profiadau melys o ddechrau'r berthynas. Mae'r llais yn ymuno yn y cefndir a rhaid gwrando'n astud i glywed geiriau pwysicaf y gân efallai – 'mae'n ddrwg gen i'. Atgofion melys ond poenus hefyd o syrthio mewn cariad, cymryd y bai am fethiant y berthynas, ceisio deall pam, cydnabod bod angen symud ymlaen, ond dim heb fynegi'r tristwch – a'r diolch. Clasur o gân, cynnil a theimladwy – 'dwi bron â marw isio byw'.

Recordiwyd y ddwy gân yn y Music Factory. Criw Byw dalodd am amser stiwdio 'Pethau Achlysurol' ar gyfer y fideo i'r rhaglen *Fideo 9* gyda Dai Shell a Steve Howard yn beirianwyr ond Y Cyrff yn cynhyrchu. I Ankst, fel cwmni recordiau newydd gydag ond ychydig o gyfalaf roedd hyn yn fuddsoddiad sylweddol gan fod y Music Factory tipyn drutach na'r stiwdios eraill roedd Ankst wedi'u defnyddio'n flaenorol. Roedd yn arwydd clir o ffydd y label yn y grŵp. Cynhyrchwyd mil o gopïau o'r sengl.

Y cynllun oedd rhyddhau'r sengl fel rhan o becyn o gynnyrch gan y label ar gyfer Steddfod Cwm Rhymni 1990, gan gynnwys EP 12" Y Gwefrau, casét Neil Rosser a record 12" Tŷ Gwydr, 'Yr Unig Ateb'. Tŷ Gwydr oedd grŵp newydd Gareth Potter a Mark Lugg a fu'n aelodau o Traddodiad Ofnus oedd wedi rhannu llwyfan gyda'r Cyrff yn Llundain nôl ym 1986. Yn nhraddodiad Y Cyrff erbyn hyn, roedd clawr y record yn chwaethus gyda Mike Swire unwaith eto yn gyfrifol am y llun o ochr 'Hwyl Fawr Heulwen' a'r ffotograffydd Rolant Dafis am 'Pethau Achlysurol' ar yr ochr arall. Dwy gân aeddfed a gwirioneddol wych a dwy gân berffaith wrth gychwyn ar bennod newydd yn hanes Y Cyrff.

Eithaf

Nawr ti mewn tymer, mae'n arwydd ti'n sylwi
Ti'n heneiddio, ti methu cystadlu
Treuliaist di ddeuddydd i feddwl am hyn yn ddyfn
Hen elynion a'u gafael wrth eu cyrn

Mae'n hawdd fod yn unig 'da meddyliad cas
A chysgod Eryri yn cadw ti'n gaethwas
Ti'n dweud fod dy wreiddiau yn sownd yn y werin.
Pob cefnder yn llwynog pob ffrind 'mond yn elyn
Gora po gyntaf mi awn heb amharu
Haws fod yn farw os hyn sy amdani
Cyffwrdd mewn cysur, ni anifeiliaid
Cyffwrdd am reswm cytûn mond am eiliad.

Ond toeddan nhw'n ddyddiau i'r eithaf
(er gwaethaf)
Ond toeddan nhw'n ddyddiau mor hael

Y Cyrff ar lwyfan Clwb Afro-Caribbean Preston
(*Llun: Rolant Dafis*)

'Os ysgrifennwyd cân fwy prydferth a thrist dwi heb ei chlywed hi. Mae gwrando arni fel edrych ar hen lun ohonoch eich hun gan fethu'n llwyr â chofio nac adnabod y person. Does dim modd prisio gwerth eiliadau fel rhain, "toeddan nhw'n ddyddiau i'r eithaf er gwaethaf".' (Emyr Glyn Williams, *Golwg*, Mai 1991)

Enghraifft arall o rywun yn cael ei gyffwrdd i'w enaid gan un o ganeuon Y Cyrff. 'Eithaf' oedd un o ganeuon pwysicaf record feinyl hir gyntaf Y Cyrff, *Llawenydd Heb Ddiwedd*. Cyn hynny roeddent i wynebu dwy flynedd brysuraf eu gyrfa, a hyn yn deillio o'r bartneriaeth gydag Ankst. Wrth gymryd y cyfrifoldeb am reoli a hyrwyddo'r Cyrff roedd rhaid cael cynllun clir. Roedd dau beth amlwg am y band erbyn hyn: yr amlycaf oedd y datblygiad parhaus yn eu cerddoriaeth a'r gallu i ysgrifennu caneuon o'r radd flaenaf. Yr ail oedd y parhad ym mrwdfrydedd y grŵp ac yn eu parodrwydd i weithio'n galed. Roeddent yn byw am y gerddoriaeth, y creu a'r perfformio.

Bu llwyddiant cerddorol diamheuol y sengl, 'Pethau Achlysurol/Hwyl Fawr Heulwen', yn arwydd o aeddfedrwydd cynyddol y grŵp ac o'u gallu i fynegi eu hunain heb gyfaddawdu na cheisio dilyn yr hyn oedd yn boblogaidd. Cerddoriaeth ddawns oedd y gerddoriaeth gyfoes a phoblogaidd ar y pryd, ond grŵp roc oedd Y Cyrff. Er hynny nid oeddent yn grŵp roc mewn rhigol, nac yn un oedd yn fodlon ailadrodd eu hunain. Yn ogystal â'r sengl, rhyddhaodd Ankst gasét o berfformiadau byw'r Cyrff, *Awdl o Anobaith*, ym 1990. Recordiwyd yr ochr gyntaf a'r gân gyntaf ar yr ail ochr yn Warsaw ym mis Mawrth 1988, a recordiwyd gweddill yr ail ochr yng Nghanolfan Chapter, Caerdydd ar 25 Ionawr 1990. Yr ail ochr sy'n fwyaf trawiadol, a hynny oherwydd cryfder y perfformiad ar lwyfan yn ogystal â'r caneuon newydd. Mae'r adolygiad o'r casét gan John Macintosh yn y cylchgrawn *Sothach* yn cyfeirio'n benodol at rai o'r caneuon newydd:

'Hadau'r Dychymyg' ydi'r trac gorau ar y tâp – gitâr fel gordd yn waldio'r ymennydd tra bod y bas yn cosi rhywle yn y tywyllwch. Mae 'Suck' yn egwyl Beefheartaidd ac yna daw 'Weithiau/Anadl' i ddiweddu'r tâp yn y dull sgitsoffrenig gorau. Mae 'Weithiau' yn adleisio'r hen ffefryn 'Ar Goll' ond heb ddim anghyffredin ynddi tan i 'Anadl' gyrraedd a nawr y miwsig yn newid o'r siwgr melys i rywbeth tipyn mwy chwerw a pheryg. Dyna'r ddau begwn sy'n dal i wneud Y Cyrff yn un o'n grwpiau gorau.

'I ddeud y gwir na'th o gymryd tua blwyddyn i ni fod nôl ar ein gorau ar ôl i Dylan adael. Roedd o'n hollol *amazing* sut na'th Kendall lwyddo i ddysgu'r caneuon a neud y gig yna yn Warsaw o flaen y camera,' medd Mark Roberts. Ac mae Paul yn cytuno: 'Na'th Dyl wneud job rili dda gyda Kendall yn mynd trwy bob un cân – ma'r gytgan yn dod fan'na, wedyn ma'r *middle eight*, ac yna nôl i'r gytgan – na'th o weithio'n galed gyda Kendall.'

Cymru, Lloegr a'r Alban

Ym mis Rhagfyr 1990 ac Ionawr 1991 trefnwyd taith uchelgeisiol i'r Cyrff ledled Cymru a Lloegr ac roedd y gig yn y Chapter, Caerdydd, yn rhan o'r daith. 'Roeddan ni'n dilyn yr un fformiwla â'r hyn wnaeth Anhrefn, sef teithio a chwarae mewn llefydd newydd a cheisio cyrraedd cynulleidfa newydd.' (Gruff Jones, Ankst)

Er bod ambell gân Gymraeg yn cael ei chwarae ar y cyfryngau Saesneg diolch i bobl fel John Peel, Saesneg oedd iaith y byd roc, ac yn wyneb hyn yr unig ffordd i ennill dilynwyr newydd oedd trwy chwarae yn rheolaidd i gynulleidfaoedd newydd. Dilynwyd y daith gan un o ohebwyr *Sothach*, Rhodri P. Lewis, ynghyd â'r ffotograffydd Rolant Dafis a Gruff o Ankst. Mae'r erthygl a gyhoeddwyd yn gofnod diddorol a realistig o natur teithiau fel hyn os nad oedd ganddoch arian mawr label recordiau'n gefn.

Nos Sadwrn, Caerdydd, Clwb Ifor Bach. Y Cyrff yn rhoi un o'u perfformiadau mwya' grymus i mi erioed weld.

Empire Hotel, Middlesbrough. Mi oedd y siwrne i Middlesbrough yn hir, yn uffernol o hir – gamblo, smocio a byta oedd yr unig ffordd o ddioddef oriau ar draffordd, a stopio bob hyn a hyn am banad oedd yn costio punt bob tro [gwerth 3 punt arian heddiw]. Saith yn cysgu mewn *mini bus* a oedd yn cysgu pedwar ar y mwyaf mewn maes parcio gwag yng nghanol y dre i gynhesrwydd rhechfeydd, ogla traed a ffags. Pan mae rhywun yn deffro yn y bora ar ôl noson hollol ddi-gwsg ac yn teimlo fel twll tin buwch farw mae amheuon yn ail-ddechrau ond ar ôl brecwast seimllyd cychwyn am Leeds.

Leeds, Nos Fawrth – gwerthu 2 sengl i foi oedd yn wirioneddol licio'r sŵn.

Afro-Caribbean Club, Preston. Rhywsut roedd rhywun yn cael eu hatgoffa o gigs Cymraeg gan fod 'na lot o stiwdants a ddechreuodd ddawnsio'n swil tua diwedd y noson ond mi ddangosodd bod modd, gyda lot o waith caled a hysbysebu, i grŵp Cymraeg drefnu a headleinio noson yn Lloegr a gwneud arian.

Siwrne hir arall wedyn i **Llundain**. Mark wedi sylwi bod pris cwrw wedi codi ers Preston. Aros gyda John Llwybr Llaethog a boi gwallgof o Sweden.

Rhyl – lot o bobl, lot o feddwi, lot o ddawnsio, PA cachu a lot o werthu recordie a chrysau T.

Gydag Ankst yn hyrwyddo bu cynnydd sylweddol yn y nifer o gigs roedd Y Cyrff yn chwarae – ar gyfartaledd unwaith bob wythnos yn 1990 ac 1991 – ar ben ymddangosiadau ar y teledu ac amser mewn stiwdio yn recordio. Roedd hyn yn newid byd i Mark Kendall ac roedd ei frwdfrydedd dros y ddwy flynedd yma'n amlwg. 'Y teimlad o'n i'n ca'l oedd bo fi mewn band go iawn efo pobl o'dd yn gw'bod be oeddan nhw'n gwneud. Nes i sylwi bo' *longevity* efo'r grŵp a bod y sin roc yn newid – ro'dd y *booze* a'r laffs yn dda hefyd!'

Y gwir amdani oedd mai gwaith digon caled oedd chwarae i gynulleidfa fach mewn llefydd fel Leeds, King Tuts yn Glasgow, Middlesbrough, Wallsend a Northampton. 'Bysa Cymry lleol neu stiwdants yn troi allan i weld ni'n gwybod amdana ni, ond fydda pobl eraill ddim wedi clywed y caneuon o'r blaen ac ro'dd o'n anoddach i gael ymateb,' medd Mark Roberts. Fodd bynnag roedd rhai o'r gigs yn dda iawn ac un o'r rhai mwyaf cofiadwy oedd hwnnw yng Nghlwb Afro-Caribbean Preston lle'r oedd Elfyn Lewis yr arlunydd ifanc yn astudio Celf. Ei gyd-drefnydd oedd Tjinder Singh, aelod o'r grŵp indi amlwg Cornershop a gafodd lwyddiant mawr gyda'r sengl 'Brimful of Asia' ym 1997, cân oedd yn gymysgedd o gerddoriaeth India, roc indi, a cherddoriaeth electronig amgen. Tjinder oedd llywydd Undeb y Myfyrwyr ar y pryd.

Barry oedd yn gyrru'r fan i'r rhan fwyaf o'r gigs er bod pob un o'r grŵp wedi pasio prawf gyrru erbyn hyn. 'Fo oedd y gyrrwr gora' a fydda fo byth yn gyrru'n gyflymach na 55 milltir yr awr – "safio petrol, *optimum fuel consumption* y fan" oedd o'n dweud wrthon ni'n aml. Bydda fo wastad yn troi'r injan i ffwrdd os oeddan ni'n mynd lawr allt hir, fel honno lawr i Dinas Mawddwy o'r Cross Foxes, i safio ar y petrol. Bob hyn a hyn bydda'r fan yn torri lawr ac o'dd o'n meddwl bo hynny'n grêt – cael lifft nôl efo'r AA a dim yn gorfod talu am betrol,' medd Mark. Roedd Mark a Paul yn gwenu wrth gofio am Barry.

Fel y dywedodd Mark mewn cyfweliad yn 1991, 'dwi'n edrych ar Barry fatha Sherpa Tensing. Neith o gael ni i'r copa. *The toppermost of the poppermost.*' (*Sothach*, Mai 1991)

Stiwdio Les

Er yr holl brysurdeb, ni fu unrhyw arafu yng nghreadigrwydd y grŵp ac roedd nifer o ganeuon newydd eisoes ar y gweill os nad yn barod ar gyfer eu recordio. Recordiwyd y gân bwerus 'Crafanc' yn y Music Factory ar gyfer rhaglen arall o *Fideo 9*, a chafodd ei rhyddhau ar gasét a CD aml-gyfrannog Label 1, *Hei Mr DJ*, ym 1990. Roedd oes y CDs wedi cyrraedd erbyn diwedd yr wythdegau ond y casét a feinyl oedd y prif gyfryngau ar gyfer y diwydiant recordio o hyd. Mae naws a theimlad 'Crafanc' yn dywyll ac yn hollol wahanol i 'Pethau Achlysurol' a 'Hwyl Fawr Heulwen', er bod y cyd-destun yn debyg wrth sôn am gymhlethdodau'r berthynas rhwng cariadon.

Ond mae pob cam ymlaen
Dim ond yn gam i'r ochor
Jyst fel y cranc,
Ti'n nabod fi, fi yw y crafanc.

Daeth 'Crafanc' yn ffefryn ar lwyfan yn fuan iawn gyda'r ddelwedd gref o'r cranc yn camu i'r ochr yn cael ei atgyfnerthu gan drawiadau syml ac effeithiol iawn y gitâr fas, y tamborîn a drymiau Mark Kendall cyn i riff y gitâr ail-ymuno. 'Crafanc' fyddai un o'r caneuon ar record nesaf Y Cyrff ond byddai'r fersiwn honno'n dra gwahanol. Y tro yma wrth ddychwelyd i'r stiwdio, penderfynwyd recordio record hir gyntaf y grŵp gan ddewis Stiwdio Les Morrison ym Methesda ar gyfer y gwaith. Agorwyd Stiwdio Les ar Stryd Fawr Bethesda gan Les a'i gyfaill Alan Edwards. Bu Les yn ffigwr pwysig a phoblogaidd yng ngherddoriaeth Dyffryn Ogwen a thu hwnt. Fel Alan, bu'n aelod o Maffia Mr Huws am gyfnod ac wrth agor stiwdio ym Methesda roeddent yn cynnig cyfle recordio i nifer fawr o'r grwpiau lleol oedd yn ymddangos fel madarch yn Nyffryn Ogwen erbyn diwedd yr wythdegau ac ar ddechrau'r nawdegau. Roedd rhain yn gynnwys Ffa Coffi Pawb, Jecsyn Ffeif, Celt, Jina a Steve Eaves. Bu farw Alan Edwards mewn damwain ffordd yn Llydaw pan oedd Maffia Mr Huws ar daith yno ym 1987.

Un fantais i Stiwdio Les, yn ogystal â phersonoliaeth a gallu Les fel cynhyrchydd, oedd bod y stiwdio lai nag awr o Lanrwst ac felly doedd dim rhaid aros dros nos. Cychwynnwyd recordio yng nghanol mis Ionawr 1991, a bu'r Cyrff yn ôl ac ymlaen i'r stiwdio am gyfnod o tua thair wythnos yn recordio cyn dychwelyd am wythnos arall i gymysgu'r traciau. Roedd y rhan fwyaf o'r gerddoriaeth yn ei le cyn cychwyn ar y recordio ond roedd angen cwblhau geiriau rhai o'r caneuon yn y stiwdio.

Mae pob stiwdio'n wahanol, fel yr esbonia Mark wrth sôn am stiwdio Les; 'Doeddan ni ddim yn gallu bod yn yr un ystafell â Kendall, ro'dd o mewn stafell ar wahân wrth recordio a ro'dd hynny bach yn anoddach. Ro'dd Les yn gwneud yn siŵr bod y sŵn yn iawn ac o'n i'n gorfod ail-wneud rhannau o'r *vocals* ac ella bod hynny wedi ca'l effaith ar y teimlad yn rhai o'r caneuon.' Atega Paul hyn; 'Ro'dd o'n reit *straight* gyda ni ond mewn ffordd dda – "ma hwnna'n swnio bach yn *shit* lads, ma' isio gwneud y darn yna eto," o'dd o'n deud, ond o'dd o'n deud hynny mewn ffordd a oedd yn helpu ni.' Roedd Les Morrison yn cynnig rhai syniadau wrth recordio ond roedd trefniadau'r caneuon yn eu lle cyn mynd i'r stiwdio ac roedd Y Cyrff wedi ymarfer pob cân droeon gan gynnwys chwarae rhai ohonynt mewn gigs.

'Roeddan ni'n gwneud yr albwm tua'r un pryd â'r cyfnod ro'dd "Losing My Religion" R.E.M. o gwmpas ac ma 'na *feel* R.E.M. i'r caneuon' (Mark). Derbyniodd Paul gasét o'r caneuon ddiwrnod neu ddau cyn iddo fynd gyda'i bartner, Kath, ar wyliau i Ogledd Sbaen. Mae'n cofio gwrando ar y casét ar ôl gorffen cymysgu'r caneuon a chyn rhyddhau'r record. 'Roeddan ni wedi mynd ar y cwch o Portsmouth i Santander yn Sbaen dechra mis Mawrth ac yna teithio yn y car yn y tywyllwch i lle oeddan ni'n aros. O'n i newydd gael casét o'r mics o ganeuon *Llawenydd* ac isio gwrando arnyn nhw. Ro'dd o'n deimlad *amazing*. Naethon ni stopio yn y dre' ma gyda croes *massive* ar y sgwâr a jyst cerdded rownd y lle yn y nos a ro'dd y caneuon yma'n troi yn fy mhen. Ro'dd y profiad ges i bryd hynny mor gryf, a mae o wedi aros gyda fi.'

Efallai bod profiad Paul yn datgelu rhywbeth am y record hir, *Llawenydd Heb Ddiwedd*, a ryddhawyd ym mis Mehefin 1991.

Roedd yn sioc aruthrol i lawer iawn o bobl pan fu farw Les Morrison yn ddisymwth ac yntau ond yn 55 oed yn 2011. Fel yr ysgrifennodd Gruff Rhys (Ffa Coffi Pawb/Super Furry Animals) ar ei flog ar y pryd '... yr arwr addfwyn ac anturiaethwr yma, a gefnogodd gerddorion ei fro i'r carn. Ymysg ei ddoniau; gŵr, tad, taid, awdur caneuon, cynhyrchydd, cerddor, technegydd sain, cyfarwyddwr, plastrwr, elusennwr, cymwynaswr, rhwydweithiwr o fri, catalyst i newid, pen label recordio, rheolwr stiwdio, athro. Colled anferthol i'w deulu, ei gymuned ac i gymuned fyd-eang o gerddorion.'

Llawenydd Heb Ddiwedd

Llawenydd Heb Ddiwedd oedd y record hir feinyl gyntaf a ryddhawyd ar label Ankst a phenderfynwyd ei chyhoeddi ar gasét hefyd. Yn ogystal â hynny penderfynodd Ankst fentro trwy ryddhau fideo uchelgeisiol i un o'r caneuon, 'Seibiant', i hyrwyddo'r record.

Roedd Ankst yn benderfynol o fuddsoddi a gweithio'n galed i wneud yn siŵr bod y record yn cael sylw. Cynhyrchwyd a dosbarthwyd 2,000 o gopïau o *Llawenydd Heb Ddiwedd*. 'Nes i deithio dros ddwy fil o filltiroedd mewn pythefnos yn *flypostio* posteri o'r record ac yn gwneud yn siŵr bod 'na gopïau o'r record yn y siopau i gyd. Wrth gwrs wnaethon ni hefyd anfon copi o'r record i'r cyfryngau i gyd gan gynnwys y cyfryngau cerddoriaeth Saesneg fel yr *NME*' (Gruff Jones). Un o ohebwyr yr *NME* ar y pryd oedd y Cymro Iestyn George ac roedd yn uchel ei ganmoliaeth i'r grŵp a'r record. '... Llanrwst's Y Cyrff (pronounced Kirff), are undoubtedly the most talented band to emerge in the last decade ... Mention "Echo and the Bunnymen" or the "House of Love" and they're likely to judge them as rivals, rather than gasp in awe at the complimentary comparisons.'

Roedd popeth am y record yn gaboledig ac yn safonol, gan gynnwys y clawr sydd â'r gwaith celf wedi'i greu unwaith eto gan Mike Swire fel yr eglura Paul. 'Ma'r clawr blaen gan M. R. Swire, dyna be oedd o isio ni enwi fo ar y pryd, ac roedd y llun yn rhan o gyfres o waith 'di cael ei ysbrydoli gan ffatri Mars yn Slough, lle'r oedd Mike yn gweithio ar y pryd. Mae FIN AMORS, sydd wedi ei ysgrifennu ar ochr ucha'r llun, yn cyfeirio at Fin Amor, geiriau'r iaith Occitan am gariad pur, fel roedd y *troubadours* yn sôn amdano! Dwi ddim yn siŵr pwy oedd yr artist gwreiddiol wnaeth y ffigwr ar gefn y clawr. Roedd o gan Mike yn ei ffolder celf ac wnaethon ni ei ddefnyddio achos o'n ni'n licio ystum y llaw yn tynnu ar deitlau'r caneuon.'

Paul gafodd y gwaith o ddylunio'r clawr mewnol ac am y tro cyntaf penderfynodd Y Cyrff gynnwys geiriau tair o'r caneuon, sef 'Nunlle', 'Cwrdd' ac 'Eithaf'. 'Y llun efo olwynion a chadwyni ydy'r un nes i gymryd yn yr amgueddfa lechi yn Llanberis, dwi'n credu. Yr un nesa i lawr ydy *Great Mosque* Kairouan Tunisia, eto un o ffotos fi. Mae llun y cwch yn dod o wasanaeth archifdy Gwynedd. Ar ochr arall y clawr mewnol mae llun o bregethwr mewn pulpud o dan yr arwydd mawr, *God is love.* Mae o'n dod o Amgueddfa Diwydiant a Môr Cymru. O'n i 'di penderfynu defnyddio fo oherwydd y golwg ar wyneb y pregethwr. Na'th Kath helpu fi ffeindio fo – roedd hi'n arfer gweithio yna.' Mae'r manylion yma am y clawr yn bwysig fel arwydd o fwriad ac uchelgais y grŵp i greu cyfanwaith ac i gadarnhau bod Y Cyrff o ddifri am y gerddoriaeth ac am gelfyddyd y caneuon.

Wrth adolygu'r record (*Sothach*, Mehefin, 1991) cyfeiriodd Jason Walford Davies at y clawr cyn symud ymlaen i sôn am y gerddoriaeth. 'Mae e'n glawr trawiadol gyda lliwiau golau yn herio'r cefndir tywyll bygythiol. A chymysgedd o'r golau a'r tywyll, y melys a'r chwerw, gawn ni ar y casét/record ei hun hefyd ... Dyma dâp soffistigedig sydd, yn fwy na'r un arall yn y Gymraeg yn llwyddo i gyffwrdd ag amrywiaeth a chymhlethdod personoliaeth pob gwrandäwr ... a chlywn linellau unigol cofiadwy fel "A chysgod Eryri yn cadw ti'n gaethwas", ynghyd â chwpledi fel "A nawr genna i 'mond y coed fel cyfeillion/Yn dawnsio o flaen fy llygaid fel ysbrydion".'

Un o'r pethau oedd yn nodweddiadol o'r Cyrff oedd y gofal a gymerwyd wrth ryddhau recordiau. Roedd wyth mlynedd wedi pasio cyn iddynt benderfynu rhyddhau record hir a hynny oherwydd nad oeddent yn barod i ryddhau unrhyw beth nad oedd, yn eu barn nhw, yn ddigon da. Mae hyn yn wir am bob cân ar *Llawenydd Heb Ddiwedd*. 'Be dan ni'n hapus amdano fo ydi, dydyn nhw ddim yn swnio fel *fillers*. Maen nhw'n dracs allweddol. Mae 'na 13 o ganeuon arno fo a tasan ni wedi meddwl bod rwbath ddim cystal, fysa fo ddim arno fo,' (Mark Roberts, *Sothach*, Mai 1991). Un o ddilynwyr brwd Y Cyrff oedd y darlledwr a hanesydd cerddoriaeth Gymraeg, Gari Melville, ac roedd wedi gwirioni gyda chaneuon y band. 'Beth oedd wastad wedi synnu fi am Y Cyrff yw sut oedd crwt ifanc fel Mark Roberts, oedd yn gweithio yn ffatri gwneud bwyd Pero yn Llanrwst, â grasp mor dda o'r Gymraeg. Mae geiriau Y Cyrff yn syfrdanol – o ble oedd y geirie yma yn dod o, o'n i ddim yn gwybod' (Rhaglen C2, Y *Cyrff yn 20*, 2013).

'Pryd nes i glywed y record am y tro cyntaf o'n i'n meddwl bod hi'n anhygoel ac o'n i wedi gwirioni gyda'r caneuon' (Gruff Ankst). O'r gwrandawiad cyntaf mae'r caneuon yn gafael ac mae'r geiriau a'r gerddoriaeth yn adlewyrchiad o arbenigrwydd y grŵp erbyn hyn. I lawer o bobl dyma un o'r recordiau gorau erioed yn y Gymraeg. O nodau cynta'r gitâr a drymiau Mark Kendall ar gychwyn 'Seibiant' clywir sicrwydd a hyder yn y cyd-chwarae. 'Roedd genna i'r caneuon yn barod heblaw am ambell i bennill. O'n i'n arfar mynd â'r ci oedd gynnon ni adra am dro i'r goedwig [Coedwig Gwydir] ac oedd *notepad* gen i ar gyfer sgwennu geiriau i'r caneuon. Dyna pam ma gymaint o sôn am goed a phethau felly yn y caneuon: "a nawr genna i mond y coed fel cyfeillion/Yn dawnsio o flaen fy llygaid fel ysbrydion".' (Mark Roberts)

Mae'n amlwg bod tipyn mwy i'r caneuon nag a glywir ar y gwrandawiad cyntaf, ac fel gyda chymaint o ganeuon Y Cyrff mae 'na linellau trawiadol a phwerus drwyddi draw. Mae ystyr y geiriau yn y gân Nunlle, sy'n dilyn Euog ar y record, yn amwys ond mae 'na ddelweddau a syniadau sy'n ein hysgogi i fynd ar drywydd meddyliol personol. Ar yr un pryd mae'r gân yn gofyn cwestiynau ehangach am y natur ddynol ac am gymdeithas yn gyffredinol.

> Wyt ti'n cofio sut roedd pethau'n teimlo
> Cyn roedd gen ti mond dy hun i feio ac i deimlo'n euog.
> Rwy'n sicr fod o'n fwy na chyd-ddigwyddiad
> Bod diffyg cydymdeimlad mewn cymdeithas sy mor
> llawn o feirniaid

O'u cymharu gyda'r caneuon ar *Yr Atgyfodi* mae naws y caneuon ar *Llawenydd Heb Ddiwedd* yn fyfyriol, ac yn wir, yn athronyddol.

Nid hap a damwain oedd trefn y caneuon. Yn ystod oes y record hir feinyl roedd angen meddwl am y caneuon a fyddai'n dechrau ac yn gorffen hanner cyntaf y record, a pha gân fyddai'n dechrau'r ail hanner. Nid casgliad o ganeuon felly ond cyfres o ganeuon yn plethu i'w gilydd gyda rhaniad pwrpasol rhwng yr ochr gyntaf a'r ail. Dyma un o'r gwahaniaethau pwysig rhwng oes y CD a'r recordiau feinyl, a rhywbeth a gollwyd wrth drosglwyddo record hir feinyl i CD. Roedd pwrpas i orffen yr ochr gyntaf gyda 'Colli Er Mwyn Ennill' a chychwyn yr ail ochr gydag 'Euog'. Yn yr un modd mae tipyn o feddwl yn y defnydd o wahanol offerynnau i greu naws ac i gyfleu ysbryd y caneuon. Enghreifftiau o hyn yw'r defnydd o'r symbal gan Mark Kendall i gyfleu sŵn tonnau yn taro'r traeth ar 'Seibiant', y defnydd o sŵn y gitâr Rickenbacker yn hytrach na'r Stratocaster ar rai caneuon, a'r llinell fas rymus yn 'Beddargraff' a 'Crafanc/Dyn Heb Gyllell'.

Enghraifft arall yw'r ffordd mae'r gerddoriaeth yn y gân 'Colofn' yn cychwyn yn araf gyda nodau gitâr Mark cyn i weddill y grŵp ymuno, gyda'r pwyslais ar y linell fas drom gan adeiladau'r sain wrth arwain at y gytgan:

Cymeryd fi ar unwaith
Mwy a mwy dwi'n caru'r effaith
Chwilia allan am y colofn
Mwy a mwy dwi'n caru'r effaith
Sdim angen i ti gofyn dwywaith

Tua 2:50 munud i mewn i'r gân yn dilyn yr ail gytgan mae'r grŵp fel uned yn chwarae'r riff wrth i gitâr Mark arwain at y diweddglo a'r uchafbwynt gyda'r llais di-eiriau yn stopio'n sydyn. Cafodd Paul y syniad o ddefnyddio hen fiolín oedd yn ei gartref i ychwanegu at y diweddglo.

Mae'r cynildeb yn y cyd-chwarae wrth adeiladu tensiwn yn berffaith i'r gân, ac yn nodwedd o gryfder y grŵp ar lwyfan yn ogystal ag ar record.

'Dyna un o hoff ddarnau fi ar yr albwm' dywed Mark, ac roedd Paul yn cytuno oherwydd roedd yn gystal enghraifft o'r cyd-dealltwriaeth a'r agosrwydd rhwng pob aelod o'r grŵp. Mae *Llawenydd Heb Ddiwedd* yn llawn o gyffyrddiadau o nodweddion clyfar fel hyn.

Teimla Mark erbyn heddiw y gallai rhai o'r caneuon fod yn well petai rhai o'r darnau gitâr wedi bod yn debycach i'r hyn a gafwyd ar *Yr Atgyfodi*. 'Buaswn i wedi licio cael mwy o'r *power chords* yn rhai o'r caneuon.' Gallai'r record yn ddigon rhwydd fod wedi gorffen gyda gorfoledd y gân 'Llawenydd Heb Ddiwedd' ...

Athroniaeth syml
Mae genna'i athroniaeth hawdd
Bywyd yw y cyffur
Bodoli yw yr ystyr ...
Llawenydd, llawenydd heb ddiwedd, heb ddiwedd
Llawenydd, llawenydd heb ddiwedd, heb ddiwedd

Ond 'Eithaf' sy'n cloi'r albwm, ac o ganlyniad mae hyn yn taflu goleuni gwahanol dros y record gyfan. Mae'r teimlad o dristwch a hiraeth yn sefyll ochr yn ochr gyda'r teimlad o ryddid a gorfoledd ac mae'n arwyddocaol mai hon ydy'r gân olaf. Oedd hyn yn adlewyrchiad o newidiadau diweddar ac yn arwydd o'r hyn oedd i ddod?

Eithaf

Nawr ti mewn tymer, mae'n arwydd ti'n sylwi
Ti'n heneiddio, ti methu cystadlu
Treuliaist di ddeuddydd i feddwl am hyn yn ddyfn
Hen elynion a'u gafael wrth eu cyrn

Mae'n hawdd fod yn unig 'da meddyliad cas
A chysgod Eryri yn cadw ti'n gaethwas
Ti'n dweud fod dy wreiddiau yn sownd yn y werin.
Pob cefnder yn llwynog pob ffrind 'mond yn elyn
Gora po gyntaf mi awn heb amharu
Haws fod yn farw os hyn sy amdani
Cyffwrdd mewn cysur, ni anifeiliaid
Cyffwrdd am reswm cytûn mond am eiliad.

Ond toeddan nhw'n ddyddiau i'r eithaf
(er gwaethaf)
Ond toeddan nhw'n ddyddiau mor hael

'Fel pob record bwysig arall ym myd canu cyfoes mae'r cyfan yn gymysgedd o hyder, gweledigaeth, crefft a ffydd. Tair cân ar ddeg yn ymdrin â serch, blinder, gwendid, colled a'r brwydro di-ddiwedd yn erbyn y gorffennol i gyd yn treiddio'n unigol i'r isymwybod fel cyffur trwy'r gwythiennau.' (Emyr Glyn Williams, *Golwg*, Mai 1991)

Er bod rhai o'r caneuon yn amlycach eu hystyr nag eraill mae'r ystyr a'r teimlad yn 'Eithaf' yn fwy annelwig a chymhleth. 'Mae o jyst fel bod yn gaeth mewn cymuned fach. Ti'n nabod pawb – methu mynd i Spar heb weld rhywun ti'n nabod a'r teimlad o fod yn styc yn rhywle. Mae 'na deimlad o dristwch o feddwl fel hyn ac am feddwl am be sy'n digwydd pryd ma rhywun yn heneiddio ond ar yr un pryd yn gwybod bod angen symud ymlaen' (Mark Roberts). Ac eto, mae yna anwyldeb a chynhesrwydd wrth feddwl am y gorffennol sy'n gymysgedd gyda'r teimladau o ansicrwydd, ac anfodlonrwydd. Fel mewn nifer o'r caneuon eraill, mae'r geiriau'n cyfleu teimladau personol a gallwn uniaethu gyda'r teimladau hynny, ond mewn ffordd sydd hefyd yn arwain at gwestiynu ein hunain a'n lle ni yn y byd. Nid dim ond y geiriau sy'n cyfleu hyn i gyd. Mae'r alaw a llais Mark wrth ganu'r geiriau 'Ond toeddan nhw'n ddyddiau i'r eithaf (er gwaethaf)' yn cyfleu cymaint mewn cyn lleied o eiriau.

Mae Mark a Paul wedi nodi mewn sawl cyfweliad mai cyfrifoldeb y rhai sy'n gwrando ydy dehongli'r geiriau, ond mae angen y geiriau cywir a'r mynegiant iawn i agor drws ein meddyliau. Caneuon crafu pen oedd disgrifiad Barry o'r record ar y pryd, ac mae Mark a Paul yn teimlo bod y caneuon yn ymdrin â gwahanol deimladau ac yn gweithio ar sawl lefel. 'Mae'n swnio'n fel albwm go iawn a dwi'n meddwl na'th lot o bobl weld o fel albwm go iawn. Dwi'n falch o'r albwm ella mwy nag unrhyw beth wnaethon ni fel Catatonia oherwydd bod o'n swnio mwy fel ni. Dyna be dwi'n teimlo rŵan wrth edrych yn ôl.' (Paul, Radio Cymru, C2, 2013)

Mae *Llawenydd Heb Ddiwedd* yn hudolus ac mae'r hud yn parhau gyda'r cynnwys cerddorol a geiriol yn cryfhau dros amser.

Rhyw Ddydd – Un Dydd

Dros fisoedd haf a hydref 1991 roedd Y Cyrff yn hynod o brysur yn gigio ym mhobman o ddawns sgubor yn Llangernyw i'r Tívoli Buckley, Clwb Ifor Bach, Clwb Rygbi Bethesda, Undeb Myfyrwyr Aberystwyth, Clwb Cymry Llundain, a'r Albert yng Nghaernarfon. Ar 7 Rhagfyr 1991 cynhaliwyd un o ddigwyddiadau roc mwyaf y ddegawd yn y Pafiliwn ym Mhontrhydfendigaid. Trefnwyd 'Rhyw Ddydd, Un Ddydd' gan Gymdeithas yr Iaith Gymraeg i groesawu Alun Llwyd a Branwen Nicholas o'r carchar. Yn ogystal â rhedeg label recordiau newydd Ankst roedd Alun yn flaenllaw wrth arwain ymgyrchoedd Cymdeithas yr Iaith, ac yn wir, yn gadeirydd ar y Gymdeithas yn y cyfnod yma. Fel rhan o'r ymgyrch dros Ddeddf Eiddo newydd achoswyd difrod sylweddol i swyddfeydd y Swyddfa Gymreig yn Llandrillo gan Alun a Branwen, gan ffonio'r heddlu i hawlio cyfrifoldeb am y weithred ar ôl gwneud hynny. Dedfrydwyd y ddau i ddeuddeg mis o garchar ar 5 Medi 1991. Wrth edrych yn ôl ar yr ymgyrch mae'n rhyfeddol pa mor synhwyrol oedd yr hyn roeddent yn ymgyrchu drosto – ystyried tai ac eiddo fel angen, sicrhau mynediad i bobl leol i'r stoc dai, a sefydlu trefn deg o brisio tai. Rhyddhawyd y ddau ar ôl chwe mis, a gig i'w croesawu o'r carchar oedd 'Rhyw Dydd, Un Dydd'.

Gyda 31 o grwpiau ac artistiaid gorau Cymru yn dod ynghyd i gefnogi safiad Alun a Branwen ac i ddathlu cerddoriaeth Gymraeg, roedd hwn yn ddigwyddiad pwysig a llwyddiannus iawn. Roedd artistiaid o bob cyfnod yn ymddangos ar y ddau lwyfan gan gynnwys Heather Jones, Meic Stevens, Jess, Geraint Jarman, Ffa Coffi Pawb, Llwybr Llaethog, Neil Rosser, Jecsyn Ffeif, Byd Afiach,

Fflaps, Steve Eaves, Dom, Geraint Løvgreen, Beganifs, Datblygu, Ail Gyfnod, Crumblowers, Tŷ Gwydr, U Thant, Dom ac wrth gwrs Y Cyrff.

'Roedd Y Cyrff yn rhyfeddol ac yn wirioneddol dal eu teitl fel un o grwpiau gorau Cymru erioed,' yn ôl yr adolygiad yn *Sothach* gan Y Ddafad Colledig (Chwefror 1992). Yn yr un rhifyn o *Sothach* roedd adolygiad o'r Cyrff yn chwarae mewn gig yn Neuadd y Dre Dinbych ar 4 Ionawr 1992 gyda Jess, Gofodwyr Piws a Pedwar Boi. 'Yr ail grŵp i berfformio oedd Y Cyrff. Nhw oedd y grŵp oeddwn wedi edrych ymlaen i weld fwyaf. Chefais i ddim fy siomi, cawsom berfformiadau gwych a phroffesiynol iawn. Pawb yn dawnsio ac yn cael hwyl a sbri. Credaf mai'r Cyrff yw un o grwpiau gorau Cymru ar hyn o bryd ... Yr uchafbwynt i mi oedd perfformiad Y Cyrff' (Catrin Merch Gwilym). Cadarnhad pellach o statws Y Cyrff ar ddechrau blwyddyn newydd. Roedd 'Rhyw Ddydd Un Dydd' yn gofiadwy iawn i Mark Roberts am fwy nag un rheswm. Dyma'r noson y cyfarfu â'i gariad newydd. 'Na'th hi ganu yn fy nghlust ar ddiwedd y noson a nes i feddwl yn syth – blydi hel, dwi di ffeindio y Björk Cymraeg. Y Björk Cymraeg honno oedd Cerys Matthews.'

Rhyfedd meddwl y byddai'r Cyrff o fewn mis yn chwarae eu gig olaf yng Nghymru i 150 o bobl mewn stafell orlawn yn yr Angel, Aberystwyth cyn mynd ar daith dramor i'r Almaen a Tsiecoslofacia. Roedd Ankst yn awyddus i barhau i hyrwyddo'r Cyrff ac yn wirioneddol falch o'r recordiau a'r perfformiadau ar lwyfan. Erbyn hyn roedd Emyr Glyn Williams wedi ymuno ag Ankst ac ef gafodd y cyfle i deithio gyda'r Cyrff i Tsiecoslofacia. Yn wahanol iawn i'r tro diwethaf y bu'r band i'r cyfandir, y tro hwn roeddent yn teithio draw yn fan y grŵp gyda Barry yn rhannu'r gwaith gyrru gydag Emyr ar y ffordd draw. 'Rhys [Mwyn] o'dd wedi trefnu'r gigs i ni yn yr Almaen. Ar ôl un gig yn yr Almaen ar y ffordd draw, naethon ni chwarae mewn tri gig yn Tsiecoslofacia yn Usti, Most a'r brifddinas, Prâg. Ro'dd o'n eitha *exciting* bryd hynny i feddwl bo ni'n chwara eto yr ochr arall i'r *Iron Curtain*. Roeddan ni'n gwybod na fyddan ni'n cael llawer o arian am chwara yno. Roeddan ni'n cael ein talu mewn cwrw a *diesel* ar gyfer y fan,' eglura Paul.

'Y cynllun oedd bod ni'n gneud ein arian ar y ffordd nôl yn yr Almaen ond nath o ddim digwydd oherwydd bod y gigs wedi cael eu canslo. Naethon ni droi i fyny i un lle a na'th y boi jyst deud *"never heard of you"* felly i ffwrdd â ni. Nes i yrru tipyn ar y ffor' nôl a ro'dd rhaid defnyddio cerdyn credit fi i dalu am y *diesel* gan fod gynnon ni ddim arian.' (Paul)

Wrth drafod profiadau'r daith roedd un peth arall yn amlwg, sef Barry, y brawd mawr yn edrych ar ôl pawb. 'Pryd wnaethon ni gyrraedd Prâg roeddan ni i gyd yn desbret i ga'l bwyd. Na'th Barry ddeud y bysa fo'n mynd i chwilio am siop fwyd ac yn gneud brechdana i ni. Ddaeth o nôl gyda bara a llwyth o gaws a ham a menyn a gneud stac o frechdana i ni. Ro'dd y brechdana yn edrych yn grêt ond dim menyn o'dd o wedi prynu ond lard. Ro'dd y blas yn afiach, ond do'dd dim bai ar Barry. O'dd o'n trio edrych ar ein hola fel arfer. Nathon ni fwynhau'r gigs. O'n ni'n chwara o flaen cannoedd o bobl ond ro'dd y gig ola un mewn rhyw *clubhouse Hell's Angels*. Ro'dd o'n amlwg nad oeddan ni'n chwarae'r math o stwff roeddan nhw'n disgwyl i ni wneud felly naethon ni ddechra chwara "LA

Woman" gan y Doors er mwyn gwneud yn siŵr bo ni'n gallu gadal y lle yn fyw!' (Mark)

Ond roedd tro ar fyd a hynny'n hollol annisgwyl. Ar ôl dychwelyd i Lanrwst ac edrych ymlaen at ragor o gigs mewn llefydd fel yr Albert yng Nghaernarfon, daeth Mark i benderfyniad mawr. Roedd amser Y Cyrff wedi dod i ben. 'Nes i fynd draw i dŷ Barry i ddeud hynny ac yn fuan wedyn digwyddodd Paul ddod draw i'r tŷ. Ro'dd o'n dipyn o sioc i Barry ond ro'dd o'n reit cŵl am y peth.' Fel y dywedodd Barry mewn cyfweliad teledu flynyddoedd wedyn, 'Ti'n gorfod stopio rhywle, ti ddim yn gallu cario ymlaen, ti'n gorfod newid, stopio ar y top dwi'n meddwl.' (*Cofia Fi'n Ddiolchgar*, 21/12/2000)

Nid penderfyniad sydyn oedd y penderfyniad. Er gwaethaf llwyddiant *Llawenydd Heb Ddiwedd* a'r ymateb brwdfrydig yn y wasg a gan ddilynwyr y grŵp ac er gwaethaf y pleser a'r mwynhad o chwarae ar lwyfan yn rheolaidd roedd rhai pethau wedi newid. 'Ro'dd Barry yn rili mwynhau bod yn y band ond o'dd o hefyd yn mwynhau mynd allan ar y beic gyda fi a ffrindia o'r dre ar fore Sul a doedd o ddim yn gallu gneud hynny os o'dd o'n cyrradd nôl am dri neu bedwar o'r gloch y bore.' (Pete Cawley)

'Dwi'n cofio teimlo'n drist amdano – *end of an era* kind o beth ond eto o'n i'n cytuno efo'r pwynt bod ni wedi gwneud popeth o'n ni'n gallu ar y pryd. Amser symud ymlaen yn hytrach na mynd mewn cylchoedd o gwmpas Cymru.' (Paul)

'Nath Barry ffonio fi fyny i ddeud bod ni'n splitio fyny, a nes i ddeud "iawn!" "IAWN?" medda Barry, "ti ddim yn pissed off?" "Dwi yn," medda fi, "ond s'geni ddim lot o dewis really na! Os di pawb isio gwneud petha arall, pwy ydw i i stopio nhw!"' (Mark Kendall)

'O'n i'n cerdded mewn i swyddfa Radio Cymru pryd glywish i bod y band yn chwalu. O'n i'n hollol *shocked*, *stunned* a thrist am y peth, *gutted* ydi'r gair dwi'n amau. Nes i ffonio Barry a mi gadarnhaodd bod y band wedi gorffen. Ddois i adre o gwaith a jyst eistedd yn y gegin yn edrych ar yr holl bosteri, lluniau, dillad, *sticks*, set lists gigs nes i gadw drost y blynyddoedd – roedd o'n deimlad o golled mawr iawn. Dwi'n falch ofnadwy o fod wedi bod yn ran o'r Cyrff. Dylan Cyrff ma pobl yn galw fi erioed a Dylan Cyrff fydda i fyth.' (Dylan Hughes)

'Ro'dd na lot o betha bach fel pobl yn troi i fyny'n hwyr pryd roeddan ni'n ymarfer yn Lodj Cyffdy Hall ar Ffordd Nebo a doedd Barry na Kendall ddim isio cario ymlaen i ymarfar ddwywaith yr wythnos. Ro'dd Barry yn deud nad oedd o yn *proper musician* fel fi a Paul. Doedd o ddim yn bosib i ni i ennill bywoliaeth trwy jyst cario ymlaen fel oeddan ni. Ar ôl dod nôl o Tsiecoslofacia o'n i'n gweld bo ni'n mynd nôl i chwara yn yr un hen lefydd ar draws Cymru a dim digon o amser i gael set newydd at ei gilydd. Ond yr un peth na'th sefyll allan i fi ar y pryd o'dd troi fyny i'r ymarfer mewn festri ym Mangor ro'dd Paul wedi ffeindio, a deud bo fi wedi sgwennu cân newydd, 'Gyda Gwên'. O'n i'n meddwl bod o'n gân rili dda ac yn edrych ymlaen at chwara fo i'r lleill. Naethon nhw ddim dangos lot o ddiddordeb yn y gân a nath hynny neud i fi feddwl bod petha falla'n dod i ben.' (Mark)

Roedd Mark yn llygad ei lle. Roedd 'Gyda Gwên' yn gân wych ac yn arwydd o'r hyn oedd i ddod.

Gyda Gwên

Gyda gwên o glust i glust, fe oedd y cyntaf i basio'r pyst
Mi roedd o'n hawdd yn hollol naturiol
Roedd rhai yn ei alw o'n ffôl
Ond doedd ystyried byth yn dal o nôl
Nid du a gwyn, ond hollol lliwgar
Ond o mae'n ddrwg gen i
Wnest ti ddim ei weld o
Ag o mae'n chwith gen i
Wnath o ddim rhagweld o
I deimlo'i hun yn noeth ymhlith llif o syniadau doeth
Roedd rhaid fo fod yn unigolyn
Diddanwch mewn pellter oer
Yn ei fywyd di-ffrwyth di-glod
Mi awn fel hyn, heb unrhyw ystyried
Ond o mae'n ddrwg gen i
Wnest ti ddim ei weld o
Ag o mae'n chwith gen i
Wnath o ddim rhagweld o

Catatonia
(*Llun: Rolant Dafis*)

Mae o'n rhywbeth sydyn iawn, ond mae o'n rhywbeth terfynol iawn hefyd. Dydyn nhw ddim y math o fand sy'n penderfynu rhywbeth fel hyn yn ysgafn. Dwi ddim yn eu gweld nhw'n newid eu meddyliau. Mae'r ymateb i'r datganiad wedi bod yn anhygoel – mae sawl un wedi bod yn eu cymharu nhw efo Jarman yn ei anterth. Ond mae o'n deud lot am y sin roc Gymraeg eu bod nhw'n methu gwneud bywoliaeth o'r grŵp, er bod pawb yn dweud eu bod nhw'n wych.

Geiriau Alun Llwyd, Ankst mewn stori yng nghylchgrawn *Golwg* ym Mawrth 1992 wrth gyhoeddi fod Y Cyrff wedi penderfynu chwalu. Yn sicr roedd y penderfyniad yn un terfynol iawn, ac er nad oedd rhwyg amlwg yn y grŵp mae'n amlwg bod blaenoriaethau'r aelodau'n wahanol erbyn dechrau 1992. Mae Alun hefyd yn gwneud pwynt arwyddocaol yn y dyfyniad, sef fod y grŵp wedi methu gwneud bywoliaeth o ganu yn y Gymraeg, er gwaethaf eu poblogrwydd.

Dyma'r gwirionedd trist am ganu mewn iaith leiafrifol. Roedd artistiaid cyfoes mwyaf poblogaidd Cymru dros y blynyddoedd wedi methu dibynnu ar eu cerddoriaeth fel bywoliaeth – bu'n rhaid i Geraint Jarman greu gyrfa iddo'i hun ym myd teledu, ac aeth Dafydd Iwan ati i ffurfio label Recordiau Sain i ennill ei fara menyn. I hogia o Lanrwst oedd yn gwbl o ddifri am eu cerddoriaeth fel Mark a Paul, roedd hyn yn broblem gan mai'r opsiwn arall iddyn nhw oedd gweithio mewn siop gigydd neu ffatri fwyd ci er mwyn cynnal eu cerddoriaeth.

'Oeddan ni'n gwbod lot cyn hynna bod o'n amhosib gwneud bywoliaeth achos y rhan fwyaf o'r amser oeddan ni efo jobs hefyd. Hyd yn oed pan oeddan ni'n mynd i Loegr, oedd rheina hyd yn oed yn waeth am dalu ... Yn Tsiecoslofacia oeddan nhw'n talu chdi mewn cwrw a petha.' (Mark Roberts)

'Oedd pobl yn cael jobs yn y *media*, jobs ar y teledu. Dyna lle oedd arian y sin Gymraeg, cal job gyda cwmni recordiau newydd neu job yn creu rhyw raglen newydd, neu creu rhyw gwmni oedd yn creu rhaglenni. Oedd o'n teimlo fel bod lot o bobl oedd mewn bands Cymraeg cynt, oeddan nhw wedi symud mewn i S4C ... ac o'n ni byth yn rhan ohono fo. Ond dwi'm yn credu bydden ni byth isio bod yn rhan ohono fo chwaith.' (Paul)

Er iddynt chwalu ar ddechrau 1992, roedd dwy record gan Y Cyrff i'w rhyddhau gan Ankst yn hwyrach yn y flwyddyn. Y gyntaf oedd y casét *Damwain mewn Ffatri Cyllyll a Ffyrc* oedd yn dilyn traddodiad bŵtleg y grŵp fel casgliad o recordiadau teledu, stwff byw a chaneuon oddi ar gasgliadau aml-gyfrannog. Yr ail oedd casgliad 'goreuon', sef *Mae Ddoe yn Ddoe* ..., a adolygwyd gan yr anfarwol Huw 'Bobs' Pritchard yn rhifyn 4 Awst 1992 o gylchgrawn *Golwg*:

> Fe geisiodd Y Cyrff gyflawni gwyrthie. Petai rhywun wedi cael gafael arnyn nhw yn Lloegr tra'n teithio yno y llynedd, pwy a ŵyr be fyddai wedi digwydd ... Bywyd pop oedd breuddwyd Marc [*sic.*] Roberts. Be gaiff o nawr ar ôl chwalu'r Cyrff? ... Os na chafodd Marc lwyddiant efo'r Cyrff, a gaiff o lwyddiant â grŵp arall? Cawn weld.

Efallai'n wir fod Bobs yn broffwyd.

Cychwyn Catatonia

Erbyn diwedd 1992 roedd Mark a Cerys Matthews mewn perthynas, a hynny'n rhan o'r rheswm y penderfynodd Mark i symud i Gaerdydd.

'O'n i ddim yn siŵr ar y pryd os o'n i am symud i Gaerdydd. Dyna oedd *ambition* fi, i fyw ar Cathedral Road, achos dyna'r cwbl o'n i'n gwbod yn Gaerdydd achos fanna oeddan ni'n aros, ac o'n i'n meddwl fod o'n grand. Y fantais i fi oedd trwy fod yn y band o'n i'n nabod loads o bobl yn Gaerdydd. Ella bod fi'n nabod bron gymaint o bobl yn Gaerdydd ag o'n i'n nabod yn dre.' (Mark)

Roedd y ddau wedi dechrau cyfansoddi gyda'i gilydd hefyd, a'r hadau wedi'u plannu ar gyfer yr hyn fyddai'n tyfu i fod yn Catatonia. Ffilmiwyd dau neu dri fideo ar gyfer Criw Byw, gan gynnwys 'Gwên' gyda 'rhyw stiwdant oedd yn byw efo Cerys' yn chwarae bas, a 'Difrycheulyd' gyda

Guto Pryce o'r grŵp o Gaerdydd, U Thant, ac yn ddiweddarach Super Furry Animals, ar y bas.

Roedd Paul wedi symud i Fangor erbyn diwedd cyfnod Y Cyrff gyda'i bartner, Kath, a bu'n chwarae rhywfaint gyda'r Fflaps. Er hynny, yn fuan iawn dechreuodd ymweld â Chaerdydd er mwyn ymarfer gyda'r band newydd roedd Mark yn ffurfio.

'Oedd Catatonia wedi gwneud dau neu dri fideo i Criw Byw cyn gwneud gigs byw. Ac wedyn nath Paul ddod lawr i chwarae bas ar gyfer y gigs byw … yn Yellow Kangaroo oedd y gig cyntaf.'

Drymiwr gwreiddiol byrdymor y band oedd Stephen 'Frog' Jenkins, fu'n aelod o U Thant, ac sydd bellach yn drymio i brosiect diweddaraf Mark, Mr. Penderfynodd Frog i symud i kibbutz, ond roedd eilydd perffaith ar gael sef Dafydd Ieuan, gynt o Ffa Coffi Pawb, oedd newydd symud i Gaerdydd ac oedd wedi bod yn gwneud rhywfaint o bysgio gyda Mark yn y brifddinas. Cyfarfu Cerys â Clancy Pegg mewn tafarn rhyw ddiwrnod, fel yr eglura Paul: 'Dwi'n cofio Cerys yn dod adra rhyw ddiwrnod ac yn deud "I've found us a new keyboard player," ond o'n i ddim yn gwbod bod ni angen un!'

Gydag aelodaeth wreiddiol Catatonia bellach yn gyflawn, ymddangosodd cynnyrch cyntaf y grŵp ar ffurf trac ar gasgliad aml-gyfrannog *Ap Elvis* a ryddhawyd i nodi pen-blwydd Ankst yn bump oed ym Mai 1993. 'Gwên' ydy'r trac, sef fersiwn gynnar o 'Gyda Gwên' oedd ar yr albwm cyntaf yn ddiweddarach. Mae'r casgliad hefyd yn cynnwys trac gan grŵp arall oedd yn ganolog i symudiad a gafodd yr enw 'Cŵl Cymru', ac oedd newydd ymuno ag Ankst, sef Gorky's Zygotic Mynci.

Recordiwyd sesiwn yn ogystal ar gyfer rhaglen radio ddylanwadol *Heno Bydd yr Adar yn Canu* a gyflwynwyd gan Nia Melville. Rhyddhaodd Ankst gasgliad o ganeuon y gyfres dan yr enw *Triskedekaphilia* ym 1995, gan gynnwys y traciau 'Gwe' a 'Iago M' gan Catatonia – fersiwn arall o 'Gwên/Gyda Gwên' oedd 'Iago M' gyda'r llais yn canu am yn ôl.

Gwerth nodi fod Mark a Cerys wedi dewis galw eu hunain yn Mark E. Zaun a Cerys Anazapela yn y cyfnod cynnar yma – '... oedd 'na lot o ryw lol fel'na 'di digwydd yn y cyfnod yna' ydy eglurhad Mark!

Cynnyrch swmpus cyntaf Catatonia oedd yr EP *For Tinkerbell*, a ryddhawyd yn Nhachwedd 1993 ar label Crai, sef is-label Recordiau Sain oedd yn cael ei redeg gan Rhys Mwyn. Roedd yn cynnwys pum trac sef 'For Tinkerbell', 'New Mercurial Heights', 'Dimbran', 'Sweet Catatonia' a 'Gyda Gwên'.

Roedd yn amlwg fod cynllun gan y grŵp oherwydd er eu bod wedi chwarae ambell gig gyda'r Anhrefn ac un gig yn Eisteddfod Llandeilo, taith i hyrwyddo'r EP oedd lansiad go iawn y grŵp ar lwyfannau byw. Wrth edrych ar leoliadau'r daith – Aberystwyth, Bangor, Birmingham, Llundain a Chaerdydd – roedd eu bwriad i greu marc y tu hwnt i Gymru'n amlwg.

Roedd hyn yn glir wrth i Cerys drafod parodrwydd rhai i'w beirniadu am ganu'n ddwyieithog ar y pryd – 'Mae ganddom ni ganeuon yn Sbaeneg a Ffrangeg hefyd, felly rwy'n meddwl ein bod ni'n ehangu ein gorwelion a dangos i bobol fod 'na gerddoriaeth dda yn dod mas o Gymru.' (*Golwg*, Tachwedd 1993)

Un oedd ddim yn poeni am iaith y gerddoriaeth oedd y rapiwr, a darpar gadeirydd Cymdeithas yr Iaith Gymraeg,

Steffan Cravos: '... fe fydd y CD yn siŵr o werthu'n dda i'r Cymry a'r di-Gymraeg. Gyda cherddoriaeth cystal â hyn, pwy sy'n poeni llawer ym mha iaith mae'r caneuon yn cael eu canu?' (*Golwg*, Rhagfyr 1993)

Rai wythnosau ar ôl y dyddiad rhyddhau, dechreuodd yr EP ddenu sylw tu hwnt i'r cyfryngau Cymreig arferol, gyda'r *NME* yn enwi *For Tinkerbell* yn 'Sengl yr Wythnos' a'r DJs Radio 1, Mark Radcliffe a Mark Goodier, yn chwarae'r prif drac. Steven Wells oedd adolygwr yr *NME*:

You know how every now and then you hear a pop record that makes you feel as if someone's stroking your spine with an ice cube? Or you're being dangled upside down from a jet helicopter and being dragged through an ocean of ice cold champagne? It's one of those.

Roedd y gerddoriaeth yn amlwg wedi dal y sylw, ac yn fuan iawn roedd pobl A&R [*Artists and Repertoire*] rhai o'r labeli amlwg yn dod i weld Catatonia'n fyw. Er hynny, yn ôl Mark doedden nhw ddim cweit yn barod eto o edrych yn ôl. 'Odd 'na llwyth o bobl yn dod i weld ni, *A&R men* o Llundain, a digwydd bod nethon nhw ddod i weld ni yn Casnewydd pan oeddan ni'n chwara yn TJ's. Yn anffodus odd *soundcheck* ni am dri o'r gloch y prynhawn ac oeddan ni ddim ymlaen tan hannar nos ... felly lot o *downtime* yn y canol [i yfed], ac erbyn i ni chwara oeddan ni i gyd yn chwara caneuon gwahanol so nath yr *A&R men* ddim dod i weld ni eto am tua blwyddyn arall. Ond, ella oeddan ni jyst ddim yn barod.'

Roedd sawl stori debyg o gigs meddwol yn hanes cynnar y band, ond dim mwy nag unrhyw fand arall yn ôl

Mark a Paul: '... ond fysa chdi ddim yn credu be fysa rhai *press agents* yn gwneud i roi bach o sbin ar bopeth. O'n i ddim yn gyfforddus efo lot ohono fo deud gwir.'

Rhyddhawyd ail EP, *Hooked* ar Crai ym 1994, y tro yma gyda dau drac Saesneg ac un Gymraeg sef 'Difrycheulyd'. Unwaith eto, roedd sylw yn yr *NME*, ond doedd trac Cymraeg y record fer ddim yn plesio ...

'Difrycheulyd' we can safely assume, is Welsh for 'rather inadvisable and indulgent third track that the world can comfortably live without. (*NME* 09/07/94).

Yr hyn oedd yn gynyddol amlwg oedd bod y cyfryngau Saesneg yn dangos diddordeb yn y grŵp, ond yn tueddu i anwybyddu neu ddiystyru'r traciau Cymraeg. Yn ôl Mark a Paul, doedd hyn ddim yn achosi dilema iddynt ac er mai Saesneg oedd y mwyafrif helaeth o ganeuon Catatonia wedi hyn, doedd dim penderfyniad bwriadol gan y grŵp i droi at yr iaith fain yn gyfan gwbl.

'Oedd o ddim yn *issue* i ni pa iaith oeddan ni'n canu, oeddan ni ddim yn neud o am unrhyw reswm yn benodol. Pan dwi'n sgwennu lyrics ma 'mhen i'n sgwennu lyrics Cymraeg neu Saesneg ... fedra'i ddim gneud y ddau ar yr un pryd. Nethon ni ddim ista lawr a deud "dan ni ddim yn mynd i neud petha Cymraeg" a nath y label byth ddeud "you can't do Welsh".' (Mark)

'Oeddan ni wedi penderfynu bod ni'n mynd i neud *indie-pop songs*, oedd o ddim fel be oeddan ni'n gwneud efo'r Cyrff, oedd o'n rwbath hollol wahanol.' (Paul)

Dim penderfyniad penodol i newid iaith felly, ond penderfyniad bwriadol i greu sŵn mwy poblogaidd, a doedd hi ddim yn hir nes bod y penderfyniad hwnnw'n talu'i ffordd.

Dwy sengl Saesneg ddilynodd nesaf gyda 'Whale' (Rough Trade Records, 1994) yn cael ei henwi'n sengl yr wythnos yn yr *NME*, ac yna 'Bleed' yn ymddangos ar label Nursery Records yn Chwefror 1995. Ac mae'n amlwg fod perfformiadau byw Catatonia wedi tynhau erbyn hyn hefyd, oherwydd yn fuan iawn wedyn daeth y cynnig o £350,000 iddynt ymuno â Blanco Y Negro, sef is-label cwmni recordiau enfawr Warner Bros.

Erbyn hyn roedd Clancy eisoes wedi gadael y grŵp, ac wrth i fand arall Dafydd Ieuan, Super Furry Animals, arwyddo cytundeb gyda label mawr Creation fe benderfynodd yntau adael. Ymunodd Aled Richards ar y drymiau, ac Owen Powell – gynt o'r Crumblowers ac U Thant – ar y gitâr, gan ffurfio lein-yp terfynol Catatonia. Torrodd carwriaeth Mark a Cerys tua'r cyfnod yma hefyd, ond yn ôl Mark doedd hynny ddim yn achosi problem i'r grŵp: 'Odd y gwaith caled wedi'i wneud erbyn hynny' – ac roedd y cyfle'n rhy dda i'w wastraffu.

Bu Owen yn trafod y gwahoddiad i ymuno â'r grŵp ar raglen Huw Stephens ar Radio Cymru i nodi rhyddhau bocs-set *Atalnod Llawn* Y Cyrff ym Medi 2005.

'Adeg yw hwn pryd oedd y bandiau Cymraeg i gyd yn yfed yn y City Arms yng Nghaerdydd, ac ar ddiwedd y noson yr un bobl oedd wastad ar ôl sef Mark, Cerys, fi, Gruff a Daf o'r Super Furrys. Tra oedd pawb arall yn mynd off i gael swyddi a morgeisi a plant a jobs go iawn, ni oedd y cerddorion oedd ar ôl yn dal i siarad am gerddoriaeth ar ddiwedd y nos.'

Cyn i Owen ymuno, mae'n werth nodi fod Barry

Cawley wedi cael cynnig i ymuno â Catatonia fel gitarydd a bod Mark wedi mynd â rhai o ganeuon ei grŵp newydd draw i'w gyfaill gael trio eu chwarae. Ond roedd diffyg hyder Barry yn ei allu ei hun fel cerddor yn amlwg ers dyddiau'r Cyrff: 'Oedd o'm yn meddwl fod o'n ddigon da' ydy eglurhad Mark, a byddai'n aml yn dweud mai Mark a Paul oedd 'y cerddorion go iawn', ond does dim amheuaeth yn eu meddwl hwy ei fod yn hen ddigon da. 'Dwi'n cofio dangos cwpl o tiwns Catatonia iddo fo i weld os oedd o isio ymuno ar y gitâr, a nath o ista lawr yn ei dŷ fo efo gitâr, ac wedyn nath o jyst deud, "O, fedrai'm gwneud hyn, sti".'

'Jyst dim digon o hyder ganddo fo,' medd Paul, ac mae'n credu efallai fod hynny'n beth da yn y pen draw gan y byddai Barry wedi'i chael hi'n anodd delio gyda phwysau'r cwmni recordiau. 'Fysa'r *pressure* wedi bod yn ormod iddo fo, yn y stiwdio a ballu.'

Cyn gadael, roedd Dafydd Ieuan wedi recordio'r drymiau ar gyfer albwm cyntaf Catatonia, *Way Beyond Blue*, a gafodd ei ryddhau ar 30 Medi 1996. Ar un llaw, roedd yr albwm yn llwyddiannus iawn, gan werthu llawer mwy o gopïau nag unrhyw un o recordiau'r Cyrff, ond i'r label, oedd wedi buddsoddi'n drwm yn y band, roedd yn siomedig.

'Rili llwyddiannus i ni, ond i *major record company*, oeddan nhw wedi rhoi lot o arian i'r peth, oedd o ddim iddyn nhw ... oeddan nhw efo'r agwedd *"must try harder"*,' medd Mark Roberts. 'Nid cweit mor *commercial* ag oeddan nhw isio ella, ella bod nhw'n edrych am y Sleeper nesa neu rwbath.' (Paul)

Er hynny, mae'n record wych ac yn nhyb llawer yn well albwm na'r ail, *International Velvet*, oedd yn llwyddiant masnachol ysgubol. Rhywbeth arwyddocaol arall oedd y ffaith mai deuddeg trac Saesneg sydd ar y record, ac i lawer roedd hyn yn arwydd fod y grŵp wedi troi cefn ar eu gwreiddiau Cymraeg. Ond, byddai'r gwrandawyr craff wedi sylwi bod trac cudd ar ddiwedd yr albwm, a honno'n gân Gymraeg. A'r gân dan sylw oedd honno oedd wedi gwneud sawl ymddangosiad blaenorol – y gân roedd Mark wedi ysgrifennu'n wreiddiol i'r Cyrff ac a gadarnhaodd iddo fod cyfnod y grŵp ar ben.

Gyda Gwên

Gyda gwên o glust i glust, fe oedd y cyntaf i basio'r pyst
Mi roedd o'n hawdd yn hollol naturiol
Roedd rhai yn ei alw o'n ffôl
Ond doedd ystyried byth yn dal o nôl
Nid du a gwyn, ond hollol lliwgar
Ond o mae'n ddrwg gen i
Wnest ti ddim ei weld o
Ag o mae'n chwith gen i
Wnath o ddim rhagweld o
I deimlo'i hun yn noeth ymhlith llif o syniadau doeth
Roedd rhaid fo fod yn unigolyn
Diddanwch mewn pellter oer
Yn ei fywyd di-ffrwyth di-glod
Mi awn fel hyn, heb unrhyw ystyried
Ond o mae'n ddrwg gen i
Wnest ti ddim ei weld o
Ag o mae'n chwith gen i
Wnath o ddim rhagweld o

Trac cudd, ond yn cuddio dan drwyn y gwrandäwr gan fod y geiriau wedi eu hargraffu yn llyfryn y CD, a theg dweud ei bod yn cael ei gweld fel clasur erbyn hyn.

Deffrwch Gymry

Os oedd gwerthiant albwm cyntaf Catatonia'n siom i'w label, ni ellir dweud yr un peth am yr ail.

Rhyddhawyd y sengl gyntaf o albwm *International Velvet* ym mis Hydref 1997, a chrafodd 'I Am The Mob' i mewn i 40 uchaf y siartiau Prydeinig. Gyda'r senglau 'Lost Cat' a 'You've Got a Lot To Answer For' o'r albwm blaenorol yn cyrraedd rhifau 41 a 35, doedd yr arwyddion cynnar ddim yn dda felly.

Yna daeth yr achubiaeth, a *hit single* fawr gyntaf Catatonia – 'Mulder and Scully'. Roedd y band wedi dadlau mai hon ddylai fod sengl gyntaf y grŵp ond roedd Warner Bros wedi mynnu fel arall. Roedd y tensiwn rhwng y label a'r band yn amlwg mewn sawl ffordd wrth i ddyddiad rhyddhau *International Velvet* gael ei oedi yn ail hanner 1997, ac wrth i'r grŵp recordio'r gân 'That's all Folks' oedd yn crynhoi eu rhwystredigaeth gyda'r label, ac yn benodol gyda'r 'holl *bullshit*' PR a marchnata oedd yn cael ei wthio ar y grŵp.

Roedd y pwysau i lwyddo'n amlwg: 'Oedd o'n edrych fel os nad oeddan ni'n dod fyny efo'r *goods* bysa ni nôl yn y siop bwtsiwr ...' meddai Mark, ac mae Paul yn ategu hynny: '... fysa nhw wedi dropio ni.'

'Oedd 'na ddisgwyliadau mawr o 'I Am The Mob' ond nath o *stallio*'n rhif 40, so nethon nhw ddal yr albwm nôl bach mwy.' (Mark)

O'r diwedd, rhyddhawyd 'Mulder and Scully' ar 19

Ionawr 1998, gyda'r albwm i ddilyn bythefnos yn ddiweddarach. Wedi'i hysbrydoli gan y gyfres deledu *sci-fi* hynod boblogaidd ar y pryd, *The X-Files*, a gyda'i chytgan gofiadwy, roedd yn amlwg fod y grŵp wedi darganfod fformiwla llwyddiant senglau, ac fe saethodd y record i rif tri yn y siartiau Prydeinig.

Roedd Catatonia o'r diwedd wedi llwyddo i dorri mewn i'r farchnad brif ffrwd, a phan ryddhawyd yr albwm cyrhaeddodd rif 1 yn y siartiau albyms Prydeinig. Ym Mhrydain, mae'r diwydiant cerddoriaeth yn dyfarnu record 'blatinwm' i albyms sy'n gwerthu 300,000 o gopïau – dros y ddwy flynedd ganlynol gwerthodd yr albwm dros 900,000 o gopïau gan ennill statws *'triple platinum'*. Cafodd hefyd ei enwebu am wobr enwog y Mercury Music Prize ym 1998. Record eithriadol o lwyddiannus.

Dilynodd tair sengl arall o'r albwm – 'Road Rage', a gyrhaeddodd rif 5 yn y siartiau Prydeinig, 'Strange Glue' (rhif 11) a 'Game On' (rhif 33). Enwebwyd 'Road Rage' fel 'Sengl Orau' yng Ngwobrau Ivor Novello a'r 'Brit Awards', gan ennill y wobr yng ngwobrau'r cylchgrawn cerddoriaeth, Q.

Er na ryddhawyd y gân fel sengl, gellid dadlau mai'r trac sy'n rhannu enw'r albwm yw'r mwyaf arwyddocaol o'r casgliad. Fel gyda 'Cymru, Lloegr a Llanrwst', mae 'International Velvet' yn brawf o allu Mark i ysgrifennu anthem ac fe ddaeth y gân i fod yn anthem answyddogol Cymru i raddau, gyda pherfformiad Catatonia ohoni yn seremoni agoriadol Cwpan Rygbi'r Byd 1999 yn Stadiwm y Mileniwm yn selio'i statws.

Gellir dadlau mai *International Velvet* oedd pinacl yr hyn roedd y wasg wedi'i labelu'n 'Cŵl Cymru'. Roedd 1997

– 1999 yn flynyddoedd arwyddocaol lle gwelwyd twf yn hyder y genedl – roedd buddugoliaeth yr ymgyrch 'Ie' yn refferendwm datganoli 1997, ac yna agor y Cynulliad ym 1999, yn golygu cyfnod cyffrous yn wleidyddol, tra bod llygaid y byd chwaraeon ar Gymru diolch i Gwpan Rygbi'r Byd ym 1999.

Roedd Cymry'n gwneud marc yn Hollywood wrth i'r ffilm Gymreig, *Twin Town* (1997) ddod yn ffefryn gwlt, ac wrth i seren y ffilm a chanwr gwreiddiol Super Furry Animals, Rhys Ifans, serennu ochr yn ochr â Hugh Grant a Julia Roberts yn *Notting Hill*. Roedd Ioan Gruffudd wedi ymddangos yn ffilm fawr 1997, *Titanic*, a hefyd yn chwarae'r brif ran yn y gyfres deledu *Hornblower*, a Matthew Rhys hefyd yn dechrau dod i'r amlwg.

Ond does dim amheuaeth mai llwyddiant bandiau o Gymru oedd prif ddylanwad Cŵl Cymru. Dechreuodd y cyfan gydag albwm enfawr y Manic Street Preachers, *Everything Must Go*, ym 1996. Roedd y Manics wedi cael peth llwyddiant cyn hynny, ond wrth ryddhau eu casgliad diweddaraf, mwy poblogaidd, roeddent hefyd wedi darganfod balchder newydd yn eu Cymreictod. Roedd Super Furry Animals wedi gwneud eu marc gyda'u dau albwm cyntaf, *Fuzzy Logic* (1996) a *Radiator* (1997), a Gorky's Zygotic Mynci yn ffefrynnau mawr ar ymylon y brif ffrwd ar ôl rhyddhau eu halbyms mwyaf llwyddiannus *Barafundle* (1997) a *Gorky 5* (1998).

Roedd llwyddiant y grwpiau eraill yn fwy hirhoedlog, ond mae cyfnod Catatonia'n adlewyrchu cyfnod Cŵl Cymru i raddau helaeth, ac efallai mai *International Velvet* ydy'r albwm sy'n cynrychioli'r cyfnod yn fwy na'r un arall.

Deffrwch Cymru cysglyd gwlad y gân
Dwfn yw'r gwendid, bychan yw y fflam
Creulon yw'r cynhaeaf, ond pêr yw'r don
Daw alaw'r alarch unig yn fy mron
Every day when I wake up I thank the lord I'm Welsh

Er y pwysau gan y label, a chyfeiriad mwy masnachol y caneuon, doedd Mark a Paul ddim yn teimlo fod y band wedi cael eu gwthio i wneud rhywbeth oedd yn groes i'w hewyllys. 'O'n i ddim yn gweld o fel neidio trwy hŵps *as such* achos dyna oeddan ni'n licio gwneud, trio gwneud caneuon pop,' medd Mark. 'Oedd o angen left turn ... oedd o'n teimlo'n naturiol.' (Paul)

Yn ystod y cyfnod llwyddiannus yma roedd Mark a Paul yn dal i ddychwelyd i Lanrwst yn rheolaidd i ymweld â theulu a ffrindiau. Roedd Mark Kendall o gwmpas o hyd, ac yn chwarae gyda chwpl o fandiau lleol, ond roedd Barry'n gweithio tipyn yn yr Almaen ar y pryd – roedd prinder gwaith yng Nghymru, ond lot o gyfleoedd yn yr Almaen: 'fatha *Auf Wiedersen Pet*, ti'n gwbod,' medd Mark.

Er hynny, daeth cynnig na allai Barry ei wrthod yn fuan, sef mynd i weithio i Catatonia fel technegydd gitâr i Mark pan oedd y grŵp yn teithio. Doedd Paul ddim yn hollol siŵr o'r syniad yn y lle cyntaf: 'I ddechra *off* o'n i'n meddwl fod o'n syniad rili od, achos oeddan ni wedi bod mewn band efo Barry ac o'n i ddim yn siŵr sut yn union oedd o'n mynd i weithio.'

Rhan o'r rheswm am hyn oedd y gystadleuaeth oedd yn bodoli ymysg y criwiau technegol oedd yn teithio gyda bandiau yn ôl Mark: 'Oeddan nhw'n casáu y ffaith bod o'n un o'n mêts ni a bod o ddim di bod yn *guitar tech* yn

Brighton a lle bynnag yn gwneud y *toilet circuit*, ond oedd o off i Japan efo ni yn syth bin.'

'O'n i'n rili *chuffed* bod Barry'n dod gyda ni ... oedd o'n rili rili da i ni ar y pryd, oedd o'n ffycin briliant. Oedd o'n dda jyst cal rhywun o Llanrwst yn teithio efo ni, ond Barry ... oedd o'n sbesial,' medd Paul.

'Ma'r pobl ma'n *mercenaries*, neith nhw weithio i rywun ac maen nhw'n deud wrtha chdi bod chdi'n dda ond *basically* ti'n talu nhw ac maen nhw'n tiwnio dy gitâr, rhoi o i chdi, *begrudgingly*, achos be di rhain ond *failed musicians*. Be sy'n well na cael dy fêt di'n mynd i Japan neu Awstralia, oedd o jyst yn *amazing*, a dwi'n meddwl nath o ... dwi'n gobeithio nath o enjoio fo.' (Mark)

Trydydd albwm anodd

Wedi llwyddiant masnachol *International Velvet*, daeth trydydd albwm Catatonia yn fuan wedyn yn Ebrill 1999. Gyda llai o bwysau o gyfeiriad y label efallai, roedd *Equally Cursed and Blessed* yn dynodi newid cyfeiriad arall i Catatonia yn enwedig felly'r sengl gyntaf 'Dead From the Waist Down' a ryddhawyd ar 22 Mawrth, dair wythnos cyn yr albwm. Mae'r sŵn yn llawer mwy meddal na senglau *International Velvet*, a hynny, yn ôl rhai, er mwyn targedu cynulleidfa Radio 2, er bod Mark a Paul yn chwerthin ar yr awgrym hwnnw. Er i'r sengl gyrraedd rhif 7 yn y siartiau, ac i'r albwm gyrraedd brig y siartiau recordiau hir Prydeinig, mae Mark yn teimlo mai dyma oedd dechrau'r diwedd i Catatonia.

'Ti'n dechra malu cachu, *experimentio* a petha a trio bod yn glyfar, ac wedyn ... ma'r hud wedi mynd wedyn yn do.'

'Ti di neud o o'r blaen, felly ti'n *stilted* mewn ffordd,

ti'n meddwl ella fysa hwn yn gallu bod yr un peth [â'r albwm blaenorol] ond ti dal isio gwneud rhywbeth creadigol. *Difficult second album* ... ond gawsom ni o efo'r trydydd.' (Paul)

Er i'r albwm gyrraedd brig y siartiau a gwerthu digon i ennill statws platinwm, ni lwyddodd y senglau i ailadrodd llwyddiant senglau *International Velvet* ac roedd y tensiynau rhwng y band a'r label wedi dechrau ailymddangos. Yn groes i ddymuniad y band, mynnodd y label eu bod yn rhyddhau 'Londinium' – cân am ddiflastod holl stŵr a phrysurdeb bywyd mewn dinas fawr – fel ail sengl yr albwm. Cwynodd Cerys am y penderfyniad yn gyhoeddus ar raglen *Big Breakfast* Channel 4 gan ddweud bod y fideo ar gyfer y sengl wedi costio mwy i'w gynhyrchu na'r albwm i gyd. 'We wanted to release a different track ... because a lot of people think it's a negative song and I'm like, "Well I don't want it to be a single, I just don't want it to be".' (Cerys, Gorffennaf 1999)

Hyd yn oed gyda'r fideo drudfawr, i rif 20 yn unig y cyrhaeddodd y sengl. Doedd trydedd sengl yr albwm, 'Karaoke Queen', ddim yn llwyddiannus chwaith, gan gyrraedd dim ond rhif 36 yn siart y senglau.

Er nad oedd *Equally Cursed and Blessed* yn llwyddiant ysgubol, roedd y band, a Cerys yn enwedig, yn dipyn o enw erbyn hyn – gymaint felly nes iddi recordio deuawd 'The Ballad of Tom Jones' gyda'r grŵp poblogaidd o Lerpwl, Space, ym 1998, cyn recordio'r ddeuawd 'Baby it's Cold Outside' gyda'r dyn ei hun ar gyfer albwm *Reload* Tom Jones ym 1999.

Roedd y grŵp yn amlwg angen egwyl hefyd ar ôl rhyddhau dau albwm mor agos i'w gilydd, perfformio mewn gwyliau enfawr a theithio'n rheolaidd. Chwaraeodd y band yn gig elusen NetAid yn stadiwm Wembley yn Hydref 1999, a dyma fyddai eu gig olaf am ddeunaw mis.

'Gethon ni fatha chwech mis neu flwyddyn off achos oeddan ni wedi gwneud *tour* o America a petha, a jyst y *grind* chydig bach. Nethon ni gymryd amser off i sgwennu mwy o ganeuon a cymryd step yn ôl ... ac wrth gwrs does 'na ddim amser i gymryd step yn ôl yn y byd yna achos unwaith ti'n gneud hynna ma pawb 'di anghofio amdana chdi, ma'r *record company* wedi seinio deg, deuddeg band newydd a ti'n mynd lawr y *priority list*,' medd Mark. 'Oddan ni jyst wedi colli momentwm o edrych nôl, a meddwl bod ni'n grêt, meddwl bod ni'n well na be oeddan ni'.

Colli Barry

Yn ystod cyfnod *hiatus* Catatonia, cafwyd ergyd enfawr i'r grŵp, ac i Mark a Paul yn arbennig, gyda'r newyddion am farwolaeth Barry Cawley.

Y B5106 yw'r lôn gefn i Fetws-y-coed o Lanrwst. Dyma'r ffordd y byddai Pete Cawley, brawd iau Barry, yn ei defnyddio i seiclo i Fangor pan oedd yn gwneud cwrs gradd mewn rheolaeth cynllunio yn y Brifysgol. Mae'r ffordd yma, ar ochr orllewinol y dyffryn, dipyn yn dawelach na'r briffordd i Betws, yn arbennig yn ystod misoedd yr haf. Ffordd pobl leol yw hon yn bennaf ac mae'n ffordd i osgoi prysurdeb pentref Betws-y-coed gan groesi Afon Llugwy dros Bont-y-Pair yng nghanol y pentref ac ymuno â'r A5 i Gapel Curig. Mae'r ffordd a'r rheilffordd yn dynn wrth droed llethrau serth a choediog Carreg y Gwalch a Choedwig Gwydir ac ychydig uwchben y gorlifdir. Mae'n ffordd gul a throellog mewn mannau ond yn hynod o hardd, yn arbennig yn gynnar yn y bore ar fore braf o wanwyn neu haf.

Ar ôl pasio Castell Gwydir a fferm Pengwern ar gornel yn y coed sy'n dynn wrth y ffordd ar yr ochr uwchben yr afon mae 'na weddillion beic ynghlwm wrth un o'r coed. Mae'r beic wedi'i beintio'n wyn a'i osod yno er cof am Barry.

Seiclo oedd un o hoff ddiddordebau llawer o bobl yr ardal gan gynnwys Barry, ei frodyr a'i ffrindiau. Yn ôl Pete Cawley, rhan o'r rheswm y dewisodd Barry beidio ymuno â Catatonia oedd ei fod yn colli'r pleser o gymdeithasu gyda'i frodyr a'i ffrindiau, gan gynnwys y seiclo ar benwythnosau.

Ar brynhawn dydd Sul 30 Gorffennaf 2000 roedd Barry a dau ffrind, Gwyn Fôn a Gareth Rees, wedi penderfynu seiclo ar hyd y dyffryn ar y lôn gefn ac yna ymlaen i gyfeiriad Eryri. Roedd y tri ohonynt yn seiclwyr profiadol ac yn adnabod y ffordd yn dda, felly'n dilyn ei gilydd gyda Barry yn y canol.

'Prynhawn dydd Sul rhwng 11:30 a 4:00 yw un o'r cyfnodau mwyaf peryglus i seiclwyr,' esbonia Pete. 'Roeddan nhw wedi meddwl mynd i Betws ar y ffordd trwy'r goedwig ond wedi newid meddwl.'

Bu farw Barry mewn gwrthdrawiad gyda char a oedd yn teithio'n rhy gyflym ar hyd y lôn gul a throellog. Lladdwyd gyrrwr y car hefyd. Roedd marwolaeth Barry yn sioc anferthol i'r teulu a'i ffrindiau. Cyffyrddodd y golled â phawb yn yr ardal a thu hwnt oherwydd ei boblogrwydd a'i gymeriad hoffus, llawn bywyd a hwyl a oedd ar yr un pryd mor ofalgar o eraill. Mae'n amhosib cyfleu'r tristwch mewn geiriau.

Os teithiwch chi ar hyd y lôn honno heddiw, fe welwch chi'r beic gwyn ar goeden gerllaw safle'r ddamwain – cafodd Pete y syniad ar ôl darllen am yr arferiad a ddechreuodd yn America o roi 'beiciau ysbryd' (*ghost bikes*) yn hytrach na blodau mewn safleoedd lle mae seiclwyr wedi eu lladd ar ffyrdd. Mae'n deyrnged deimladwy, a phriodol iawn i berson arbennig.

Barry Cawley

Beichiog

A'r gair yw ar y stryd, bod chdi ddim
yn cofio'r enwau i gyd
Ond dwi yn y ffrâm, yn un o dri
Beichiog – a ga'i ofyn pwy 'di'r tad?
Neu ryw bwt o eglurhad
O'n i'n meddwl bod chdi a fi
tan y diwedd
Gan obeithio gei di fywyd hapus
A chaiff bob broblem gael eu datrys
Gan obeithio gei di fywyd hapus
Ym mhen draw'r twnnel
does dim goleuni
Beichiog – mae 'na gwcw yn y nyth
Ond mae *vasectomy* fi'n dyst
Felly hawl i bwyntio'r bys am unwaith
Beichiog – canys dyma yw ei chân
Rhaid iddi gadw slaten lân
A chadw'r drwgdybwyr ar wahân
Gan obeithio gei di fywyd hapus
A chaiff bob broblem gael eu datrys
Ti'n gwthio dy blentyn lawr y stryd
A phryd edrychais mewn i'r crud

Oedd hi'n edrych just fel fi –
yr un ffunud
Beichiog – yn anymwybodol o'r crud tan y bedd
Rhywbeth yn tyfu yn ei bol hi
Babis heddiw yn hwligans fory
Mae natur yn greulon
yn anymwybodol
Mae dyn yn anifail yn gwbwl hunanol
Mond bod chdi'n cael deall dy le
yn y byd
Beichiog – yn anymwybodol o'r crud tan y bedd

Dychwelodd Catatonia i stiwdio Monnow Valley yn Rockfield, Mynwy, lle recordiwyd y ddau albwm blaenorol, i recordio'u pedwerydd albwm, *Paper Scissors Stone*, ar ddechrau 2001.

Gwnaeth y band eu hymddangosiad cyntaf ar lwyfan ers blwyddyn a hanner mewn gig bach yn Northampton ar 26 Ebrill 2001, cyn chwarae mewn gig elusennol mawr a drefnwyd gan Unison yn y Manchester Evening News Arena ddeuddydd yn ddiweddarach. Nhw oedd prif fand y gig Unison oedd hefyd yn cynnwys Toploader, Idlewild, Wheatus a Dum Dums.

Cafodd nifer o ganeuon o'r albwm newydd, oedd wedi'i enwi'n 'It's What's Not There That Makes What's There What It Is' ar y pryd, eu cynnwys yn y set. Wrth drafod yr albwm newydd gyda'r *NME*, dywedodd Cerys ei fod yn 'dywyllach' ac yn 'fwy aeddfed' na'r albyms blaenorol. Gan ddweud fod nifer o'r caneuon

Mark Roberts a Paul Jones – Y Ffyrc

wedi'u hysgrifennu gan Mark, dywedodd, 'lyrically, they are pretty astonishing.'

Rhyddhawyd y sengl anthemig 'Stone By Stone', a ysgrifennwyd gan Mark, ar 23 Gorffennaf 2001, gan gyrraedd rhif 19 yn siart y senglau. Dilynodd yr albwm, gyda'i enw newydd, ar 6 Awst gan ddringo'n syth i rif 6 yn siart albyms Prydain. Er hynny, bu'n rhaid i'r band ganslo taith i hyrwyddo'r albwm ym mis Medi wrth i Cerys dderbyn cymorth i ddelio â phroblemau alcohol ac ysmygu, er mai 'gorbryder a blinder' oedd y rheswm swyddogol. Roedd y daith eisoes wedi'i symud o fis Gorffennaf ac wrth i'r sïon am ddiwedd Catatonia ddyfnhau daeth y newyddion ar 21 Medi fod y band wedi chwalu.

Roedd datganiad gan y label yn dweud nad oedd unrhyw ffrae ymysg y band: 'They have thought about this for quite a while and they decided it was best to put it to bed. Their decision has been made entirely amicably, and there are no details at present as to their future plans.'

Er hynny, wrth sgwrsio gyda Non Tudur yng nghylchgrawn *Golwg* ym Medi 2005 mae Mark yn awgrymu bod y chwalfa'n anochel, a bod yna straen rhwng Cerys a gweddill aelodau Catatonia tua'r diwedd: 'Efo Cerys a phawb. Roedd hi wedi dod yn anodd cael hi i rihyrsio a'i chael hi i werthfawrogi'r band. Roeddan ni'n gallu dweud bod o'n dod i ben. Roedd hi'n gallu bod yn *frustrating* weithiau. Roeddan ni eisio gwneud *recordings* – ond oedd hi'n anodd. Weithie oedd hi mwy *interested* mewn mynd i'r *hairdressers* na dod i *rehearsals*!'

Yn nodiadau clawr *Paper Scissors Stone*, mae'r albwm yn cael ei gyflwyno er cof am Barry Cawley, ac mae'r gân 'Imaginary Friend' yn cyfeirio at gitarydd Y Cyrff.

And me and Barry C are
Going down to Connah's Quay
For all your Telecaster dreams
A Telecaster is all you need ...
Something inside dies ...

Wrth drafod yr albwm heddiw, mae'n amlwg mai atgofion digon chwerw o'r cyfnod a'r albwm sydd gan Mark a Paul. Roedd hynny'n glir yn y sgwrs a gynhaliwyd gyda Mark a Paul wrth iddyn nhw dderbyn gwobr 'Cyfraniad Arbennig' Gwobrau'r *Selar* yn Aberystwyth ym mis Chwefror 2019, wrth i Mark ateb ynglŷn â lle'r oedd yn gosod y casgliad ar eu rhestr albyms Catatonia.

'Reit ar y gwaelod i fi ... ma pawb yn wahanol, dwi byth yn teimlo fel gwrando arno fo.' Ehangodd Paul ar hynny: 'Ma'r *associations* efo'r albwm yna'n fwy anodd, achos petha personol ... pryd ti'n gwrando arno fo, neu pan ti'n clywed o ar y radio, mae dy ben di'n mynd nôl i'r amser yna.'

Er gwaethaf teimladau'r hogia am yr albwm heddiw, mae'n drueni mawr na chafodd Catatonia gyfle teg i hyrwyddo *Paper Scissors Stone* gan fod yna gasgliad gwirioneddol dda o ganeuon yma a gafodd eu colli i bob pwrpas.

Cynhyrchu, cydweithio ac ail-ryddhau
Roedd cyfnod Catatonia ar ben erbyn hydref 2001 felly, ond beth nesaf i'r aelodau ac yn benodol Mark a Paul? Wrth i Cerys barhau yn llygad y cyhoedd a symud i Nashville, Tennessee i ganolbwyntio ar gerddoriaeth gwlad a gwerin, fe drodd Owen Powell at reoli cwpl o

fandiau a gyrfa yn y cyfryngau gan gynnwys dod yn feirniad ar gyfres S4C, *Waw Ffactor*.

Dewisodd y tri aelod arall gyfeiriad llai cyhoeddus, ond gan ddal ati i weithio yn y byd cerddoriaeth.

Symudodd Aled i fyd addysg bellach, gan fynd i ddarlithio yng Ngholeg Sir Gâr, yn ogystal â chwarae gyda nifer o grwpiau fel cerddor sesiwn. Mae'n parhau i chwarae'n rheolaidd mewn 'bandiau tŷ' ar raglenni S4C, ac yn chwarae gyda nifer o artistiaid amlwg fel Mei Gwynedd hyd heddiw.

Yn 2002 cafodd Mark ei recriwtio gan y grŵp Maharishi i gynhyrchu eu EP *Keep Your Ear to The Ground or You Won't Hear the Horses*. Roedd y band wedi ffurfio yn neuadd breswyl JMJ ym Mangor, ond â chysylltiadau gydag ardal Llanrwst gyda'r gitarydd Euron Jones yn dod o Felin-y-coed a'r canwr Gwilym Davies o bentref cyfagos Llansannan.

'Efo Maharishi oeddan nhw jyst isio iwsio gitars fi,' ydy sylw tafod-ym-moch Mark wrth drafod y profiad cyntaf hwnnw o gynhyrchu, ond mae'n amlwg fod Maharishi'n gweld gwerth mewn cael stamp Mark ar y casgliad wrth iddyn nhw geisio torri'n glir o'r label 'band coleg'.

Daeth cyfle arall i Mark weithio fel cynhyrchydd yn 2004 wrth i hen gyfaill o Ddyffryn Conwy, Alun 'Tan Lan' Evans ofyn iddo gydweithio gyda chyfaill arall, a'i athro Daearyddiaeth, Toni Schiavone, fel cyd-gynhyrchwyr ar ei albwm cyntaf, *Aderyn Papur*.

Ag yntau ychydig yn iau na Mark yn Ysgol Dyffryn Conwy, roedd Y Cyrff wedi bod yn ddylanwad mawr ar Alun yn gerddorol wrth iddo ffurfio'r band pync Dail Te Pawb yn 14 oed. Bu Alun hefyd yn aelod o'r grŵp Boff Frank Bough yn y 1980au ac roedd wedi cael peth llwyddiant gyda

Serein ar ddiwedd y 1990au. Yn wir, roedd fersiwn o 'Pethau Achlysurol' gan Y Cyrff ar albwm cyntaf Alun.

Wedi dychwelyd ar ôl bod yn byw yn Iwerddon am gyfnod yn 2003, dechreuodd Alun wneud enw iddo'i hun fel trwbadŵr gwerinol a chafodd *Aderyn Papur* ganmoliaeth o sawl cyfeiriad. Cynhyrchodd Mark ail albwm Alun hefyd, *Y Distawrwydd*, yn 2005.

Roedd Paul wedi dod yn dad yn ystod oes Catatonia; yn wir, ganed ei ferch, Gwen, wrth i'r band recordio *International Velvet* a daeth partner Paul, Kath, a'r babi draw i aros gyda'r band yn Monnow Valley pan oedd Gwen yn gwta bedwar diwrnod oed! Felly ar ôl i'r band ddod i ben, canolbwyntiodd Paul ar fagu ei ferch.

Roedd Mark a Paul yn dal i fod mewn cyswllt rheolaidd, ac yn dal i weithio ar gerddoriaeth yn dawel bach. Mae'n siŵr mai ychydig fyddai'n gwybod iddynt ennill gwobr BAFTA Cymru yn 2006 am eu trac sain ar gyfer y ffilm ddogfen *Codi Angor* yn dilyn hynt cwch pysgota o San Francisco! Dim syndod nad oedd Mark yn y seremoni, ond fe aeth Paul a meddwi'n rhacs gan feddwl mai *Doctor Who* oedd yn siŵr o ennill y wobr!

Yn 2003, daeth Mark a Paul ynghyd i gydweithio â dau gerddor Cymraeg arloesol arall, John Griffiths a Kevs Ford o'r grŵp Llwybr Llaethog. Sherbet Antlers oedd enw'r prosiect newydd ac fe ryddhawyd CD y pedwarawd oedd yn cynnwys dau drac, 'Hikikomorai' a 'Let Yourself Go' ar ddiwedd 2003. Yn fuan wedyn daeth y perfformiad cyntaf ar lwyfan yn Chwefror 2004 yng Nghlwb Ifor Bach, Caerdydd.

Mewn sgwrs ar raglen Radio Cymru Rhys Mwyn oedd yn rhoi sylw arbennig i Mark fel cerddor yn Hydref 2017, dywed John Griffiths ei fod yn hoff o glywed Mark yn canu gyda'r Cyrff, a'i fod yn awyddus i'w weld yn canu eto ar ôl i Catatonia ddod i ben. Dywedodd John mai Mark ysgrifennodd y geiriau i'r gân 'Hikikomorai' hefyd: 'Odd Mark di darllen rwbath ynglŷn â'r hikikomorai, gair *Japanese* i ddisgrifio pobl ifanc pan maen nhw byth yn mynd allan, jyst aros yn stafell gwlâu nhw'n sbïo ar *computers*.' Un o destunau mwy amgen Mark!

Dim ond llond llaw o gigs wnaeth Sherbet Antlers ac ambell ymddangosiad teledu: 'Pan o'n ni'n chwara'n fyw, i padio allan y set nathon ni cyfyr o un cân Cyrff ac un cân Llwybr Llaethog ... rwbath rili da gan Y Cyrff ond dwi'm yn cofio'i enw fo,' meddai John Griffiths ar Radio Cymru yn Hydref 2017. Prosiect byrhoedlog oedd hwn felly, ond efallai'n fodd o glirio Catatonia o'r system.

Atalnod Llawn i'r Cyrff

Yn 2005 penderfynodd Rasal, is-label cerddoriaeth gyfoes newydd Recordiau Sain, eu bod am ryddhau casgliad cynhwysfawr o gerddoriaeth Y Cyrff ar ffurf bocs-set 4 CD. Roedd hi'n ugain mlynedd ers recordio sengl gyntaf y grŵp, 'Yr Haint', felly'n weddol amserol i wneud hynny.

Wrth sgwrsio gyda Claire Hill yn y *Western Mail* ym mis Medi'r flwyddyn honno, datgelodd Mark a Paul eu bod wedi ystyried y syniad yn y gorffennol.

'It was not our idea but we had thought about it in the past,' meddai Mark yn y cyfweliad. 'It was kind of presented into us in a fait accompli,' ychwanegodd Paul.

Roedd y bocs-set yn cynnwys EPs *Y Testament Newydd* ac *Yr Atgyfodi*, y record hir *Llawenydd Heb Ddiwedd*, ynghyd â detholiad o draciau byw a senglau. O dipyn i beth, un o'r traciau mwyaf poblogaidd ar y casgliad oedd recordiad byw amrwd iawn o 'Anwybyddwch Ni' a ymddangosodd ar y casét bŵtleg *Dan y Cownter*. Mor amrwd oedd y casét nes mai dyma'r unig drac oedd o safon ddigon da i'w ddefnyddio, ond yn eironig ddigon mae'n dal i gael ei chwarae ar Radio Cymru a hithau'n gân brotest yn erbyn un o raglenni'r orsaf yn wreiddiol wrth gwrs.

Fel roedd enw'r bocs-set yn awgrymu, roedd y casgliad yn cau pen y mwdwl ar Y Cyrff, a doedd dim gobaith o weld y grŵp yn ôl ar lwyfan mewn unrhyw ffurf. Er hynny, trefnwyd taith i hyrwyddo'r bocs-set gyda grwpiau cyfoes oedd â chysylltiad â Dyffryn Conwy'n perfformio caneuon Y Cyrff ym mis Medi 2005. Taith fer, tri gig, gyda bachyn amlwg oedd 'Taith Cymru, Lloegr a Llanrwst'. Roedd gig ym mhrifddinas Cymru, Clwb Ifor Bach yng Nghaerdydd; yna prifddinas Lloegr, yn y Marquee Club yn Llundain; cyn cloi'r daith yn Llanrwst yng nghlwb y Legion yn y dref.

Roedd Alun Tan Lan wedi gwneud tipyn o farc dros y flwyddyn flaenorol ac fel un roedd Y Cyrff wedi dylanwadu'n gryf arno roedd yn enw amlwg i hedleinio'r daith. Ond artist acwstig oedd Alun i bob pwrpas, ac roedd angen mwy o wmff os oedd am gloi nosweithiau'r daith. Roedd wedi bod yn trafod y syniad o gydweithio gyda phrif grŵp roc y sin ar y pryd, Kentucky AFC, felly dyma gyflwyno'r cyfle perffaith. Penderfynodd Alun a Kentucky AFC lunio ac ymarfer set lawn o ganeuon Y Cyrff, tra bod y gefnogaeth, Maharishi a'r cerddor o Benmachno, Dan Amor, yn cynnwys llond dwrn o ganeuon y grŵp yn eu set. Cafodd y grŵp ifanc o Ddyffryn Conwy, Jen Jeniro, agor y nosweithiau yng Nghaerdydd a Llanrwst hefyd.

Roedd Clwb Ifor yn le amlwg i agor y daith, gyda Mark

yn wyneb cyfarwydd yn y lleoliad enwog ar Stryd y Fuwch Goch. Gyda chymaint o gerddorion a dilynwyr cerddoriaeth Gymraeg cyfnod Y Cyrff wedi setlo yng Nghaerdydd, doedd dim syndod gweld y Clwb yn llawn ar gyfer y gig cyntaf.

Er mai 'stynt' cyhoeddusrwydd oedd mynd i Lundain mewn gwirionedd, roedd torf deilwng yn y Marquee Club yn Leicester Square hefyd. Roedd y daith i Lundain yn dwyn i'r cof rai o deithiau'r Cyrff gyda'r grwpiau i gyd, a'r roadies Aled Ifan (Rasal) ac Owain Schiavone (trefnydd y daith) yn cyd-deithio yno ar fws mini o Lanrwst gydag Alun Tan Lan yn gyrru. Wrth ddadlwytho yn Leicester Square, digwyddodd Aled Ifan sylwi ar wyneb cyfarwydd yn cerdded heibio – neb llai na 'BB' Aled Jones, sef y Cymro o Aberystwyth oedd yn cynhyrchu rhaglen fwyaf poblogaidd Radio 1 ar y pryd, rhaglen frecwast Chris Moyles. Roedd rheolwr Rasal yn ddigon chwim i achub ar y cyfle a chyflwyno'i hun i'r cynhyrchydd, gan ei wahodd i'r gig yn y nos. Chwarae teg i BB Aled, sydd bellach yn bennaeth cerddoriaeth Radio 1, gwnaeth yr ymdrech i ddod draw i'r gig yn hwyrach yn y noson.

Wedi noson mewn hostel ger Soho, roedd yn bryd anelu nôl am gymal olaf y daith a'r gig yn Llanrwst y diwrnod canlynol. Digwyddodd dau beth o bwys yn ystod y daith adref. Yn gyntaf, cafwyd galwad ffôn i ddweud fod prif artist gig wythnos y glas myfyrwyr Cymraeg Bangor wedi tynnu nôl o gig yng nghlwb 'Amser' y noson honno, a chynnig i Alun a Kentucky lenwi ei esgidiau – felly cyfle hwyr i ychwanegu noson ychwanegol i'r daith ac ymarfer arall cyn yr uchafbwynt yn Llanrwst. A'r ail oedd gwrando ar raglen Chris Moyles ar y ffordd, a chlywed BB Aled

Jones yn trafod y gig y bu ynddo'r noson flaenorol, a chystal oedd set Alun a Kentucky AFC. Gyda thua 6.5 miliwn o wrandawyr i'r rhaglen ar y pryd, roedd hynny ar ben ei hun yn gwneud y daith i Lundain yn werth chweil.

Roedd tipyn o gyffro am gig olaf y daith yn Llanrwst, a'r tocynnau i gyd wedi hen werthu cyn y noson. Ar ben hynny roedd camerâu rhaglen gerddoriaeth S4C ar y pryd, *Bandit*, yno i gofnodi'r noson ar ffilm. A gyda Mark Roberts, Paul Jones, Dylan Hughes a Mark Kendall, ynghyd â llwyth o'u ffrindiau dre yno, roedd tipyn o bwysau ar Alun yn enwedig i berfformio. Heb os, byddai unrhyw un oedd yno ar y noson yn barod i dystio fod yr awyrgylch yn arbennig iawn, ac a hwythau wedi perffeithio eu set yn ystod y daith roedd perfformiad Alun Tan Lan a Kentucky AFC yn hynod gofiadwy.

Ffaith ddifyr arall am *Atalnod Llawn* ydy mai Mark Kendall sydd wedi creu'r gwaith celf ar gyfer y casgliad, a bod gan ganddo datŵ o'r gwaith celf ar ei fraich!

Y Ffyrc

Ar ddiwedd y cyfweliad yn y *Western Mail* ym Medi 2005, mae Mark a Paul yn datgelu fod ganddyn nhw 'work in progress', sef Y Ffyrc. 'When we've finished it we'll see what to do with it.'

Lai na blwyddyn yn ddiweddarach, roedden nhw wedi cwblhau cynnyrch cyntaf y prosiect, sef yr albwm *Oes* a ryddhawyd gan Rasal yn Awst 2006. Fe'i recordiwyd yn stiwdio Ohm Sweet Ohm yng Nghaerdydd ac yn stiwdio'r Pleasure Fox ym Mae Caerdydd, ac yn ogystal â Mark a Paul, mae cyfraniadau gan Kevin Tame fel peiriannydd, Aled Richards ac Osian Gwynedd.

Gwta bum mlynedd ers i Catatonia ddod i ben, byddech chi wedi disgwyl croeso cynnes i brosiect diweddaraf dau o'r aelodau craidd, ond teg dweud mai ymateb digon cymysg gafodd y Ffyrc. Mewn sgwrs cyn i Mark a Paul dderbyn Gwobr Cyfraniad Oes *Y Selar* ym mis Chwefror 2019, mae disgrifiad gwych, a nodweddiadol, gan Mark: 'Ti'n gwbod ar ôl yr Ail Ryfel Byd pan oeddat ti'n ffeindio *Japanese soldiers* dal yn meddwl bod y rhyfel ymlaen ar ynysoedd ... oedd fi a Paul fel'na ia.'

Yn yr un sgwrs, dwedodd Paul, 'Mewn ffordd oedd o'n teimlo fel dod nôl adra i neud petha trwy gyfrwng y Gymraeg hefyd.'

Mae Mark yn crybwyll y Ffyrc yn ei gyfweliad yn *Golwg* gyda Non Tudur yn 2005 hefyd, ac mae'n amlwg bod eu blaenoriaethau wrth ryddhau cerddoriaeth wedi newid erbyn hynny.

'Dydan ni ddim eisio gwneud i fiwsig fod yn yrfa na ddim byd. Does ganddon ni ddim *long-term plan* efo'r projectau; rydan ni jyst eisio gwneud rhai fel ydan ni'n meddwl amdanyn nhw. Rydan ni'n dal i fod o ddifri' amdano fo, ond dydan ni ddim eisio bod yn *tied* i un *thing*.'

Bydd y rhai craff yn sylwi fod Y Ffyrc yn anagram o Y Cyrff. Mewn cyfweliad yng nghylchgrawn *Y Selar* yn Awst 2006 mae'r ddau'n dweud fod y prosiect yn perthyn yn nes at eu band cyntaf nag i Catatonia: 'Mae'n teimlo i fi bod be' da ni'n neud yn rhyw fath o *mutation* o be' oeddan ni'n neud efo'r Cyrff ... Mae'n debycach i be' oeddan ni'n neud efo'r Cyrff na be oeddan ni'n neud efo Catatonia.' (Paul)

Ond wrth ddarllen ymlaen, mae'n dod yn glir mai nid ail-bobiad o'r Cyrff oedd y grŵp newydd, ond yn hytrach cerbyd newydd i ryddhau cerddoriaeth oedd ar y gweill ers sawl blwyddyn.

'Mae angen pwysleisio bod ni ddim yn atgyfodi Y Cyrff tmo'; mae'n fand newydd, jyst digwydd bod, bod yr un llythrennau yn cael ei iwsho ... a'r un *members!*' medd Mark. 'Dan ni di bod yn sgwennu stwff ers sbel yn y Gymraeg, ag o'n i'n meddwl ei bod hi'n amser i ni wneud rhywbeth efo fo *really*. Da ni di bod yn dal i sgwennu caneuon, a recordio pethau, ers i Catatonia chwalu.'

Ac ar ôl llwyddiant ysgubol Catatonia yn yr iaith fain, mae'n ddifyr mai unig fwriad Mark a Paul gyda'u prosiect diweddaraf oedd canu yn y Gymraeg: 'Os fysa ni'n gwneud rhywbeth, canu'n Saesneg, dim Y Ffyrc fysa fo wedyn ...' (Paul, *Y Selar* 2006).

Erbyn Tachwedd 2006 roedd y Ffyrc yn barod i berfformio'n fyw a daeth cyfle i wneud hynny, fel yn nyddiau cynnar Y Cyrff, diolch i Gymdeithas yr Iaith, gyda chyfle i fod yn brif fand Taith Tafod. Cafodd yr offerynnwr amryddawn Meic Parry, gynt o Winabego, ei recriwtio ar gyfer y band byw, ynghyd â drymiwr Catatonia, Aled Richards. Er hynny, yn y cyfweliad yn *Y Selar* yn gynharach yn y flwyddyn mae Mark yn cyfaddef eu bod wedi gobeithio troi nôl at eu hen gyfaill o ddyddiau'r Cyrff: 'Dan ni am drio cael Mark Kendall oedd yn chwarae i'r Cyrff allan o *retirement*, ond mae o reit *elusive*. Mae o'n debyg i Syd Barrett heblaw fod o ddim wedi marw eto!'

Mae Meic Parry'n cofio'r gwahoddiad i ymuno â'r grŵp: 'Ddes i i nabod Mark yn 2005 pan symudais i Gaerdydd a dechrau yfed yn nhafarn y Clive yn Canton. Roedd Mark yno'n aml ganol wythnos yn gwylio pêl-droed. Tua'r un adeg daeth bocset Y Cyrff allan ar CD. Er mod i'n gyfarwydd â'r rhan fwya' o'r caneuon ro'n i'n rhy ifanc i gofio'r Cyrff ar eu hanterth. Roedd Mark a Paul wedi recordio'r albwm *Oes* yn barod ac yn chwilio am gerddorion i chwarae'r albwm yn fyw a daeth Mark i ddeall rywsut mod i'n chwarae'r allweddellau felly mi ofynnodd i mi os oeddwn awydd chwarae efo nhw.'

Yn addas iawn, Kentucky AFC oedd prif gefnogaeth y Ffyrc ar y daith, ynghyd â grŵp ifanc o Landeilo oedd wedi cipio teitl Brwydr y Bandiau'r Gymdeithas, Amlder. Ymwelodd y daith â chlwb y Waterside yng Nghaerfyrddin; Clwb y Cyn-filwyr, yr Wyddgrug; Clwb Pêl-droed Aberystwyth; Clwb y Rheilffordd ym Mangor; ac wrth gwrs Clwb Ifor Bach yng Nghaerdydd. Perfformiodd y Ffyrc yn Llanrwst yng nghanol cyfnod y daith hefyd, yng ngŵyl Llanast Llanrwst. Er bod cynulleidfa barchus ym mhob un o'r gigs, Clwb Ifor Bach oedd yr unig leoliad llawn dop ar y daith.

'Yr uchafbwynt heb os oedd perfformio "Cymru, Lloegr a Llanrwst" yn y Legion Llanrwst,' yn ôl Meic Parry. 'Dyma'r unig dro i ni chwarae unrhyw un o ganeuon Y Cyrff. Dwi'n cofio na ddaru ni hyd yn oed ymarfer fel grŵp, jyst Mark a Paul yn dangos y riff gitâr i mi ac i ffwrdd â ni.'

Wrth adolygu albwm *Oes* ar Radio Cymru yn Awst 2006, mae Deian ap Rhisiart yn rhoi 6 marc allan o 10 i'r record, a Nia Medi yn rhoi dim ond 5 allan o ddeg. Ar y llaw arall, mae tudalen adolygiadau cylchgrawn *Y Selar* yn yr un mis yn ei dewis fel record 'rhaid gwrando' y rhifyn: 'Mae'r caneuon oll yn drawiadol iawn ac yn eithriadol o fachog – buan iawn fyddan nhw'n sownd yn eich pen. Go brin y byddwn yn clywed record well na hon eleni, a'r peth

gorau amdano ... mae'n gwella gyda pob gwrandawiad.'
(Owain Schiavone, *Y Selar*, Awst 2006)

Anodd dweud pam na chafodd *Oes* y croeso y byddech chi'n ddisgwyl. Yr amseru ddim yn iawn efallai? Y sin Gymraeg ddim yn barod am sŵn y Ffyrc o bosib, neu'n disgwyl rhywbeth tebycach i Catatonia? Pwy a ŵyr, ond y pethau sy'n sicr ydy fod safon cyfansoddi Mark gystal ag erioed, a'i fod heb golli'r gallu i ysgrifennu geiriau Cymraeg yn ymdrin â themâu dwys. Cymerwch linellau agoriadol 'Hen Dro' er enghraifft:

Mae pob dim rwy'n ei garu
Yn mynd i ladd fi
Mae pawb dwi'n cusanu
Yn diflannu
Hen dro Hen dro
Mae'r ysbryd yn fodlon
Corff yn wan
Ond cyrhaeddais i reit bell
Wedi'r cyfan

Mae'r ymdriniaeth dywyll o thema cariad oedd yn amlwg yng ngeiriau'r Cyrff yn codi eto, a Mark yn eu cyflwyno bron fel barddoniaeth. Yr hyn sy'n amlycach ar albwm y Ffyrc nag ar waith Y Cyrff a Catatonia ydy hiwmor tywyll Mark – mae 'Godinebwraig' yn un esiampl, ond yr amlycaf, ac efallai cân orau'r albwm, ydy 'Beichiog'.

Beichiog

A'r gair yw ar y stryd, bod chdi ddim
    yn cofio'r enwau i gyd
Ond dwi yn y ffrâm, yn un o dri
Beichiog – a ga'i ofyn pwy 'di'r tad?
Neu ryw bwt o eglurhad
O'n i'n meddwl bod chdi a fi
    tan y diwedd
Gan obeithio gei di fywyd hapus
A chaiff bob broblem gael eu datrys
Gan obeithio gei di fywyd hapus
Ym mhen draw'r twnnel
    does dim goleuni
Beichiog – mae 'na gwcw yn y nyth
Ond mae *vasectomy* fi'n dyst
Felly hawl i bwyntio'r bys am unwaith
Beichiog – canys dyma yw ei chân
Rhaid iddi gadw slaten lân
A chadw'r drwgdybwyr ar wahân
Gan obeithio gei di fywyd hapus
A chaiff bob broblem gael eu datrys
Ti'n gwthio dy blentyn lawr y stryd
A phryd edrychais mewn i'r crud
Oedd hi'n edrych just fel fi –
    yr un ffunud
Beichiog – yn anymwybodol o'r crud tan y bedd
Rhywbeth yn tyfu yn ei bol hi
Babis heddiw yn hwligans fory
Mae natur yn greulon
    yn anymwybodol

Mae dyn yn anifail yn gwbwl hunanol
Mond bod chdi'n cael deall dy le
    yn y byd
Beichiog – yn anymwybodol o'r crud tan y bedd

Er dal yn gwbl o ddifri am y gerddoriaeth doedd disgwyliadau'r Ffyrc ddim yn rhy uchel. Mae rhywun yn casglu, wrth ddarllen dyfyniad gan Mark o'r cyfweliad yn *Y Selar* yn Awst 2006, mai bod nôl yn creu ac yn perfformio oedd y peth pwysicaf.

'Dwi'n teimlo fod o'n well peidio cael breuddwydion rhag ofn bod nhw'n cael eu chwalu, dwi'n *realist*. Os fysa ni isio neud gig ar ddydd Mercher a mae'n ddydd Llun, bo ni'n medru neud o. Mewn ag allan fatha *commando raid* ar rywle, jyst gig bach a bod o'n llawn dop, a bod o'n boeth ag yn chwyslyd a bo ni a pawb arall yn mwynhau. Da ni ddim isio headlinio ffycin Steddfod neu Dolgellau roc neu be bynnag ydi o, fydda well gynna i gael ffwc o gig da yn syportio twmpath dawns neu rhywbeth.'

Ifanc a Ffôl

Bwtsiar o'n i, cigydd o fri
Endio fyny'n gweithio mewn ffatri bwyd ci
Rhed i ffwrdd

Weitha ti ynghlwm, ynghlwm i'r *machine*
Tisio rhedeg ffwrdd i fyw dy fywyd dy hun
Rhed i ffwrdd

O, mae'r tudalen yn wag
Dim byd 'di sgwennu
Dwi'n canolbwyntio ar sefyll ac anadlu
O, mae nyddiadur yn wag
Nunlla i fynd i, sgen i'm yr egni

Pan o'n i yn ifanc a ffôl, ifanc a ffôl, ifanc a ffôl
Roedd cwmwl mawr du ar fy ôl, mawr du ar fy ôl,
mawr du ar fy ôl

Bwtsiar o'n i, cigydd o fri ...

Mark Roberts – Mr

Ar ôl y Ffyrc, aeth sawl blwyddyn heibio cyn i ni glywed unrhyw beth cerddorol newydd gan aelodau'r Cyrff.

Mae Paul yn gweithio fel technegydd yn Neuadd Dewi Sant Caerdydd ers sawl blwyddyn a thrwy hynny mae wedi cael cyfle i weithio gyda nifer o gerddorion amlwg iawn: 'Mae o'r math o waith sy'n siwtio fi ti'n gwbod.' Dywed fod ganddo lawer o 'dwdls' cerddorol ar ei gyfrifiadur, ond fod dim byd o ddifrif wedi dod o hynny.

Bu Mark ar y llaw arall yn treulio llawer o'i amser yn chwarae gwyddbwyll. Yn wir, ar un pryd roedd ganddo freuddwydion o ddod yn *Grandmaster* gwyddbwyll! 'Nath o ddim digwydd naddo ... dwi fatha *dog with a bone*, na'i ddim gadael o fynd, felly dwi'n dal i drio ond dwi'n dechra meddwl ella fydda i ddim rŵan, ella mod i'n rhy hen. Ti'm yn gweld lot yn dod yn *grandmasters* pan maen nhw'n *fifty-one* achos os fysa chdi *any good* fysa chdi'n un cyn hynna ... dwi di *peakio* ma siŵr.'

Mi wnaeth y ddau ddal ati i ysgrifennu gyda'r bwriad o ryddhau ail albwm y Ffyrc, gydag efallai hanner albwm yn ei le. Yn ôl Paul mae ganddo bedair neu bum cân roedden nhw wedi dechrau arnynt yn rhywle, ac mae un o ganeuon prosiect diweddaraf Mark, Mr, sef 'Y Dyn Ola'n Sefyll' yn gân oedd wedi ei dechrau yn y cyfnod yma.

The Earth

Erbyn 2012 roedd Mark yn barod i fentro gyda phrosiect cerddorol newydd, a hynny yn yr iaith fain unwaith eto.

'Am y tro cyntaf ers o'n i'n tua 16 o'n i wedi stopio jyst sgwennu caneuon a phetha ar ôl i fi gael plant … o'n i'n fatha *old dad* yndo'n ac wedi blino efo'r nosweithiau hwyr a phetha, ac o'n i fatha *zombie* ac yn methu sgwennu dim byd.'

Yna, digwyddodd ddod ar draws drymiwr Super Furry Animals a Catatonia am gyfnod, Dafydd Ieuan, ychydig fisoedd ar ôl cael ei ail blentyn, a dyna'r sbardun i ailgydio ynddi. Yn y sgwrs honno fe soniodd Dafydd ei fod wedi cyfarfod cantores gyda 'llais *amazing*, a ma hi isio gwneud albwm … ti'n ffansïo helpu ni a dod mewn i weld be sy'n digwydd?' Y gantores oedd Dionne Bennet, a phan aeth Mark i'w chyfarfod yn y stiwdio am y tro cyntaf dywed eu bod wedi ysgrifennu cân mewn dim o dro. 'Oedd genna i'r un darn yma, ond oedd o'n rili *miniscule*, ond oedd o'n ddigon i gael hi i neud rwbath efo fo, ac wedyn nath Daf fynd â fo i rywle arall, ac ar y noson gyntaf i mi gyfarfod hi oeddan ni fwy neu lai efo demo. Es i adra a jyst meddwl 'ma hyn yn *amazing*', a nath o gario mlaen fel'na am gwpl o fisoedd wedyn ac oedd gynnon ni albwm. Oedd o'n teimlo'n naturiol.'

Wedi ei magu yn Ne Llundain, roedd Dionne Bennett

yn wreiddiol wedi bod yn ganwr cefndirol yn grŵp The Peth a ffurfiwyd gan yr actor Rhys Ifans. Teg dweud bod ei llais *soul* cyfoethog yn haeddu llwyfan amlycach a daeth hynny fel prif leisydd The Earth. Ynghyd â Mark a Daf, roedd Tristan Marley, gynt o grŵp The Scooters, yn chwarae bas i'r band newydd.

Rhyddhawyd sengl 'Rubbish Man' ar label Strangetown Records Daf Ieuan yn 2012, a daeth yr albwm cyntaf *Off/On 1* y flwyddyn ganlynol. Ers hynny maent wedi rhyddhau llond llaw o senglau ac EPs, ynghyd ag ail albwm, *Keltic Voodoo Boogaloo* yn 2014. Mae'n amlwg wrth drafod The Earth fod Mark yn falch o'r hyn maen nhw wedi cyflawni: 'Ma 'na rai caneuon dwi'n rili prowd ohonyn nhw, fel 'Operator' ar yr albwm cyntaf.'

Yn 2017 fe ymddangosodd Mark unwaith eto ar radar y sin gerddoriaeth Gymraeg, a hynny gyda dau o gerddorion eraill mwyaf dylanwadol Cymru yn yr 80au a'r 90au, sef David R. Edwards, neu 'Dave Datblygu', a John Griffiths o Llwybr Llaethog. Messrs oedd enw prosiect y triawd a rhyddhawyd yr EP *Sws Olaf* ar benwythnos y Pasg. Ychydig o argraff a gafodd yr EP mewn gwirionedd, ond mae'n ddifyr gweld cyfuno gallu cyfansoddi Mark â dawn trin geiriau Dave ynghyd â sgil cerddorol John, ac mae 'Gwasanaeth Lles' a 'Heb Unrhyw Gusan' yn ganeuon gwirioneddol dda.

Oes Oesoedd

Er ddim yn drawiadol, efallai fod Messrs yn arwydd o'r hyn oedd i ddod oherwydd yn 2018 daeth Mark a Paul nôl at ei gilydd i weithio ar brosiect newydd, ac efallai eu prosiect cerddorol mwyaf cyffrous ers Catatonia.

Mr ydy enw prosiect diweddaraf Mark, ac mae'r enw'n briodol am ddau reswm – mae'n esblygiad o enw ei brosiect blaenorol, Messrs, a hefyd yn defnyddio llythrennau cyntaf ei enw wrth gwrs. Yn weddol ddiseremoni, cyhoeddodd fod albwm cyfan o'r enw *Oesoedd* yn barod, ac i'w ryddhau ar label Strangetown ddechrau mis Tachwedd.

Efallai fod Messrs wedi codi awydd arno i gyhoeddi cerddoriaeth yn y Gymraeg unwaith eto, ond mewn cyfweliad yng nghylchgrawn *Y Selar* yn Rhagfyr 2018 dywed Mark mai sgwrs gyda rhywun mewn tafarn oedd y prif ysgogiad. 'O'n i jyst wedi cael sgwrs efo rhywun mewn pub ... a nathon nhw jyst gofyn i fi "pam nei di ddim gneud albwm Cymraeg?".'

Yn ôl Mark, nid oedd wedi ystyried dechrau canu eto cyn hynny er bod ganddo '*bits 'n bobs* jyst di storio ar fy ffôn neu *laptop*'. Er hynny, cymerodd lai na blwyddyn iddo gwblhau'r record hir ar ben ei hun, gydag ychydig gymorth gan Dafydd Ieuan i roi sglein ar y casgliad. Does dim dal ar y diwydiant cerddoriaeth, ac yn wahanol i brofiad y Ffyrc a Messrs, fe gydiodd ei brosiect diweddaraf o'r tro cyntaf y chwaraewyd sengl 'Y Pwysau' ar donfeddi Radio Cymru. Heb os, dyma 'hit' mawr yr albwm gyda'i chytgan fachog a riff cofiadwy sy'n adlais o rai o senglau mwyaf Catatonia.

Gellid dadlau fod pethau'n mynd mewn cylchoedd, yn enwedig yn y byd cerddorol. Doedd yr amser ddim yn iawn i'r Ffyrc – ffans Y Cyrff wedi setlo lawr a chael morgais, dechrau teulu a stopio mynd i gigs ar benwythnosau efallai. Ddeuddeg mlynedd yn ddiweddarach, mae'r morgais wedi lleihau, y plant wedi tyfu a'r chwant i ail-fyw peth o'u hieuenctid a chael ambell noson allan yn gryf. Ar sail tystiolaeth gigs byw Mr dros y chwe mis ers rhyddhau *Oesoedd*, mae cynulleidfa'r Cyrff, yn ogystal â chenhedlaeth newydd o ffans, ar dân i weld Mark Roberts ar lwyfan eto.

Cyhoeddwyd ar ddechrau 2019 y byddai Mr yn gwneud cyfres fach o dri gig ym mis Chwefror a Mawrth gyda gigs yn Galeri, Caernarfon; Canolfan y Celfyddydau, Aberystwyth; ac wrth gwrs Clwb Ifor Bach yng Nghaerdydd. Doedd dim syndod i Mark droi at Paul i chwarae bas yn ei fand byw, gydag ail gitarydd Catatonia, Owen Powell hefyd yn ymuno. Cafodd Osian Gwynedd, gynt o'r Big Leaves a Sibrydion, ei recriwtio i chwarae allweddellau, ynghyd â drymiwr cyntaf Catatonia, Stephen 'Frog' Jenkins, i gwblhau'r lein-yp.

Ond cyn i'r gigs yma ddigwydd roedd dau gyhoeddiad arall o bwys. Un o'r rhain oedd y byddai Mr yn gwneud eu gig cyntaf un yng Nghlwb y Legion, Llanrwst ar 9 Chwefror gydag Omaloma a Bitw yn cefnogi. Y llall oedd mai Mark Roberts a Paul Jones fyddai'n derbyn gwobr 'Cyfraniad Arbennig' Gwobrau'r *Selar* yn Aberystwyth wythnos yn ddiweddarach. Fel rhan o'r deyrnged i'r ddau ar y penwythnos, perfformiodd holl fandiau gig nos Wener Gwobrau'r *Selar* fersiwn o un o ganeuon Y Cyrff neu Catatonia.

Wrth arwain at gyflwyno'r wobr i Mark a Paul, cynhaliwyd pleidlais ar wefan *Y Selar* i ddewis hoff ganeuon y darllenwyr o ôl-gatalog y ddau. Tri o ganeuon Y Cyrff ddaeth i'r brig – 'Hwyl Fawr Heulwen' yn rhif 3, 'Llawenydd Heb Ddiwedd' yn rhif 2, ac wrth gwrs yr anthem 'Cymru, Lloegr a Llanrwst' yn rhif 1.

Ifanc a Ffôl

Er mai 'Y Pwysau' ydy cân amlycaf *Oesoedd*, mae'r casgliad yn llawn o ganeuon cofiadwy sy'n profi nad yw Mark wedi colli dim o'r ddawn gyfansoddi a fu'n amlwg ers dyddiau cynnar Y Cyrff. Gwelwn hefyd ei ddawn i drin geiriau, a pharodrwydd i ysgrifennu am bynciau anodd a phersonol. Yr hyn sy'n amlwg hefyd ydy'r teimlad o hiraeth sy'n rhedeg trwy'r record a rhyw ddyhead am y dyddiau cynnar yna yn Llanrwst ond y sylweddoliad na ellir troi'r cloc yn ôl – 'Ni allwn fyth fynd yn ôl, mi fysa hynny mond yn wirion' ('Hen Ffrind').

Nodwedd amlwg yng ngeiriau Mark dros y blynyddoedd ydy ei fod yn tueddu i fynd trwy gyfnodau o ysgrifennu am themâu penodol – boed yn wleidyddiaeth, cariad, y cyfryngau neu goed! Mae'n debyg mai cyfnod arall tebyg sydd wedi arwain at yr hiraeth a hel atgofion sy'n frith ar *Oesoedd*, er nad oedd hynny'n fwriadol yn ôl Mark.

'Dio'm yn *concept album*, ond weithia ti'n gorfod ffeindio *angle* i sgwennu ac unwaith ti ar y trywydd yna ... o'n i jyst yn falch i ffeindio *angle* i sgwennu amdano, achos dwi'n berson hapus rili, ond ti'm isio sgwennu "ffycin 'el dwi'n hapus", di hynny'n gneud dim i neb. Unwaith ti'n ffeindio'r *angle* yna, ti'n gallu dod fyny efo petha.'

"Hen 'di o sti," ydy ymateb didostur a thafod-ym-moch Paul.

Bwtsiar o'n i, cigydd o fri
Endio fyny'n gweithio mewn ffatri bwyd ci
Rhed i ffwrdd

Weitha ti ynghlwm, ynghlwm i'r *machine*
Tisio rhedeg ffwrdd i fyw dy fywyd dy hun
Rhed i ffwrdd

O, mae'r tudalen yn wag
Dim byd 'di sgwennu
Dwi'n canolbwyntio ar sefyll ac anadlu
O, mae nyddiadur yn wag
Nunlla i fynd i, sgen i'm yr egni

Pan o'n i yn ifanc a ffôl, ifanc a ffôl, ifanc a ffôl
Roedd cwmwl mawr du ar fy ôl, mawr du ar fy ôl, mawr
du ar fy ôl

Bwtsiar o'n i, cigydd o fri ...

Dylanwad Y Cyrff

Mae atgyfodiad cerddorol Mark a Paul ar lwyfan gyda Mr
yn brawf amserol o hirhoedledd y ddeuawd, a'r ffaith eu
bod yn dal i ddylanwadu ar gerddoriaeth yng Nghymru.
Gyda llond dwrn o ganeuon Y Cyrff yn rhan o set byw'r
band, mae wedi rhoi bywyd o'r newydd i ganeuon y grŵp
o Lanrwst hefyd gan ddod â hwy i glustiau cenhedlaeth
arall. Yn wir, mae'n siŵr fod caneuon Y Cyrff yn cael eu
clywed fwy nag erioed ar Radio Cymru, ac maen nhw'n dal
i swnio'n ffresh ac yn berthnasol.

Mae dylanwad y grŵp wedi bod yn eang, yn
ddaearyddol ac o ran ei natur. Does dim ond rhaid edrych
ar rai o'r grwpiau ifanc sydd wedi dod i'r amlwg yng
Nghymru dros y blynyddoedd diwethaf i weld sut mae
dylanwad cerddorol Y Cyrff wedi parhau dros y degawdau.

Dwy enghraifft o'r to diweddaraf ydy Los Blancos o Gaerfyrddin a Mellt o Aberystwyth, sy'n perfformio 'Cymru, Lloegr a Llanrwst' fel rhan o'u set ers rhai blynyddoedd.

Mae Los Blancos, un o grwpiau ifanc cyfoes mwyaf cyffrous y sin, wedi dweud droeon fod Y Cyrff yn ddylanwad mawr arnynt. Mae gitarydd a chanwr y grŵp, Gwyn Rosser, yn sicr yn ffan mawr.

'Ydyn, maen nhw 'di bod yn ddylanwad enfawr arnom ni fel band ac arna i'n bersonol. Mae caneuon fel 'Colli er Mwyn Ennill' a 'Seibiant' yn aros yn y cof. Maen nhw'n ganeuon cofiadwy heb ryw lawer o ymdrech. Mae sŵn a delwedd y band wedi bod yn ddylanwad enfawr arnom ni hefyd. Gyda'r Cyrff, doedd dim ego na *bullshit* 'da nhw. Roedden nhw'n ysgrifennu caneuon a gigio am hwyl.'

Un enw bach mwy annisgwyl y mae'r grŵp o Ddyffryn Conwy wedi dylanwadu'n gryf arno ydy cyn-ohebydd pêl-droed Sky Sports, Bryn Law.

'Fe welais i'r Cyrff yn chwarae mewn tafarn yn Wrecsam, The Bowling Green efallai? Roedd hi ar Town Hill yn y dref yn sicr. Roeddwn i'n gwneud Cymraeg ail iaith yn yr ysgol, a dwi'n cofio gweld nhw ar S4C yn chwarae yn yr Octagon ym Mangor gyda'r Anhrefn ar yr un rhaglen, a meddwl bod nhw'n swnio ac yn edrych yn grêt, *hard* a *cool*. Felly roeddwn i'n gyffrous i'w gweld nhw'n fyw.

'Yn fy meddwl, fi oedd yr unig berson yno. Yn sicr roedd y dorf yn *tiny* ac roedd y band yn chwarae yng nghornel ystafell fach, fel gweld nhw yn dy lolfa. Ond, roedden nhw'n chwarae yn Wrecsam a dyna oedd y peth pwysig achos doedd dim math o deimlad Cymreig yn y dref, felly i fi, llanc o Lerpwl yn dysgu Cymraeg ac yn byw mewn pentref ar y ffin, Rhiwabon, roedd yn ffantastig i weld rhywbeth fel hyn – band yn canu'n fyw yn y Gymraeg. Wedyn, prynais grys-t Y Cyrff yn Steddfod Porthmadog, crys-t melyn fel anorac Mark rŵan.'

Mae Bryn, diolch i'w waith, wedi hen arfer â chyfarfod sêr y byd pêl-droed, ond mae'n ymddangos ei fod yn teimlo'n llawer mwy *starstruck* wrth gyfarfod prif ganwr Y Cyrff.

'Mae Mark wedi bod yn un o fy arwyr miwsig erioed, ac roeddwn mor gyffrous i'w gyfarfod yn y Steddfod ym Mae Caerdydd haf diwethaf [2018]. Rŵan, dwi'n trio perswadio fo i ddod i Leeds i chwarae gig yma, mewn tafarn fach, dipyn bach fel Wrecsam, ond gyda mwy na fi'n gwylio siŵr o fod!'

Er bod perthynas Y Cyrff gyda thref Llanrwst yn un cryf, yn wahanol i lawer o grwpiau Cymraeg dros y blynyddoedd doedden nhw ddim yn blwyfol mewn unrhyw ffordd. O'r dyddiau cynnar fe wnaethon nhw gigio'n eang yng Nghymru a thu hwnt a magu dilyniant ym mhob cwr o'r wlad. Un o'u ffans mawr o'r de oedd Liz Thomas o Gwm Gwendraeth.

'Rwy'n cofio dod adre gyda'r *Testament Newydd* a gosod nodwydd ar y feinyl du hyfryd a chael fy hudo. Dyma ddechre ar ddegawde o wrando, addoli, mynd i'r gigs a dibynieth ar gerddoriaeth Y Cyrff. Roedd intros 'Ar Goll', 'Trwy'r Cymylau', 'Pum Munud', 'Cymru Lloegr a Llanrwst', 'Y Deffro', 'Y Pleser', 'Weithiau/Anadl' – campwaith ar ei hyd – yn gorfodi i ti godi'r sain i'r uchaf i wir brofi'r cyffur, codi blew bach y cefn, y math newydd yma o gerddoriaeth Cymraeg.

'Dyma'r tro cyntaf i bobl ifanc Cymru gael band oedd yn cau pennau y rhai a dybiai bod cerddoriaeth Gymraeg yn methu cystadlu 'da'r farchnad Saesneg/Americanaidd. Gyda'r *machine gun drums* (intros a chorws), gitâr blin a chyffrous a bas pwerus yn gefndir i lais rhywiol, mynnu sylw, Mark Roberts, roedd y gerddoriaeth yn gwella ac aeddfedu gyda phob albwm. Byddai *lyrics risque*, rhywiol y band yn cyrlio bysedd traed merched Cymru trwy eu *headphones* ac o'r diwedd roedd gwrando ar gerddoriaeth Gymraeg yn cŵl.'

Roedd y cyfarwyddwr teledu a'r bragwr seidr, Siôn Lewis, yn ffan arall a glywodd Y Cyrff yn eu dyddiau cynnar, ac a fu'n dyst i'w datblygiad dros y blynyddoedd diweddarach.

'Clywais Y Cyrff am y tro cyntaf ym Mhabell Roc Clang Clwyd ar faes Eisteddfod y Rhyl ym 1985. Ro'n i'n meddwl eu bod yn eitha' *ropey* i ddweud y lleiaf fel critic hunan-apwyntiedig dwy ar bymtheg oed, oedd mewn i gerddoriaeth eitha' canol-y-ffordd ar y pryd. Ond roedd gyda nhw agwedd ac *edge*, ac yn gwisgo trowsus lledr, siacedi armi a sbectol haul ... ac roeddwn ar drothwy fy nhröedigaeth danddaearol. Rhyddhawyd *Cam o'r Tywyllwch*, a newidiodd fy myd, ac am y cwpl o flynyddoedd nesaf roedd caneuon fel 'Tic Toc', 'Lebanon' ac yna'r senglau 'Yr Haint/Ar Goll' a 'Trwy'r Cymylau/ Pum Munud' yn cael eu chwalu'n rhacs gan nodwydd fy chwaraewr recordiau.

'Erbyn Eisteddfod Abergwaun roeddwn yn eitha' ffan, ac yn cofio eistedd eto yn y Babell Roc a chlywed Mark yn gweiddi 'Deffrwch Parti Barti!' rhwng caneuon, wrth i mi, a phawb arall eistedd yn fud yn gwrando ar y band egnïol yn eu sbectols haul yn mynd trwy'r clasuron. Roedd hi'n amlwg faint roedd y grŵp wedi datblygu mewn blwyddyn.

'Wrth edrych nôl, falle taw nhw oedd y 'Cool Cymru' gwreiddiol. Mae nifer o gigs yn aros yn y cof – gig 'Nid Gŵyl Ddewi/Not St. David's Day' ym Mar Dyfed Prifysgol Caerdydd, a gig gorlawn a chwyslyd yn yr Angel yn Aberystwyth rai blynyddoedd wedyn, tua diwedd eu gyrfa. Un o'r uchafbwyntiau i mi oedd Eisteddfod Llanrwst 1989 – roedd y grŵp yn ei milltir sgwâr, ac roedd eu perfformiad ar y maes fel rhyw fath o *homecoming*. Roedden nhw wedi gwisgo crysau smart, ond dal mewn sbectol haul, ac erbyn hyn roedden nhw'n cloi'r set gyda 'Cymru, Lloegr a Llanrwst'. Tua diwedd y gân, collodd Mark Kendall *drumstick*, pigo un arall lan ... a cholli hwnnw hefyd, felly gorffennodd y gân gyda dim ond un ffon. Sa'i'n siŵr os oedd e'n *planned*, ond roedd yn ddiweddglo anhygoel, ac aeth y dorf yn wallgof!'

Oedd, roedd Steddfod Llanrwst yn uchafbwynt i'r Cyrff – nôl yn eu milltir sgwâr lle roedden nhw wedi mireinio eu crefft ar lwyfan. Un o'r rhai hynny oedd yn gyfrifol am roi'r cyfleoedd cyntaf iddynt ar lwyfan oedd Marian Ifans o Bandy Tudur, oedd yn rhan o griw gigs 'Llanrwst yn Llosgi'.

'Syniad Toni [Schiavone] oedd cael criw o ddisgyblion Ysgol Dyffryn Conwy i helpu trefnu gigs yn y Ganolfan Gymdeithasol yn Llanrwst. O edrych nôl, roedd o'n gyfnod gwych! Roedd y nosweithiau yn gyfle i'r band gael gig, i gael digwyddiad Cymraeg yn Llanrwst, yn ogystal â rhoi rhywfaint o gyfrifoldeb i griw brwdfrydig y chweched dosbarth.

'Gan 'mod i'n astudio Lefel A Celf ges i hefyd y cyfle i

ddylunio posteri a thocynnau ar gyfer y gigs, a hyn cyn dyddiau cyfrifiaduron! Dwi'n cofio creu un poster efo llun arch – dyma fy ymgais amrwd i i gyfleu 'Y Cyrff'. Ar y cychwyn roedd Y Cyrff yn canu cyfieithiadau o ganeuon The Clash, yn gwneud lot o sŵn ac angen mwy o ymarfer! Diolch i frwdfrydedd Toni roedden nhw'n cael gigs cyson a buan wnaethon nhw ddatblygu, dod yn fwy hyderus ar lwyfan a sgwennu eu caneuon eu hunain. Yn Rhagfyr 1984 dwi'n falch o ddweud i mi gael y fraint o gael Y Cyrff yn chwarae yn fy mharti penblwydd yn 18 oed yn Nhŷ Oriel Llanelwy. Anrheg penblwydd delfrydol! Mae gwrando ar ganeuon y band bob amser yn dod ag atgofion melys o gyfnod arbennig iawn.'

Mae Gohebydd Celfyddydau *Golwg*, Non Tudur, wedi cyfweld â Mark a Paul ers dyddiau'r Cyrff, ond roedd yn ffan o'r grŵp o Lanrwst llawer cyn hynny.

'Fy hoff albwm yw *Y Testament Newydd*, a gafodd ei gyhoeddi yn 1987 a finne'n 12 oed ac yn dechrau cael blas ar fiwsig tanddaearol. Fis cyn i mi droi yn 13 oed, mentrais ar fy mhen fy hun – a phechu dwy ffrind oedd wedi mynd i gig Huw Chiswell – at fy mrawd a 'nghefndryd hŷn i'r Coliseum, adeg Steddfod Port, i weld Y Cyrff a Traddodiad Ofnus. Y profiad mwya' brawychus, a chynhyrfus erioed. Yn sobor mewn byd newydd o feddwi aflafar, yn gegrwth. Wedyn mae gyda fi frith gof o fod, yn rhy ifanc, mewn gig yn Llwyndyrys, un o leoliadau gigs y gorllewin, nôl sedd i fi fy hun, ac eistedd yn y ffrynt i rythu ar Y Cyrff.

'Yn 15 oed, roeddwn i a'm ffrindiau yn eistedd ar y llawr reit wrth lodrau llydan jîns Mark Cyrff ym mar cefn yr Angel, y noson ar ôl Roc Ystwyth ... roedd pawb wedi symud ymlaen o Chiz erbyn hynny.

'Mark Cyrff oedd fy nuw. Doedd Gruff Ffa Coffi Pawb ac Ian Tynal Tywyll ddim yn'i. Dw i'n dal i drysori'r portread sy' gen i o Mark Cyrff gan y ffotograffydd Rolant Dafis a brynodd fy rhieni – casglwyr doeth – mewn ocsiwn am £50.

'Rhan fawr o'u hud i fi oedd y geiriau. Y caneuon llawn egni deallusol aeddfed; y deisyfu swil, yr ysu nwyfus, y gobeithio a'r digalonni, y cicio a'r brathu, yr herio a'r cwestiynu – fel y byddai unrhyw grŵp roc tanddaearol o werth yn ei wneud ar y pryd, tan i gerddoriaeth electronig ddod a lleddfu'r byd am ryw hyd.

"Gwireddu breuddwyd felly oedd cael clywed 'Y Cyfrifoldeb' (oddi ar 'Y Testament Newydd') yn fyw yn gig Mr yn Neuadd Ogwen yn gynharach eleni. Mi fuais i'n sgrechen fel merch yn ei harddegau. Dyma un o grwpiau hollbwysig yr SRG, os nad y grŵp pwysicaf un. A heb gael hanner digon o glod. Efallai 'mod i ond yn gofyn i ni roi'r un parch digwestiwn i'r Cyrff ag y mae Chiz wedi ei gael ar hyd y degawdau."

Ffan mawr arall ydy'r cynhyrchydd Radio Cymru, Dylan Wyn, sy'n cofio gweld y grŵp yn fyw pan oedd yn iau ac sy'n dal i gael ei gyfareddu gan eu caneuon.

'Yn sicr roedd Y Cyrff o flaen eu hamser o ran ysgrifennu caneuon, gyda Mark yn feistr ar drin geiriau, sydd ymhlith y lyrics gorau yn Gymraeg erioed. Mae'n deg dweud eu bod hefyd yn flaengar o ran eu delwedd, ac wastad yn achos edmygedd wrth eu gwylio'n fyw. Bob tro dwi'n gwrando ar y caneuon, mae'n mynd â mi nôl i fy ieuenctid, ond maen nhw hefyd yn ganeuon oesol, sy'n dal eu tir hyd heddiw, nid 'pethau achlysurol' mohonynt o gwbl! Dyma'r gwir ddosbarth meistr mewn creu clasuron pop.'

Mae sawl cyfeiriad yn y gyfrol hon at eiriau caneuon Mark Roberts fel barddoniaeth, ac yn sicr mae'r Cyrff wedi creu argraff ar sawl bardd dros y blynyddoedd. Yn arbennig felly'r Prifardd Ifor ap Glyn, a rannodd lwyfan gyda'r Cyrff gyda'i fand Treiglad Pherffaith yn y 1980au, ond oedd â chysylltiad gyda'r aelodau ers dyddiau ei blentyndod yn ymweld â'i deulu yn Llanrwst.

'"*Ar noson fel heno, be sy'na ar ôl i'w ddweud?*" – os yn sôn am Y Cyrff, lle mae dechrau? Ro'n i mewn band unwaith a rannodd lwyfan efo'r Cyrff yng Nghanolfan Llanrwst, nôl yn 1984 – ac ro'n i'n gallu dweud yn syth bod nhw'n sbesial. Hogia cyffredin o'n nhw – ro'n i wedi chwarae '*three and in*' efo Barry yn iard glo'r Cawleys, roedd Nain yn prynu ei chig gan dad Mark – ond ar lwyfan doedd 'na ddim byd yn 'gyffredin' amdanyn nhw. Roedden nhw'n byrlymu o dalent ... egni ... agwedd! Ac roedd 'na ymroddiad yno hefyd – bu'n rhaid iddyn nhw ddygnu arni am sawl blwyddyn cyn i Gymru (a Lloegr) ddod i werthfawrogi be oedd Llanrwst yn gwybod yn barod.

'Mae eu caneuon mor berthnasol heddiw ag erioed, a dwi'n ymfalchïo fod 'na genhedlaeth newydd yn cael eu cyffroi ganddyn nhw hefyd. Dwi wedi defnyddio'r Cyrff fel trac sain drama gyfan cyn hyn, a dwi wedi dyfynnu geiriau Mark fwy nag unwaith mewn cerddi – achos mae o yn medru'i dweud hi fel neb arall: "*bywyd ydi'r cyffur – a bodoli ydi'r ystyr*" – rhagorol. Dwi'n amau na fyddai Mark yn diolch i mi am ei ddisgrifio fel bardd – ond be arall ti'n galw dyn hefo'r fath ddawn i drin geiriau, a gweu tiwns angerddol o'u cwmpas?

'Ddaw'r Cyrff byth yn ôl, "*ond dwi ddim yn teimlo'n drist ... na dwi ddim yn teimlo'n drist ...*" achos fedra'i ddim gwrando ar 'Cofia fi'n ddiolchgar' heb floeddio nerth fy mhen "... *dwi jest yn teimlo mor he-en*" fel wnes i wrth glywed y trac am y tro cynta' ddeng mlynedd ar hugain yn ôl. Geiriau syml ond gwirioneddol galon rwygol ... a'r nodyn anhygoel o hir 'na, sy'n dal i garthu'r enaid! Mae'r Cyrff wedi darfod – ond mae'r gwaddol anhygoel yn parhau; mae gwirionedd eu caneuon gennym o hyd ... a diolch o galon am hynny.'

Does dim amheuaeth fod caneuon Y Cyrff wedi ysbrydoli sawl person mewn sawl ffordd wahanol. Er hynny, efallai mai'r enghraifft fwyaf trawiadol o gân yn ysbrydoli camp ryfeddol ydy honno sydd gan y gyflwynwraig a rhedwraig yltra Lowri Morgan. Ei champau mwyaf aruthrol hyd yma mae'n siŵr ydy gorffen yn neg uchaf y 'Jungle Marathon' – ras 140 milltir ar hyd afon yr Amazon ym Mrasil, a chwblhau'r marathon ultra 6633 – ras 350 o filltiroedd yn yr Arctig. Dogfennwyd yr anturiaethau anhygoel hyn ar gyfresi *Ras yn Erbyn Amser* 1 a 2 ar S4C. Bydd unrhyw un sydd wedi gwylio'r rhaglenni'n gwybod, yn ei hawr dywyllaf yn yr Amazon, y daeth ysbrydoliaeth o gyfeiriad y grŵp arbennig yma o Lanrwst.

'Nath y gân 'Llawenydd Heb Ddiwedd' gadw fi fynd am filltiroedd ola' Marathon yr Amazon. Ro'n i'n ffan o'r gân cyn mynd mas 'na, ond ar ddiwrnod ola' ond un y ras fe wnes i roi'r iPod mlaen am y tro cyntaf yn ystod y ras achos ro'n i'n stryglo ac angen ysbrydoliaeth. Daeth y gân mlaen a nath y geiriau daro fi, ac yn sydyn ges i fy sbarduno tuag at y llinell derfyn gyda dagrau o hapusrwydd. Yn y fan a'r lle, ar ochr yr Amazon, wrth redeg tuag at y diwedd, ro'dd y geiriau'n berthnasol i mi.

Fe wnes i hyd yn oed ddefnyddio'r gân i orffen cyfresi *Ras yn Erbyn Amser* 1 a 2, ac mae'r gân wedi bod ar bob *playlist* rasio i mi ers hynny.'

Go brin fod ffordd well o grynhoi effaith cerddoriaeth Y Cyrff na thrwy brofiad rhywun yn cael ei hysbrydoli gan un o'u caneuon i gyflawni rhywbeth gwirioneddol ysbrydoledig ...

Athroniaeth syml, ma genna'i athroniaeth hawdd
Bywyd yw y cyffur, a bodoli yw yr ystyr

Llawenydd heb ddiwedd

Catatonia yn y Siartiau

SENGLAU Label Blanco Y Negro	Rhif uchaf yn y siartiau	Dyddiad	Nifer o wythnosau
Sweet Catatonia	61	3/02/96	1
Lost Cat	41	4/05/96	1
You've got a lot to answer for	35	7/09/96	2
Bleed	46	30/11/96	1
Cyhoedddwyd yn wreiddiol ar label 'Nursery'			
I am the mob	40	18/10/97	2
Mulder and Scully	3	31/1/98	10
Road Rage	5	2/05/98	8
Strange Glue	11	1/08/98	6
Game On	33	7/11/98	2
Dead from the Waist Down	7	10/04/99	8
Londinium	20	24/07/99	6
Karaoke Queen	36	13/11/99	2
Stone by Stone	19	4/08/01	3
Stone by Stone (ail-rhyddhau)	68	8/09/01	4
CYFANSWM	**13**		**50**

RECORDIAU HIR Label Blanco Y Negro			
Way Beyond Blue	32	12/10/96	3
(Cyrraedd y siartiau 1996 – rhif 40 – 1 wythnos			
Cyrraedd y rhif uchaf 1999 – rhif 32 – 2 wythnos)			
International Velvet	1	24/02/98	93
Equally Cursed and Blessed	1	24/04/99	23
Paper Scissors Stone	6	18/08/01	4
Greatest Catatonia Hits	24	14/09/02	2
CYFANSWM	**5**		**125**

Ffynhonnell:
'The Complete Book of the British Charts', N. Warwick; J. Kutner;
T. Brown; Omnibus Press 2004.

Y Cyrff –
Discograffi

Blwyddyn	Teitl	Nodiadau	Label
1983	Casét 'Y Tâp Cyntaf'	Nifer cyfyngedig iawn Lebanon; Y Gaeaf; Cerddoriaeth i'r Ghetto; Yr Arswyd	Y Cyrff
1984	Feinyl – Record hir aml-gyfrannog 'Cam o'r Tywyllwch'	Lebanon; Tic Toc	Anhrefn 02
1985	Feinyl 7"	Yr Haint; Ar Goll	Anhrefn 03
1986	Feinyl 7"	Trwy'r Cymylau; Pum Munud	SUS 01
1986	Casét 'Dan y Cownter' Perfformiadau byw 1984–1986	Anwybyddwch Ni; Cadwyni; Un Diwrnod; Unig; Rhodesia (Yr Haint); Blwyddyn yn ôl; Bradwyr Cymraeg; Lebanon	Tsss

1987	Feinyl 12" gyda 7" am ddim 'Y Testament Newydd' Casét	Ansicrwydd; Y Cyfrifoldeb; Defnyddia fi; Y Pleser; Fy Enaid Noeth; Y Deffro 7" – Cadwyni; HTV/BBC	Sain 141P C 619P Sain 133S
1989	Feinyl 12" 'Yr Atgyfodi'	Cymru, Lloegr a Llanrwst; Y Boddi; Cofia Fi Yn Ddiolchgar; Cerdda Efo Fi Mewn Distawrwydd; Weithiau/Anadl	DNA 01
1989	Casét aml-gyfrannog 'Creme de la Cremlin'	Pethau Achlysurol	TSSS
1990	Feinyl 7"	Pethau Achlysurol Hwyl Fawr Heulwen	Ankst 009
1990	Casét 'Awdl o Anobaith' Perfformiadau byw Warsaw a Chaerdydd	Yr Hunanladdiad; Rhywbeth Teuluol; Y Deffro; Y Pleser; Y Cyfrifoldeb; Defnyddia fi; Cymru, Lloegr a Llanrwst; Cofia Fi Yn Ddiolchgar; Hadau'r Dychymyg; Suck; Weithiau/Anadl	Ankst 012
1990	CD + Casét aml-gyfrannog 'Hei Mr DJ'	Crafanc Fersiwn a recordiwyd yn y Music Factory	CS007

1990	Fideo	Seibiant	Ankst 015
1991	Feinyl – Record Hir 'Llawenydd Heb Ddiwedd'	Seibiant; Colofn; Beddargraff; YMerch Sy Byth Yn Gwenu; Cwrdd; Colli Er Mwyn Ennill; Euog; Nunlle; Hadau'r Dychymyg; Llawenydd Heb Ddiwedd; Crafanc/Dyn Heb Gyllell; Eithaf	Ankst 016 Ankst 016C
1991	CD aml-gyfrannog 'O'r Gâd'	Euog	Ankst 020
1992	CD + Casét 'Mae Ddoe yn Ddoe'	Ansicrwydd; Cymru,Lloegr a Llanrwst; Beddargraff; Y Boddi; Y Cyfrifoldeb; Pum Munud; Yr Haint; Cadwyni; Trwy'r Cymylau; HTV/BBC; Y Pleser; Y Deffro; Eithaf; Cofia Fi yn Ddiolchgar; Defnyddia fi; Cerdda Efo Fi Mewn Distawrwydd; Colli Er Mwyn Ennill; Weithiau/Anadl; Pethau Achlysurol; Llawenydd Heb Ddiwedd; Mewn Plu; Hwyl Fawr Heulwen	Ankst 030 Ankst 030C

Year	Format	Tracks	Label
1992	Casét – 'Damwain mewn Ffatri Cyllell a Ffyrc' Sesiynau Radio/Teledu ayyb	Eithaf; Lebanon; Fy Enaid Noeth; Hunanladdiad; Tic Toc; Cwrdd; Trwy'r Cymylau; Y Cyfrifoldeb; Mewn Plu; Pethau Achlysurol; Llawenydd heb Ddiwedd; Anwybyddwch Ni	Ankst 31
1992	Fideo aml-gyfrannog Pop peth	Seibiant; Pethau Achlysurol Eithaf	S4C/Ankst
2003	CD aml-gyfrannog 'Radio Crymi Playlist'	Pethau Achlysurol Llawenydd Heb Ddiwedd; Cymru Lloegr a Llanrwst	Ankst 108
2005	CD Casgliad cyflawn 4CD 'Atalnod Llawn 1983-92'	CD 1 – Senglau a Traciau Byw Anwybyddwch Ni;Yr Haint; Ar Goll Pum Munud; Trwy'r Cymylau; Hwyl Fawr Heulwen; Pethau Achlysurol; Crafanc; Mewn Plu; Cadwyni; HTV/BBC; Hadau'r Dychymyg; Suck; Hwyl Fawr Heulwen; Fy Enaid Noeth/Anadl CD 2 – Y Testament Newydd CD 3 – Yr Atgyfodi CD 4 – Llawenydd Heb Ddiwedd	Rasal CD01

Cyfrolau eraill sy'n dwyn atgofion drwy ganeuon:

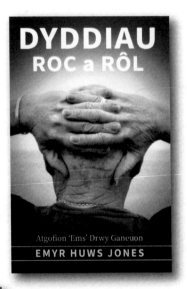